西安外国语大学资助立项教材

金融科技系列教材　总主编　李村璞

智能金融

ZHINENG JINRONG

主编　黄仁全

西安交通大学出版社
XI'AN JIAOTONG UNIVERSITY PRESS
国家一级出版社
全国百佳图书出版单位

内容简介

本书分三篇共十五章介绍智能金融领域的发展与变革。第一篇为基础篇,分三章,重点介绍了人工智能发展的基本状况,人工智能对金融领域产生的影响,以及探索了发展智能金融应把握的问题。第二篇为技术篇,分八章,重点介绍了智能金融中主要涉及的大数据、机器学习、深度学习、自然语言处理、知识图谱、生物识别、云计算、区块链等关键基础技术,以及相关技术在金融中的应用情况。第三篇为场景篇,分四章,根据金融领域业务流程,分别从前台、中台和后台研究了人工智能在金融中的应用场景,并介绍了我国商业银行在人工智能中的实践探索。

本书既有一定的理论深度,也具有对行业的灼见,同时结合了大量案例,既可作为高等院校金融科技等金融学相关专业的教材,也可作为金融科技从业人员的培训和参考用书。

图书在版编目(CIP)数据

智能金融 / 黄仁全主编. — 西安:西安交通大学出版社,2022.10
ISBN 978-7-5693-2610-9

Ⅰ.①智… Ⅱ.①黄… Ⅲ.①智能技术-应用-金融
Ⅳ.①F830.49

中国版本图书馆 CIP 数据核字(2022)第 082372 号

书　　名	智能金融
	ZHINENG JINRONG
主　　编	黄仁全
责任编辑	王建洪
责任校对	史菲菲
装帧设计	伍　胜
出版发行	西安交通大学出版社
	(西安市兴庆南路 1 号　邮政编码 710048)
网　　址	http://www.xjtupress.com
电　　话	(029)82668357　82667874(市场营销中心)
	(029)82668315(总编办)
传　　真	(029)82668280
印　　刷	陕西奇彩印务有限责任公司
开　　本	787 mm×1092 mm　1/16　印张 16.25　字数 402 千字
版次印次	2022 年 10 月第 1 版　2022 年 10 月第 1 次印刷
书　　号	ISBN 978-7-5693-2610-9
定　　价	49.80 元

发现印装质量问题,请与本社市场营销中心联系。
订购热线:(029)82665248　(029)82667874
投稿热线:(029)82665379　QQ:793619240
读者信箱:793619240@qq.com

版权所有　侵权必究

金融科技系列教材
编写委员会

总 主 编：李村璞

编委会成员：庞加兰　田　径　王新霞

　　　　　　高　妮　康俊民　刘昌菊

　　　　　　熊　洁　杜　颖　黄仁全

　　　　　　张伟亮

策　　　划：王建洪

序

金融科技系列教材终于要出版了,这是西安外国语大学经济金融学院组织编写的第一套教材。我相信很多读者一定会有一个疑问,外语类院校中一个非主流的经济金融学院怎么能编写出一套合格的金融科技系列教材呢?对于这个疑问的回答,也就形成了这篇序言。

西安外国语大学经济金融学院是一个年轻的学院,学院设立刚刚10年时间。学院的老师很年轻,平均年龄36岁,这是我们的优势,也是我们的劣势。在强手如林的国内经济学界,我们要想有一点显示度,必须要励精图治,精心策划。我们这群年轻人经过认真的调研和考量,在众多的领域内选定了金融科技作为主攻方向。2018年,学院就开始了全面的筹划和实施,首先要解决的是"人"的问题。金融科技是一个新兴的领域,人才的培养并没有及时地跟上,同时一个地处西部的外语类院校要想引进金融科技的专业人才是非常困难的。我们凭借着热情和冲动,凭借着涉猎了几本书籍的薄弱基础,怀揣着对金融科技的懵懂认识,先后引进了无人驾驶汽车方向的博士、地对空导弹方向的博士、卫星图像识别方向的博士、计算机算法方向的博士,以及三个数学方向的博士和十几个金融方向的博士,按照我们初步的设想,金融科技的教学研究团队基本形成。团队形成后,首先想到的就是编写教材,一是团队想率先建立金融科技的教材体系,占领这个空白的领域;二是想系统性地梳理总结相关的内容,希望编写教材成为团队学习提高的过程。团队参考了很多学者前期的成果,很有收获,同时团队也觉得要面向市场需求,要搞清楚金融科技在相关领域的发展状态。2019年夏天,学院资助五名优秀学生前往美国华尔街,开展了为期一个月的金融科技实习活动,反馈的信息让我们清晰地触摸到了金融科技在现实商业活动中的应用状况,正是基于市场中的应用和现实需求,产生了这套金融科技系列教材体系的雏形。

这套金融科技系列教材既考虑了市场的真实需求,也是三年来教学环节反复实践的结果。这个系列由9本教材组成,包括《金融科技的语言基础——Python语言基础及金融应用初步》《大数据时代·金融营销》《大数据与金融导论》《智能金融》《金融科技概论》《区块链金融》《金融科技与现代金融市场》《量化投资技术》《监管科技》。在编写这套教材的初期,我们就赋予了它"全媒体的概念",希望把这套教材打造成一个金融科技的全媒体学习平台,而不仅仅是一套纸质的教科书,第一版不一定能实现我们的目标,但这是我们努力的方向。

对于一个外语类院校的经济金融学院来说,编写一套金融科技教材应该是可以骄傲一回的,当我们站上讲台时,我们可以骄傲地对学生说,你们的老师一直在努力追求卓越。这套教材也许有很多不尽如人意的地方,也许还会有错误,我们真诚希望得到您的指正。

李村璞

2021年7月于长安

前言

　　智能金融是人工智能技术与金融创新深度融合的产物,是人工智能技术的重要应用场景。随着人工智能的飞速发展,金融领域正在进行深刻的变革,智能金融时代已经来临。我国高度重视智能金融的发展,2017年7月,国务院印发《新一代人工智能发展规划》,其中明确提出:"建立金融大数据系统,提升金融多媒体数据处理与理解能力。创新智能金融产品和服务,发展金融新业态。鼓励金融行业应用智能客服、智能监控等技术和装备。建立金融风险智能预警与防控系统。"2020年10月29日通过的《中共中央关于制定国民经济和社会发展第十四个五年规划和二〇三五年远景目标的建议》中指出,要构建金融有效支持实体经济的体制机制,提升金融科技水平,增强金融普惠性。

　　智能金融以大数据、机器学习、深度学习、自然语言处理、知识图谱、生物识别、云计算、区块链等高新科技为支撑,全面赋能金融领域,提升金融服务效率,拓展金融服务的广度与深度。在客户端,人工智能技术的应用可以显著拓展金融服务客户的范围,打破时间与空间限制;在服务端,智能金融变革了传统服务形式,通过人工智能平台的引入,可大幅降低服务成本与风险,提升服务效率与收益。智能金融对传统金融带来了全面、深远的影响,传统金融的盈利模式正在逐渐被淘汰,盈利空间正在被加速侵蚀,转而需要在大数据、深度学习、云计算等人工智能生态链布局。这不仅是产业技术升级问题,更需要产业链升级后转变传统服务理念,创新金融结构体系与服务体系。

　　目前,从研究情况来看,我国智能金融领域缺乏对智能金融理论与金融创新问题的系统性总结,缺乏对人工智能技术原理的深层次分析,以及缺乏对行业发展和应用趋势的预判。因此,有必要从理论、技术和实践等多个层次对智能金融中的相关问题进行系统性总结,丰富与完善我国在相关领域研究的不足,为中国智能金融创新发展提供理论支撑与可借鉴的方法途径。本书的特点主要体现在以下几个方面:

　　一是对智能金融的发展理论进行了深入研究。本书从人工智能的概念与发展,智能金融和互联网金融、科技金融的区别与联系,智能金融的发展历程与特征等方面,多维度介绍智能金融的本质与内涵,深入研究了人工智能对传统金融领域带来的冲击,阐述了智能金融是未来金融发展的必然趋势,并探索了我国发展智能金融应把握的关键问题。

　　二是对智能金融的关键技术进行了深度分析。本书梳理了智能金融发展的技术体系,其中大数据、机器学习、深度学习、自然语言处理、知识图谱、生物识别、云计算、区块链等是智能金融的核心技术,并分别从技术的内涵与发展、技术原理、相关技术在金融领域的应用等方面进行了剖析。

三是对智能金融的应用场景进行了全面梳理。本书从实践角度出发,按照金融机构业务流程的前台、中台、后台三大模块,有针对性地梳理了智能金融的应用场景。其中,前台业务场景包括智能支付、智能客服、智能投顾、智能理赔、智能营销、智能开户等;中台业务场景包括智能交易、智能征信、智能风控、智能搜索、智能投研等;后台业务场景包括智能合规管理、智能安保、智能机具、智能运营等。同时,以商业银行为例,介绍了商业银行在人工智能中的实践探索情况。

本书为西安外国语大学经济金融学院"金融科技系列教材"之一,侧重于智能金融领域的研究。本书既有一定的理论深度,也具有对行业的灼见,同时包含了丰富的案例,不仅能让读者切身感受到智能金融对社会带来的深刻影响,而且能使读者把握人工智能技术和金融相结合发展的必然趋势。限于作者水平,书中难免存在不足之处,恳请广大读者批评指正。

黄仁全

2022 年 4 月

目 录

―――――― 基础篇 ――――――

第1章 绪论 (003)
 1.1 人工智能及其三次浪潮 (003)
 1.2 智能金融及相关概念 (006)
 1.3 智能金融的发展历程及其特征 (009)
 1.4 智能金融带来的机遇、挑战及发展意义 (013)
 思考题 (016)

第2章 人工智能对金融领域产生的影响 (017)
 2.1 传统金融行业转型迫在眉睫 (017)
 2.2 人工智能对金融行业的影响 (019)
 2.3 人工智能对金融市场主体的影响 (021)
 2.4 人工智能对金融创新的影响与面临的挑战 (023)
 2.5 中小微企业融资难的智能金融解决路径 (026)
 思考题 (030)

第3章 智能金融发展现状及应把握的问题 (031)
 3.1 国内外智能金融的发展现状及未来趋势 (031)
 3.2 发展智能金融应关注的问题 (037)
 3.3 我国发展智能金融的宏观环境与发展原则 (039)
 思考题 (044)

―――――― 技术篇 ――――――

第4章 大数据 (047)
 4.1 大数据概述 (047)
 4.2 金融数据发展的五个阶段及技术应用 (050)
 4.3 大数据在金融中的应用 (054)
 思考题 (060)

第 5 章 机器学习 (061)
5.1 机器学习概述 (061)
5.2 机器学习算法 (064)
5.3 机器学习与其他领域的关系 (070)
5.4 机器学习在金融中的应用 (073)
思考题 (076)

第 6 章 深度学习 (077)
6.1 深度学习概述 (077)
6.2 深度学习经典算法及应用 (082)
6.3 深度学习在金融中的应用 (088)
思考题 (092)

第 7 章 自然语言处理 (093)
7.1 自然语言处理概述 (093)
7.2 自然语言处理技术 (097)
7.3 自然语言处理在金融中的应用 (102)
思考题 (105)

第 8 章 知识图谱 (106)
8.1 知识图谱概述 (106)
8.2 知识图谱技术 (110)
8.3 知识图谱在金融中的应用 (115)
思考题 (120)

第 9 章 生物识别 (121)
9.1 生物识别概述 (121)
9.2 生物识别技术 (124)
9.3 生物识别在金融中的应用 (129)
思考题 (135)

第 10 章 云计算 (136)
10.1 云计算概述 (136)
10.2 云计算技术 (141)
10.3 云计算在金融中的应用 (151)
思考题 (154)

第 11 章 区块链 (155)
11.1 区块链概述 (155)

11.2 区块链技术 ·· (161)
11.3 区块链在金融中的应用 ·· (167)
思考题 ·· (174)

场景篇

第12章 金融机构业务前台应用场景 ·· (179)
12.1 智能支付 ·· (179)
12.2 智能客服 ·· (181)
12.3 智能投顾 ·· (184)
12.4 智能理赔 ·· (188)
12.5 智能营销 ·· (189)
12.6 智能开户 ·· (192)
思考题 ·· (194)

第13章 金融机构业务中台应用场景 ·· (196)
13.1 智能交易 ·· (196)
13.2 智能征信 ·· (197)
13.3 智能风控 ·· (201)
13.4 智能搜索 ·· (204)
13.5 智能投研 ·· (207)
思考题 ·· (212)

第14章 金融机构业务后台应用场景 ·· (213)
14.1 智能合规管理 ··· (213)
14.2 智能安保 ·· (217)
14.3 智能机具 ·· (219)
14.4 其他后台应用场景 ··· (221)
思考题 ·· (224)

第15章 我国商业银行在人工智能中的实践 ···································· (225)
15.1 商业银行在智慧银行中的探索 ·· (225)
15.2 我国商业银行在人工智能中的战略布局 ································· (231)
15.3 招商银行人工智能布局案例 ··· (234)
思考题 ·· (241)

参考文献 ·· (242)

基础篇

2017年7月国务院印发的《新一代人工智能发展规划》明确提出："建立金融大数据系统，提升金融多媒体数据处理与理解能力。创新智能金融产品和服务，发展金融新业态。鼓励金融行业应用智能客服、智能监控等技术和装备。建立金融风险智能预警与防控系统。"2018年10月31日下午，中共中央总书记习近平在主持中共中央政治局第九次集体学习时强调，人工智能是新一轮科技革命和产业革命的重要驱动力量，加快发展新一代人工智能是事关我国能否抓住新一轮科技革命和产业革命机遇的战略问题。新时代背景下，智能金融迎来了新的发展契机。以海量的数据为基础，在以生物识别、深度学习等人工智能技术为工具的作用下，金融的面貌早已今非昔比，金融业态、风险特征、参与主体、商业逻辑、监管手段、法律关系、社会影响都发生了改变。

第 1 章 绪 论

人工智能正快速进入人们生活,改变着金融、医疗、安防、自动驾驶等各个行业,其中,金融被认为是人工智能落地最快的行业之一。金融发展与科技是密切相关的,金融机构一直是信息技术最积极的应用者之一。相比互联网金融,智能金融更具革命性的优势在于对金融生产效率的根本颠覆。智能金融替代甚至超越人类行为,更精准高效地满足各类金融需求,推动金融行业变革与跨越式发展。

1.1 人工智能及其三次浪潮

1.1.1 人工智能内涵

关于人工智能(artificial intelligence,AI)是什么,目前学术界和产业界尚无统一的定义。约翰·麦卡锡(John McCarthy)认为:人工智能就是制造智能的机器,更特指制作人工智能的程序。马文·明斯基(Marvin Minsky)将人工智能定义为:让机器来完成那些如果由人来做则需要智能的事情的科学。李开复博士认为:人工智能是获取某一领域的海量信息,并利用这些信息对具体案例做出判断,达成特定目标的一种技术。斯图尔特·罗素(Stuart Russell)和彼特·诺文(Peter Norvig)则在其经典教科书《人工智能:一种现代的方法》中指出,人工智能是关于构建智能机器(或智能计算机)的科学与工程领域,认为智能机器有四种可能的定义:像人一样思考的机器(人工智能模仿人类思考与认知的模式),像人一样行动的机器(人工智能在与人交互时拥有人类的反应,即通过图灵测试),合理思考的机器(严格按照逻辑学进行分析推理并得出结论),合理行动的机器(作为一个理性代理,实现最佳产出)。这四种定义代表了对人工智能的定位和目标的不同理解,四种智能机器的实现需要不同的理论基础和方法论。《人工智能辞典》将人工智能定义为:使计算机系统模拟人类的智能活动,完成人用智能才能完成的任务。

1.1.2 人工智能发展的三个层次

对人工智能的判别起源于艾伦·图灵的"模仿游戏"。机器是否真的有智能?如今这个答案似乎已经得到了证实。人工智能按照智能水平可以分为三个层次,即弱人工智能、强人工智能和超人工智能。

图灵测试

弱人工智能是指擅长于单方面的人工智能。这个阶段的人工智能只能处理较为单一的问题，且发展并没有达到"模拟人脑思维"的程度，所以人工智能仍然属于"工具"的范畴，与传统的"产品"别无二致。弱人工智能的应用场景如今已经深入人类生活的各个领域，如新闻推送、搜索引擎、智能网联汽车、无人码头、智能客服、智能穿戴设备、智能家居等。

强人工智能指在各方面都与人类相当的人工智能。这个阶段的人工智能已经可以比肩人类，同时也具有了"人格"的基本条件。强人工智能要取得成功，最容易想到的路径便是对人脑的模拟。大数据和云计算技术的发展为强人工智能的出现与普及奠定了技术基础，但仅仅依靠大数据和云计算技术并不能帮助计算机实现"智能"，强大的符号认知能力才是计算机是否智能的关键。强人工智能首先要"听得懂，看得懂"，这就涉及了三项重要的技术，即计算机视觉技术、自然语言处理技术和语音识别技术，分别对应着对图像的识别、对文本的编译与对人类语音的处理。近年来，上述三项技术得到了飞速的发展，使得计算机正在获得过去只有人类才具有的能力，强人工智能时代的到来似乎指日可待。强人工智能的产生不仅是技术的问题，而且会受到伦理、法律、利益的再次分配，以及深植于人类内心的对于未知的恐惧等多种因素的影响，这些都有可能成为强人工智能研究的巨大阻力。

超人工智能是指全面超越人类智能水平的人工智能。该阶段的人工智能已经跨过"奇点"，其计算和思维能力已经远超人脑。人工智能将打破人脑受到的维度限制，其所观察和思考的内容，人脑已经无法理解，它们将形成一个新的社会。人类的法律体系仅在人类社会生效，在这个阶段，人类制定的规则已经无法影响人工智能，因为人工智能已经超出了人类社会的范畴。此时的人工智能已经不是人类可以理解和想象的存在了，人类的法律体系也会随之消亡，或转化成另外的形态而存在。

1.1.3 人工智能发展的三次浪潮

1. 第一次浪潮（1956—1980 年）：人工智能诞生并快速发展

1956 年 8 月，在美国汉诺威小镇宁静的达特茅斯学院中召开了一场后来被一致认为是人工智能起源的学术研讨会，与会专家们围绕"用机器来模仿人类学习以及其他方面的智能"这一主题展开了为期两个月的讨论，尽管会议没有达成普遍的共识，但是却为会议讨论起了一个名字——"人工智能"。这一事件标志着人工智能的诞生，1956 年也被视为"人工智能元年"。参加此次会议的特伦查德·摩尔（Trenchard More）、约翰·麦卡锡（John McCarthy）、马文·明斯基（Marvin Minsky）、奥利弗·塞弗里奇（Oliver Selfridge）、雷·所罗门诺夫（Ray Solomonoff）作为人工智能领域的开创者，日后数十年间成了研究人工智能领域的领军人物。其中，马文·明斯基于 1969 年成为第一位获得图灵奖的人工智能学者，他同样被誉为"人工智能之父"，是虚拟现实的最早倡导者，也是世界上第一个人工智能实验室——MIT 人工智能实验室的联合创始人。

马文·明斯基一生做了什么，为什么他被称为"人工智能之父"？

在达特茅斯会议之后的数十年间,人工智能迎来了高速发展。1956年IBM小组设计了一个具有自学习、自组织、自适应能力的西洋跳棋程序,这个程序在分析大约175000副不同棋局后,可进行棋局走步预测,准确度达48%。1957年,艾伦·纽厄尔(Allen Newell)和赫伯特·西蒙(Herbert Simon)等人的心理学小组编制出一个称为逻辑理论机(the logic theory machine)的数学定理证明程序,这是世界上第一个人工智能程序,有能力证明罗素和怀特海《数学原理》第二章中的38个定理。1958年MIT小组的约翰·麦卡锡建立的行动计划咨询系统以及1960年马文·明斯基的论文《走向人工智能的步骤》,对人工智能的发展都起了积极的推动作用。1959年,约翰·麦卡锡发明的函数式处理语言LISP,成为人工智能程序设计的主要语言,至今仍被广泛采用。1961年,第一台工业机器人开始在新泽西州通用汽车工厂的生产线上工作。1965年,赫伯特·西蒙预测20年内计算机将能够取代人类智力。同年,诞生了历史上第一个专家系统——DENDRAL系统,使有机化学的决策过程和问题解决自动化。而后,机器人也开始出现,日本早稻田大学在1970年造出第一个人形状机器人WABOT-1。

人工智能的第一次低谷出现在1970—1980年。研究者发现,即使最尖端的人工智能程序也只能解决他们尝试解决问题中的最简单的一部分。同时,人工智能还遭遇了以下一些问题:

(1)简单的结构变化无法达成预期的目标。例如,美国国家研究署尝试用自动化翻译加速翻译俄语论文,一开始他们认为通过简单的词语替换和句子结构的修改就可以达到足够高的可读程度,但是后来他们发现,单词的意思与前后文紧紧关联,而多义词的解释则需要对背景知识的了解。

(2)存储空间和计算能力的严重不足。例如,罗斯·奎廉(Ross Quillian)的自然语言处理程序只包括20个单词,这是由于存储空间限制以及呈指数级增长的计算复杂度所限导致的。计算时间与输入的规模呈幂指数关系,即复杂问题将耗费大量的计算时间。

(3)缺乏基本知识和推理能力。即便是对儿童而言的常识,对程序来说也是巨量信息。20世纪70年代尚没有人建立过这种规模的数据库,也不知道怎么让程序进行学习。

(4)莫拉维克(Moravec)悖论。一些人类觉得复杂的问题,如几何证明,对机器而言十分简单;但人的一些基本技能,如人脸识别,对机器而言却是一个巨大的挑战。这也是20世纪70年代机器人和视觉识别发展缓慢的原因。

2. 第二次浪潮(1980—1997年):人工智能开始产业化

人工智能在经历了十年左右的低谷期后,于1980年迎来了它的第二个黄金年代,这一阶段一直持续到1987年。1980年,卡耐基梅隆大学为DEC公司制造了一个专家系统XCON。这个系统1982—1988年平均每年为公司节约4000万美元,取得了巨大的成功,导致其他公司和高校等研究机构纷纷效仿,重燃了整个社会对人工智能的信心。1981年,日本"新一代计算机技术研究所"提出研发具有人工智能的第五代计算机,是人工智能发展第二个黄金年代的一个重要标志。1983年,英国开始了预算为35亿英镑的Alvey工程,关注大规模集成电路、人工智能、软件工程、人机交互(包含自然语言处理)以及系统架构等。在博比·英曼(Bobby Inman)的领导下,美国侧重于系统架构设计、芯片组装、硬件工程、分布式技术、智慧系统等方向。在这个时期内,算法也得到了突破性的进展。1982年,约翰·霍普菲尔德(John Hopfield)证明Hopfield网络可以学习并处理信息,大卫·鲁梅尔哈特(David Rumelhart)则提出了反向传播算法,这为20世纪90年代神经网络的商业化打下了坚实的基础。

1987—1997年,人工智能的发展陷入第二次低谷。其主要原因有两个:一是个人计算机的出现冲击了专家系统,二是"人工智能计算机"研发的失败。随着专家系统的不断发展,以及复杂度的快速提升,基于知识库和推理机的专家系统显示出了让人不安的一面:难以升级扩展,鲁棒性不够,直接导致高昂的维护成本,政府进一步削减了人工智能研究经费。1991年,英国政府指出,Alvey工程达到了其设定的技术目标,但是并没有提升英国在信息技术市场上的竞争力。1992年6月,日本政府宣布向全世界公开第五代计算机项目所开发的软件,允许任何人免费使用,这标志着日本雄心勃勃的第五代计算机项目的失败。同时,苹果、IBM开发的第一代个人计算机走向社会,其价格低廉,迅速挤占了专家系统市场,导致对专家系统市场的需求急剧下滑。

3. 第三次浪潮(1997年—至今):人工智能迎来爆发

进入20世纪90年代中期,人工智能再次迎来了爆发式发展。1997年5月1日,IBM制造的超级计算机深蓝(Deep Blue),在经过多轮较量后,击败了前国际象棋世界冠军加里·卡斯帕罗夫(Garry Kasparov)。尽管不乏IBM作弊的声音,但这个事件标志着人工智能的研究到达了一个新的高度,也给人工智能做了一次大规模的宣传。2000年后,随着大数据的普及、深度学习算法的完善、硬件效能的提高,人工智能的应用领域变得更广,应用程度也变得更深,其中标志性的事件就是Google旗下DeepMind公司开发的三代AlphaGo人工智能围棋程序战胜了职业棋手樊麾、李世石和柯洁。

1.2 智能金融及相关概念

1.2.1 智能金融的内涵

目前,智能金融尚无统一定义。亿欧智库在《2017中国智能金融产业研究报告》中指出,智能金融指人工智能技术与金融服务和产品的动态融合。智能金融通过利用人工智能技术,创新金融产品和服务模式、改善客户体验、提高服务效率等。其参与者不仅包括为金融机构提供人工智能技术服务的公司,也包括传统金融机构、新兴金融业态以及金融业不可或缺的监管机构等,这些参与者共同组成智能金融生态系统,如图1.1所示。

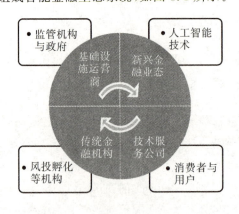

图 1.1 智能金融生态系统

《中国智能金融发展报告(2019)》指出,智能金融是指人工智能技术与金融业深度融合的新业态,是用机器替代和超越人类部分经营管理经验与能力的金融模式变革。

本书认为,智能金融即人工智能与金融的全面融合,是以人工智能、大数据、机器学习、云计算、区块链等高新科技为核心要素,全面赋能金融机构,提升金融机构的服务效率,拓展金融服务的广度和深度,使得全社会都能获得平等、高效、专业的金融服务,从而实现金融服务的智能化、个性化、定制化。也就是说,智能金融就是建立在金融物联网基础上,通过金融云使金融行业在业务的开拓、业务的流程和业务的客户服务等方面得到全面的提升,进而能够实现金融业务、金融管理、金融安防智慧化的一种金融服务。人工智能应用在金融领域体现为个性化定制、更严格的风险控制和实现真正的普惠。智能金融的产生依赖于科技的发展,特别是人工智能的出现,更归功于金融行业对传统金融业进行的改革创新。

人工智能的出现对很多已经开始进入萧条时期的行业来说简直是雪中送炭,他们在人工智能的身上寻找到了自身行业的转机。人工智能能够节省很多人力物力,使得行业的成本大大降低,因而获得了资本的欢迎与接受。与此同时,传统金融行业在科技与时代的冲击下,不得不寻求创新与发展,为自己谋一条"生路",在这种情况下,金融行业发现了人工智能,同时也看到了金融行业的光明前景——与人工智能结合,在降低金融行业成本的同时提供更加高端化、智能化、个性化、定制化的金融服务。

人工智能在金融行业的强项,体现在其具有精准的理性分析、高效的决策和强大的信息储备能力,这也是金融行业未来的发展方向。人工智能在处理信息方面的强大能力对于金融这样一个纯数据的行业来说,可谓如虎添翼。同时,相较于人工来讲,人工智能够给金融行业提供的投资策略等更为多样化,还可以避免人工操作的人为主观性,所以更加客观与公正。此外,人工智能还可以让客户享受到更加智慧、更加主动的金融服务以及更加高效率、高安全性的智能化投资,甚至未来的金融服务生态也有可能因此而重构。

智能金融、传统金融的区别与联系

1.2.2 智能金融与互联网金融

中国人民银行等十部门发布的《关于促进互联网金融健康发展的指导意见》中指出,互联网金融是传统金融机构与互联网企业利用互联网技术和信息通信技术实现资金融通、支付、投资和信息中介服务的新型金融业务模式。互联网金融是互联网技术和金融功能的有机结合,是依托大数据和云计算在开放的互联网平台上形成的功能化金融业态及其服务体系,包括基于网络平台的金融市场体系、金融服务体系、金融组织体系、金融产品体系以及互联网金融监管体系等,是一种具有普惠金融、平台金融、信息金融和碎片金融等相异于传统金融的金融模式,如图1.2所示。值得注意,互联网金融并非互联网和金融行业的简单结合,而是在实现了安全、移动等网络技术水平上,在网络大幅度普及和被接受后,为了满足新需求而产生的新业务和新模式。

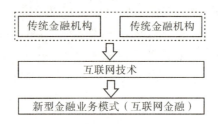

图 1.2　互联网金融示意图

　　智能金融和互联网金融之间的联系还是比较紧密的。一方面,二者都有成本低、效率高、覆盖面广、发展速度快等特点。智能金融和互联网金融都依托于计算机的发展,都为金融行业节省了大量的人力、物力,使得金融行业开展金融服务的成本大大降低。同时,通过互联网和人工智能技术,也就是包括使用云计算、大数据库、物联网技术等去收集信息来进行一系列的金融服务,大大提高了金融服务的效率。另一方面,互联网金融和智能金融的技术基础都依赖于云计算。金融行业的发展需要信息处理又快又好的金融服务,而融合云计算的互联网金融和智能金融便成了金融行业创新发展的必然方向。

　　智能金融和互联网金融也有明显的区别。顾名思义,智能金融指的是"人工智能"和金融相结合,而互联网金融则指的是"互联网"与金融相结合。互联网时代可分为三个阶段:一个是 PC 互联网时代,一个是移动互联网时代,还有一个就是正在进入的人工智能时代。互联网技术的成熟造就了人工智能技术的成功,而人工智能则在互联网基础上又运用了物联网技术。此外,互联网金融侧重于开展众筹、网络信贷、第三方支付等服务,而智能金融侧重于开展智能理财项目助手服务、为客户提供量身订制的个性化服务以及优化金融业务服务等。

1.2.3　智能金融与金融科技

　　金融科技,由英文 finance technology(FinTech)翻译而来,主要指那些可用于改革传统金融服务方式的高新技术,同时也指技术带来的金融创新,它能创造新的模式、业务、流程与产品,既包括前端产业,也包含后台技术。狭义的金融科技是指非金融机构借助于移动云计算、大数据、人工智能、移动互联网等各项新科技来重塑传统金融机构组织、产品与服务的创新金融活动。广义的金融科技则是指技术创新在金融业务领域的应用,泛指金融与科技的一切结合。FinTech 以技术和数据为核心驱动力,正在渐渐改变金融行业的生态格局,如图 1.3 所示。2016 年 3 月,国际金融稳定理事会首次发布了关于金融科技的专题报告,对金融科技的概念进行了初步定义。金融科技是指技术带来的金融创新,它能创造新的业务模式、应用、流程或产品,从而对金融机构、金融市场和金融服务的提供方式造成重大的影响。

　　金融科技与智能金融之间也具有联系。二者都是基于云计算、大数据、区块链以及人工智能等一系列的技术创新,并且全面应用于借贷融资、支付清算、零售银行、保险、财富管理、交易结算等金融领域。从金融发展的趋势来看,智能金融是未来金融行业的主要形态。同时,金融

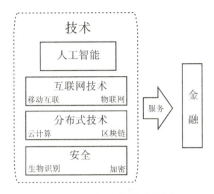

图 1.3 金融科技示意图

科技与智能金融都是科技与互联网发展的产物,二者联系紧密,并且在一定范围内二者互相合作,为金融行业带来了更多新的机遇与创新。此外,金融科技在智能金融的理财服务上也可以发挥重要的作用,金融科技的作用主要体现在对信息收集与处理的进一步智能化、系统化和自动化,这既包括了前台投资决策,也包括中台、后台的风险管理和运营管理。

智能金融和金融科技的区别可以用一句话来概括:金融科技是手段,智能金融是目的。随着科技与互联网的飞速发展,传统金融行业面临着不进则退的困境,必须采用科技的新兴手段,发展新的金融体系和创新金融服务。在此背景下,就产生了金融科技,即金融与科技相结合的产物,运用云计算、互联网、大数据等新科学技术创造出的金融模式。金融科技为金融行业提供了新的发展手段和发展方向,而科技则催生出一系列互联网产物,其中就包括在互联网技术基础上衍生出来的人工智能。金融科技的发展让人们看到了人工智能与金融行业相结合的光明前景,即采用金融科技的一系列手段,即云计算、大数据、互联网、区块链等技术,创造出"人工智能"和"金融"相结合的产物——智能金融。因此,金融科技是手段,而智能金融是目的,是金融科技发展到一定程度后衍生出来的。

金融科技、互联网金融、智能金融之间既有区别又有联系。它们之间的区别在于:从技术层面来看,金融科技包含的技术最多,包括人工智能、互联技术、分布式技术等;互联网金融主要应用的是网络技术;智能金融强调的是人工智能技术。它们之间的联系在于:从范围来看,互联网金融和智能金融都属于金融科技;从金融与科技融合创新程度来看,智能金融是依托互联网金融发展起来的,它反映出金融与科技融合的创新程度要高于互联网金融。相比互联网金融、金融科技,智能金融更具革命性的优势在于对金融生产效率的根本颠覆。智能金融能替代甚至超越人类行为和智力,更精准高效地满足各类金融需求,推动金融行业变革与跨越式发展。

1.3 智能金融的发展历程及其特征

1.3.1 科技赋能金融业的三个阶段

第一阶段:IT+金融阶段(20世纪50年代至90年代)。这一阶段以会计账务电子化、银行构建核心系统为主要科技特征,金融业务以传统金融机构为核心,开展存款、贷款和汇款业务。金融行业通过信息系统实现办公业务的电子化与自动化,增强数据交互能力并提高服务效率,是科技与金融融合的萌芽阶段。

第二阶段:互联网+金融阶段(20世纪90年代至2016年)。这一阶段以软件技术、互联网/移动互联网、云计算和物联网为主要科技特征,表现为金融服务在网上展开,如网上支付和手机银行。这一阶段的主体为科技初创公司,它们利用互联网平台与移动智能终端汇集海量用户数据,打通各参与方信息交互渠道并变革金融服务方式。

第三阶段:人工智能+金融阶段(2016年至今)。金融科技公司携手传统金融机构回归金融本质打造立体金融,其主要表现为大数据、云计算、人工智能等智能技术与金融的高度融合,并应用于人脸支付、智能投顾、智能风控、智能客服等领域。如今的人工智能+金融发展阶段,是建立在IT信息系统稳定可靠、互联网发展环境较为成熟的基础之上,对金融产业链布局与商业逻辑本质进行重塑,且科技对于行业的改变明显高于以往任何阶段,并对金融行业的未来发展方向产生深远影响。

科技赋能金融业的发展历程如图1.4所示。

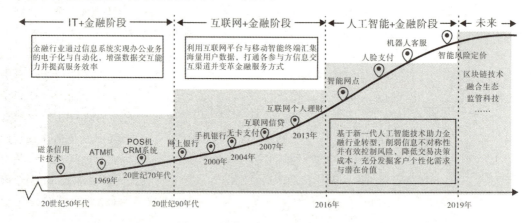

图1.4 科技赋能金融业的发展历程

1.3.2 智能金融的发展历程

计算机信息化系统中的数据分为结构化数据和非结构化数据。结构化数据也称作行数据,是由二维表结构来逻辑表达和实现的数据,严格地遵循数据格式与长度规范,主要通过关系型数据库进行存储和管理。与结构化数据相对的是非结构化数据,非结构化数据是数据结构不规则或不完整,没有预定义的数据模型,不方便用数据库二维逻辑表来表现的数据,包括所有格式的办公文档、XML、HTML、各类报表、图片和音频、视频信息等。支持非结构化数据的数据库采用多值字段、子字段和变长字段机制进行数据项的创建和管理,广泛应用于全文检索和各种多媒体信息处理领域。根据结构化数据和非结构化数据技术的发展应用情况,智能金融发展可进一步细分为以下四个阶段,如图1.5所示。

第一阶段从2012年至2014年,智能金融的兴起基于大数据技术,如智能营销、个人风控。这个阶段发展比较快,主要是因为现有结构化数据比较多。例如,在个人征信领域,借助于P2P的发展,本身可利用的数据(如个人征信数据、运营商数据)都已经实现结构化,在2~3年时间内就已经发展成熟,出现了独角兽级别的企业。

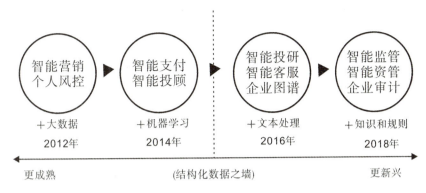

图 1.5 智能金融发展历程

第二阶段从 2014 年至 2016 年,本阶段是基于机器学习发展起来的,其应用主要是在智能支付和智能投顾上开展。智能支付领域围绕着生物识别技术,主要是人脸识别技术。智能投顾领域发展到智能投顾 2.0 版本,主要围绕着用户画像技术,这也是第一阶段大数据的延伸。智能投顾 1.0 版本基本上是基于传统理论的资产配置,而智能投顾 2.0 版本则加上了机器学习来完成各种用户的画像,产生了"千人千面",实现了更加个性化的资产配置。

需要注意的是,智能金融在 2015 年之后遇到了技术瓶颈,发展速度明显下降。从数据技术上看,主要是如何从非结构化数据中提取信息。例如,企业征信的发展与个人征信的发展相比,要慢很多,至今仍然没有发展特别大的公司,因为绝大部分企业的征信数据,特别是中小企业的数据,都在非结构化的文本中。再如证券业的智能化,智能投研、智能投顾的 3.0 版本要比 2.0 版本发展得慢,因为证券业绝大多数的数据都在文档、PDF 文件里,包括交易所在内的金融机构都没有结构化的数据表示。如何从 PDF 文件、扫描文件等非结构化数据中提取信息,是当时发展最大的瓶颈,这被称为"结构化数据之墙",也是 2015 年前后智能金融发展所遇到的最大问题。

第三阶段从 2016 年至 2018 年,本阶段以文本处理、自然语言处理(nature language processing,NLP)作为核心技术,发展了诸如智能投研、智能客服,以及企业图谱(主要面向银行)等应用。截至目前,从非结构化数据中快速提取有价值信息的问题尚未完全解决。例如基础层面上,在财务报表的处理方面,现在已经达到工业可用的状态;而其他方面,诸如公告提取、研报提取,有的实现了 80%,有的实现了 70%,有的甚至只实现了 50%,尚未达到全面的工业可用的状态。

从 2018 年开始进入第四阶段,在这一阶段,知识和规则变得异常重要,同时又兴起了一些新的应用,如智能监管、智能资管和智能审计。这个阶段跟前一阶段自然语言处理(NLP)不同,NLP 阶段解决的是如何将数据从非结构化的文档里提取出来。当前一步的问题得到初步解决之后,新的业务需求即被解锁,需要对数据进行自动化的校验、检查和规则运行,从而进入监管、审计阶段,知识图谱对于这个阶段显得异常重要。这一阶段比前一个阶段更具有挑战性,到目前为止仍处于刚刚起步阶段。

1.3.3 智能金融的新特征与新标准

1. 智能金融的新特征

（1）自我学习的智能技术。以人工智能为代表的智能技术在新阶段呈现出自我学习的特征。人工智能将实现"感知—认知—自主决策—自我学习"的实时正循环；数据传输速度实现质的飞跃，云端将无缝融合；介入式芯片等新的硬件形式将出现，甚至实现人机共融。人工智能将实现自主学习和管理知识，支持知识的"产生—存储—应用—优化"的体系化管理；更准确地感知外界环境动态变化，理解用户需求，做出判断并决策。

（2）数据闭环的生态合作。数据是人工智能时代最宝贵的"资产"。智能金融企业的战略重点，从互联网时代的业务闭环转向实现数据闭环，不再局限于满足当前用户需求的联手，而更加注重企业间数据结果回传，合作各方未来能够可持续满足用户需求的能力将大幅提升。

（3）技术驱动的商业创新。智能技术将不仅在"效率"上发挥价值，而且可以通过与产业链的深度结合，在"效能"上有所作为。在金融领域，移动互联网时代更多体现的是"渠道"迁移；人工智能时代则使得技术在金融的核心，即风险定价上发挥更大的想象力。在智能金融时代，技术将真正成为核心驱动力，技术驱动商业创新的影响力及范围会进一步扩大。同时，技术和产业链将全面深入结合，从而带来应用层终极变革。

（4）单客专享的产品服务。"个性化"不再仅限于客群层面。基于海量的客户信息数据、精细的产品模型和实时反馈的决策引擎，每一个客户的个性数据将被全面捕获并一一反映到产品配置和定价中。所有的产品不再是为了"某些"客户提前设计，而是针对"某个"客户实时设计，从而实现产品服务的终极个性化。

2. 智能金融的新标准

智能金融最终会将金融服务推向新的高度，真正实现以客户为中心。智能金融的新标准，即随人、随时、随地、随需。

（1）随人："理解"再"匹配"，"千人"有"千面"。随着时代的发展，客户需求逐渐由基础、单一化向高阶、多元化升级，而人工智能和大数据技术使捕捉、积累各类数据成为可能，也为挖掘、满足多样化需求创造了条件。O2O模式的推广使得更多的消费足迹得以数字化，将真正理解客户变为可能，这使得服务向"千人千面"演进的趋势成为必然。此外，差异化的服务还能使客户"被重视"的感受得到进一步加强，从而给客户带来额外的满足感。

（2）随时：服务不停，随时响应。科技的发展为碎片化的金融需求带来了机会。全天候的服务理念可减少客户等待服务的时间，及时且自动化地响应客户需求，进而达到充分挖掘客户消费潜能的目的。智能客服和智能投顾代替人工的朝九晚五，实现24小时为用户提供自动化服务，这将在不久的未来成为现实。

（3）随地：触达无界，随手可及。以互联网的兴起为代表，智能金融时代的典型特征是对空间界限的突破。一方面，这是提升客户服务便捷性的重要途径，通过消除空间上的阻碍，实现对客户弹性需求的捕捉转化；另一方面，这也意味着服务边界的拓展，经由智能金融技术，客户拥有了比原先更多的消费选择。例如，各商业银行通过推广掌上终端，让用户无须再去固定网点办理业务，尽管在某些业务的某些监管政策上仍有出于风险考虑的限制。

（4）随需：想你所想，急你所需。对用户画像的获取不仅需要全面，更重要的是精准。传统广告一味地狂轰滥炸,在增加触达成本的同时不但不能吸引客户,还可能使客户产生抵触心理。利用智能技术识别客户的真正需求,可避免对客户的打扰,且通过需求与服务的匹配可减少无效的推广。此外,对客户需求也需要根据其产生效用的情况做进一步的细分,抓住并转化用户的碎片化需求、弹性需求,把适当的产品和服务推荐给最需要的客户。

1.4 智能金融带来的机遇、挑战及发展意义

1.4.1 人工智能给金融行业带来的机遇

1. 提高和带动"互联网+产业金融"的发展

"互联网+"本质为"互联网+各个传统行业",但并非二者简单的相加,而是利用互联网平台以及现代通信技术让互联网与传统行业进行深度融合,进而创造出新的发展生态。"互联网+"代表着一种新的社会形态,就是充分发挥互联网在社会资源配置中的集成与优化作用,将互联网发展下产生的创新成果深度融合于社会、经济等各个领域中,进而提升全社会的生产力和创造力。"互联网+"代表着一种创新型的经济形态,就是依托互联网信息技术来实现互联网与传统产业的联合,并且以优化生产要素、更新业务体系、重构商业模式等方式完成经济的转型和升级。

互联网金融是互联网普及背景下必然的产物,"互联网+产业金融"是社会中各个企业和互联网相结合进而进行生产的金融活动。我国已经开始进入由资本市场和互联网金融引领的新金融时代,因此我国企业要抓紧时间把握这种大趋势,把过去那种以间接融资为主的模式逐渐转向以直接融资为主的模式,把产业、项目与金融资本通过互联网时代的各种模式对接,以贴合客户需求进行个性化的项目生产。金融行业形成"互联网+产业金融"的模式将是大势所趋,而人工智能的大力发展为"互联网+产业金融"的发展提供了更多的载体、渠道和形式。

2. 促进实体经济向智能化、高端化发展

在互联网时代,消费者与商业资源连接的方式悄然间就随着时代的发展发生了转移,企业的经营模式也从 B2C(business-to-customer)变成了 B2B2C(business-to-business-to-customer)。消费者与商业资源之间的连接在人工智能的发展创新下,出现了智能终端、App、网站、可穿戴设备等新的方式。实体经济在互联网技术的影响下似乎在逐渐下滑,但随着互联网的不断普及,人工智能和互联网的发展除了在某些领域产生了消极影响外,也促进了实体经济向智能化、高端化转型与发展。实体经济要想振兴,向智能化、高端化转型与发展是必然选择,这样才具有吸引客户的卖点,才具备持续竞争的能力。

实体经济的发展与转型升级需要创新引领。创新方式不乏使用云计算、大数据、互联网以及人工智能等技术,特别是人工智能得到了广泛关注,并于 2017 年首次写入政府工作报告中。人工智能这场革命不仅仅是互联网意义上的一场革命,国家发展在失去人口红利以后的转型升级需要依靠互联网,同时互联网自身的发展也需要依靠人工智能。因此,要想实现实体经济的转型升级即向智能化、高端化发展,就必然离不开人工智能的发展与引领。

3. 推进实体经济步入"脱虚向实"新阶段

由于互联网金融的快速发展和其低成本、高收益的影响,我国实体经济开始逐渐出现了

"脱实向虚"的现象,这也是近几年来中国经济备受关注的结构性问题。这些变化主要体现在:货币增速较快但是经济减速、下行压力不减;金融资产总量在不断膨胀,然而投资效率不仅没有上升反而下降了;资产价格也在过快上涨,但是商品价格却较低甚至呈现负增长。"脱实向虚"的状况显然在各种方面都不利于实体经济的发展,在某些方面也与金融服务实体经济的本质相背离,与我国想要将实体经济发展起来的目的相悖。

将人工智能技术应用于引领实体经济创新与转型升级后,"脱实向虚"的状况得到了改善,开始步入"脱虚向实"的新阶段。人工智能技术应用于实体经济,可为实体经济的发展与转型提供更多的载体。同时,随着互联网的覆盖面不断扩大,人工智能技术也愈加深入人们的生活。人工智能建立起实体经济与人民生活联系的一道新桥梁,使得实体经济再次回到人们的视野,也以创新的姿态回到人们的生活之中,从而吸引更多的客户,促进实体经济的转型发展。因此,人工智能有利于引领实体经济"脱虚向实"、改革创新,步入全新的发展阶段。

4. 实现金融服务的智能化、个性化、定制化

人工智能可以和金融服务进行连接,相互结合,实现金融服务的智能化、个性化、定制化。人工智能科技让企业逐渐改变了其传统的金融模式,开始逐渐面向大众,通过互联网以及人工智能技术为客户定制个性化的金融服务。智能金融就是人工智能技术与金融服务的全面融合,以人工智能、大数据、云计算、区块链等高新科技为核心要素,全面赋能金融机构,提升金融机构的服务效率,拓展金融服务的广度和深度,使得全社会都能获得平等、高效、专业的金融服务,从而实现金融服务的智能化、个性化、定制化。智能金融概念的提出,让传统金融机构转型路径变得更加多元、清晰,人工智能科技也为金融服务提供了多元化的载体,使金融服务向智能化转型迈出了重要的一步。人工智能实现了金融服务的智能化、个性化以及定制化,使得新型的金融服务更加普及,更加适合于广大人民群众,也更加受人民群众欢迎。

5. 智能金融是实现普惠金融的必然选择

普惠金融这一概念由联合国在 2005 年提出,是指以能够负担的成本为有金融服务以及业务需求的社会各阶层和群体提供适当而且有效的金融服务。其中,农民、小微企业、城镇低收入人群等都是普惠金融的重点服务对象,这是贴合我国大部分群体现状的,因此很适合我国整体的发展。而在普惠金融的发展历程中,要想普及社会各阶层就必须要与互联网金融和智能金融相结合。

普惠金融

普惠金融发展历程中所遇到的一大难题便是"信息不对称"问题,而该问题通过人工智能就能得到较好解决。在人工智能的应用下,通过技术、数据的手段可构建信用模型,同时数据公司、互联网公司等也可以从网上收集用户的海量数据,进行快速分析预测,并对其进行信用评级。因此,人工智能可以通过弥补金融机构与用户之间的信息鸿沟,扩大金融行业的金融服务覆盖面,让更多的人不必跨过传统金融的征信"门槛"就能获得相应的金融服务,这是和普惠

金融的目的相辅相成的。就成本而言,人工智能的应用节约了金融体系中大量的人力物力,大大降低了金融服务的成本,更为广大人民群众所接受,同时也加快了普惠金融的发展。因此,智能金融成了实现普惠金融的必然选择。

1.4.2 人工智能与金融结合面临的挑战

目前,我们仍处于人工智能的初级阶段,也就是"弱人工智能"。"弱人工智能"没有自主意识,运用于金融也只是替代人类做些收集数据之类的繁杂琐事。到了"强人工智能"和"超人工智能"阶段,人工智能有了自我学习和理解问题的能力,和人类一样可以在多个层面思考问题,智能金融才算真正拥有智能。

1. 人工智能的模型可能会偏离实际

人工智能的运用是通过程序、技术对事物进行自我分析,然后系统根据分析建立数据模型。在这样一种情况下,由于模型缺少理论的支撑,容易在实际操作过程中出现偏差。尤其在金融行业,面对客户的投资、咨询、要求等,如果人工智能在建模这一方面出现偏差,对金融机构或企业造成的损失是很大的,如可能会引发信任危机、投资骤减、资金周转困难等。在这样一种挑战下,要想保证人工智能在模型这一方面尽可能准确,就要同时使用有理论依据的模型进行辅助。

2. 人工智能可能会在体量较小的市场产生流动性风险

人工智能对技术、人才的要求很高,因此其启动成本也非常高。在金融行业广泛应用人工智能的企业还不太多,进行交易体量的规模不大。随着人工智能技术的普及,它给部分企业带来的利益以及自身所具备的优势会逐步被市场挖掘,其运用将会向大规模发展。而在一些体量小的市场,人工智能在金融行业运用的流动性就显得不好,面临着较大的风险。

3. 信用环境的缺失难以保证人工智能模型数据的准确性

我国的信用环境还不够健全,很多机构或企业信息数据的录入部分是不完整甚至是不真实的。在此背景下,在金融行业运用人工智能,很有可能会因为数据的不完整或者不正确导致分析的结果与真实情况并不相符。如果因为这一偏差而在这条道路上越走越远,那金融行业也会在偏离正常轨道的道路上越走越远,这产生的后果将是不可估量的。

4. 对大量数据的妥善保护为金融机构或企业增加了困难

金融行业基于人工智能模式的发展,必然少不了海量数据的支撑。企业如何确保客户的信息或者企业自身信息不受侵害,是一个不太容易解决的问题。对于金融行业来说,要想在金融市场立足,首先要做到的是对客户的基本信息保密,建立良好的信用关系。将人工智能运用到金融行业中时,要严防信息被盗,出于安全考虑,企业或机构要在完善人工智能技术的同时,注重网络安全的布置,防止自身信息或者客户信息被恶意盗取,引发不可预料的后果。

1.4.3 发展智能金融的重要意义

1. 进一步提升金融行业的数据处理能力与效率

随着金融行业的不断发展,沉淀了大量的金融数据,主要涉及金融交易、个人信息、市场行情、风险控制、投资理财等。这些数据容量巨大且类型丰富,占据宝贵的储存资源,而从业人员却无法对其进行有效分析以供决策。虽然大数据技术的出现对此现状有所改善,但在数据的有效处理与分析挖掘上仍面临较大挑战。随着深度学习技术的不断推进,金融机构尝试将海量数据供机器进行学习,不断完善机器的认知能力,使之几乎达到与人类相媲美的水平,尤其在金融交易与风险管理这类业务对复杂数据的处理方面,人工智能有效利用大数据进行筛选分析,帮助金融机构更高效地决策分析,从而提升金融业务能力。

2. 推动金融服务模式趋向主动化、个性化、智能化

传统技术模式下,金融行业通过面对面交流的方式发掘客户需求。同时,受人力资源和数据处理能力影响,金融行业只面向少数高净值客户提供定制化服务,而对绝大多数普通客户仅提供一般化服务。随着人工智能的飞速发展,机器能够模拟人的认知与功能,使批量实现对客户的个性化和智能化服务成为可能,这将使目前金融行业沟通客户、挖掘客户金融需求的模式发生重大改变。整体而言,人工智能技术将显著改变金融行业现有格局,在前台可以用于提升客户体验,使服务更加个性化;在中台辅助、支持金融交易的分析与预测,使决策更加智能化;在后台用于风险识别和防控保障,使管理更加稳定化。

3. 提升金融风险控制效能

在传统模式下,金融机构难以查证客户提供信息的真实性,交易双方信息的不对称性,使得金融机构面临用户隐瞒甚至编造个人信息的业务风险。人工智能可从大量内部与外部数据中,获取关键信息进行挖掘分析,对客户群体进行筛选和欺诈风险鉴别,并将结果反馈给金融机构。此模式不仅能够降低交易双方存在的信息不对称性,有效降低业务风险,还能对市场趋势进行预测,为金融机构提供有效的风险预警,引导金融机构提前采取预防措施。

4. 助推普惠金融服务发展

人工智能技术能够通过降低金融服务成本、提升金融服务效率和扩大金融服务范围,以推动普惠金融服务的快速发展。智能营销能帮助金融机构精准获客,减少营销成本;智能风控能在金融业务流程中提高风险识别、预警、防范及风险定价能力,降低风险甄别成本。智能金融业务模式让金融可以有效伸延与普惠到最需要的弱势人群,从而推动金融的普惠化。

思考题

1. 根据人工智能的概念,简述你对人工智能的理解。
2. 人工智能的发展有哪几个层次,经历了哪些发展阶段?
3. 根据智能金融的内涵,简述智能金融与互联网金融、科技金融之间的区别与联系。
4. 简述科技是如何在每个阶段赋能金融的。
5. 根据智能金融的发展历程,谈一谈你对"结构化数据之墙"的理解。
6. 智能金融与传统金融相比,有何新特征?
7. 谈谈人工智能给金融行业带来的机遇与挑战。

第 2 章　人工智能对金融领域产生的影响

云计算和大数据的发展促进了人工智能技术的进步,同时人工智能的算法提升了任务分配的准确率,也促进了机器学习、计算机视觉、自然语言处理等的迅速发展。根据目前的发展态势,人工智能技术在未来会影响到每一个行业,给每一个行业带来巨大的价值,同时能够大大解放劳动力,因为一些重复性、危险性的工作将会由人工智能来完成,使人们可以去做更有意义的事。在金融行业中,人工智能技术被应用于银行、证券、保险等行业,在这些行业里,人工智能技术的运用能够提高工作人员的工作效率、提升客户的体验、提高管理的效率以及对风险进行防范。

2.1　传统金融行业转型迫在眉睫

以往,对于普通劳动者与那些经济能力较弱的中小型企业而言,想要获得全面丰富的金融服务相对比较困难。随着信息科技的发展,互联网与人工智能技术在金融中的广泛应用,使得传统的金融在市场中难以立足。在科技快速发展的时代,传统金融行业所面临的转型压力逐渐迫近。

2.1.1　传统金融行业服务无法满足中小微企业融资需求

中小微企业是国民经济不可或缺的一部分,我国经济能否成功转型在很大程度上取决于中小微企业的成败。中小微企业占我国企业总数的 99%,贡献了我国 60% 的 GDP 和 50% 的税收。但是,我国的中小微企业能够获得的资金资源少、资金获得成本较高,从而束缚了其生产力的提升,也限制了中小微企业的发展和壮大。有数据显示,95% 的中小微企业没有与金融机构发生任何的借贷关系,许多不可抗力的因素使得中小微企业融资难、融资贵的问题得不到解决。世界银行 2018 年发布的评估报告显示,我国中小微企业潜在融资需求达 4.4 万亿美元,融资供给仅 2.5 万亿美元,潜在融资缺口高达 1.9 万亿美元,分别占融资需求的 57% 和 43%(如图 2.1 所示)。中小微企业规模小,抵抗风险能力弱,较难从正规金融机构获得资金贷款。中国人民银行调查数据显示,中小微企业从银行获得贷款和民间融资获得贷款的户数比例为 6∶4(如图 2.2 所示)。

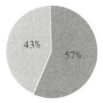

图 2.1　中小微企业融资情况

图 2.2　中小微企业融资比例

在传统金融的认知中,能否融资成功,就是看个人或者企业是否拥有足够的担保与抵押品。传统银行的资金体量大,土地、房产抵押就成了传统银行业的风险控制技术。由于信贷人员占总员工比例较低,且贷款审批和放款流程较长,从而导致贷款风险大。同时,这也解释了传统金融机构追求大项目,偏爱基础设施、地产等资金需求量大的企业。如果个人、企业抵押或担保不足,就很难获得贷款进行融资。目前,我国中小微企业融资难的问题较为突出,其抵押与担保不足,使许多金融机构或银行不愿意贷款给中小微企业。比较分析金砖国家的普惠金融发展情况,发现我国正规金融机构的账户和存款数量远高于其他金砖国家,但是在中小微企业和个人信贷领域则明显落后于其他国家。考虑到国家经济的发展,无论是政策、税收还是金融资源都应该向中小企业倾斜,但目前传统金融机构无法向中小微企业提供满意的服务。

随着互联网的发展,逐渐出现了很多网贷平台。互联网金融点对点借贷平台的出现以及迅速发展,在解决中小微企业的融资问题方面发挥着积极的作用。它将传统民间借贷进行延伸,部分满足了个人经营的消费需求和大众理财的需求。借贷双方能够在市场中自由地获取金融服务,突破了金融中介的束缚,增加了中小微企业融资的可得性,同时也从另一个方面加速了传统银行业的改革与发展。

2.1.2 传统金融行业无法有效满足个人投资需求

传统的金融行业主要从银行等金融机构获取金融产品与服务。人们需要到银行排队等候办理业务,有些地区甚至缺乏像银行这种最基础的金融机构,个人投资者享受金融产品服务十分不便。传统金融行业在地区上存在极大的差异,其主要资产与业务集中在东部经济发达地区。在资金来源不平衡的情况下,资金运用也不平衡,现阶段传统金融的贷款主要投向大型的及国有的工业企业,因此个人投资者的需求无法被满足。此外,银行的负债结构单一,其本身业务结构不平衡,主要依靠利差盈利,这些都将导致其盈利模式存在较大的不确定性,并且很容易受到来自新型金融体系的冲击。

传统金融行业面临的诸多挑战限制了其发展,尤其是传统金融行业无法有效地满足个人投资需求。随着我国经济的快速发展,消费者不断增加对投资的需求,同时对服务的要求也不断提高。消费者希望在享受金融产品服务的同时,还希望更快捷方便地完成投资。在传统金融行业中,随着人们日益增加的投资需求,办理业务的低效性不断体现,使得金融行业投资的供给不能满足个人投资的需求,阻碍了经济的发展。

传统金融行业的金融产品趋于单一化且门槛较高,而个人投资者不再满足于单一化、标准化的金融产品,更愿意去追求差异化、便捷化的金融产品。例如,蚂蚁金服旗下有支付宝、余额宝、招财宝、蚂蚁小贷等品牌,其主要针对小微企业和普通消费者。其中,余额宝主要面向中小投资者,用户可以通过支付宝不限额地向余额宝的账户中转入任意的金额,相当于投资基金。在资金存入账户后,投资者还可以根据自身需要随时消费、转账、转入或转出,投资起来十分便捷。传统的基金理财产品与其相比较而言,门槛较高,需要投资者拥有大量资产,一次性投入较多的资金并且投资以后的资金不能随用随取,办理手续也很烦琐,不受年轻的中小投资者的欢迎。

2.1.3 金融科技的强大竞争力迫使传统金融机构加速转型

近年来,金融科技(FinTech)逐渐变成了一个很火的名词。自 2006 年以来,许多的互联网金融企业转型为金融科技企业,或是着重强调金融科技的驱动。传统金融机构也在这个大形势下,强调对大数据、云计算、区块链等前沿技术的探索。尤其是随着高盛、富达等全球传统金融巨头向科技公司转型,金融科技已经成为国内互联网金融企业跟风的目标。以科技为驱动,国内的互联网金融行业已经掀起了一场转型升级变革,甚至触动了传统金融行业。

一方面,科技渐进式地影响着金融业。技术的改进,为支付、贷款、融资等业务提供了很大的便利。数字化实现了对信息多样化的超越,降低了交易的成本,使信息管理更加简单、信息处理更加便捷、交易更加方便。同时,互联网打破了交易时空的界限,使得金融产品的交易趋于自由化、安全化,其效率会大大提高,覆盖人群也会变广,金融供给能力会得到提升。另一方面,用户习惯不断变化,并且这一变化非常明显。例如,微信支付在很短的时间内就成为我们最常用的支付方式。可见,传统金融机构的服务方式不能够满足客户的需求,服务的效率也有所降低,迫使传统金融机构在经营方式以及产品的创新方面进行变革。

金融科技初创企业正是依托于互联网、大数据、云计算等技术,为客户提供更加便捷、快速、高效、低成本的金融产品服务。随着时代的发展,消费者生活习惯、消费习惯的变化,客户们不再喜欢标准化的传统金融产品,而是更加青睐差异化的快捷金融产品。这一背景促进了金融科技初创公司的发展,公司之间的竞争以及迅速发展对传统金融机构的发展产生了"鲶鱼效应"。金融科技初创公司的迅猛发展缩小了银行的盈利部分,甚至让银行难以维持低利润服务,这就迫使许多的传统金融机构与一些科技初创公司进行合作,通过与科技初创公司签订合约进行投资、收购等来加快其转型,以适应金融市场的需求。在互联网以及金融科技逐渐发展起来的同时,智能金融这一概念也应运而生。智能金融属于金融科技的一个分支,且传统的金融行业也逐渐向智能金融的方向靠拢,与科技初创公司合作,打造一个全新的金融市场。

2.2 人工智能对金融行业的影响

云计算、大数据等技术的成熟,推动了人工智能的进步;深度学习带来算法上的突破,带来了人工智能浪潮,使得复杂任务分类准确率大幅提升,从而推动了计算机视觉、机器学习、自然语言处理、机器人技术、语音识别等技术的快速发展。未来人工智能将会给各个产业带来巨大变革,并产生更多的价值;也会让很多现有重复性的工作被取代,解放其工作人员去做更具有价值的事情。就金融领域而言,人工智能对其主要会产生以下几方面的影响。

2.2.1 金融服务更加主动与智慧

金融属于服务行业,从事的是关于人与人服务价值交换的业务,人是核心因素。金融机构需要投入大量人力物力资源用于客户关系的维护交流,从中发掘客户需求,以获取金融业务价值。在互联网技术大规模应用之前,银行与客户发生关系的媒介主要在网点,网点人员与客户通过交流,能迅速地发现并满足客户的金融需求。同时,通过一段时间的人与人交流,客户与银行工作人员建立了深厚的关系。这种关系也提高了客户对于银行人员的依赖程度,称之为客户黏性。一旦客户黏性存在,客户很少会去比较其他银行人员所推荐的金融服务,如购买理财产品的时候,不会去比较多个银行的收益水平。

在互联网时代,互联网技术和互联网金融企业的蓬勃发展,共同促使金融机构大力开展系统建设工作,且网银、App的出现也降低了银行服务客户的成本。但由于不管是客户端或者是网页端,均采用了标准化的功能模板,需要客户学习如何使用,并在众多菜单功能中找寻想要的金融服务,因而使客户与金融机构的交流变成单向的,并将"客户需求的成本"由金融机构转嫁给了客户。在这个过程中,客户的金融专业度被动提升:他会去主动比较哪家金融机构提供的服务价格最优、服务效率最高。客户对金融机构的依赖度随之不断降低,随时可以被其他同业甚至互联网金融公司争夺走。

人工智能的飞速发展,使得机器能够在很大程度上模拟人的功能,实现批量人性化和个性化的客户服务。这对于深处服务价值链高端的金融业将带来深刻影响,人工智能将成为决定银行沟通客户、发现客户金融需求的重要因素,将对金融产品、服务渠道、服务方式、风险管理、授信融资、投资决策等带来新一轮的变革。人工智能技术在前台可以用于服务客户,在中台支持授信、各类金融交易和金融分析中的决策,在后台用于风险防控和监督,它将大幅改变金融领域现有格局,使金融服务(银行、保险、理财、借贷、投资等方面)更加个性化与智能化。

2.2.2　金融大数据处理能力大幅提升

金融行业与整个社会之间存在着巨大的交织网络,沉淀了大量有用或者无用数据,包括各类金融交易、客户信息、市场分析、风险控制、投资顾问等数据。其数据级别都是海量单位,同时大量数据又以非结构化的形式存在,如客户的身份证扫描件信息,既占用宝贵的储存资源,存在重复存储问题,又无法转成可分析数据以供分析。通过运用人工智能的深度学习系统,金融体系能够实现数据建模,将非结构化的图片、视频数据转换为结构化的信息,并可进行定量及定性分析,既可避免直接储存造成的浪费,又能提升金融大数据的质量。

2.2.3　金融风险控制能力与手段加强

机器自主学习能不断完善知识体系,甚至能够超过人类的回答能力。尤其在风险管理与交易这种对复杂数据的处理方面,由于金融体系无时无刻不面临来自各种渠道的风险或者危险攻击,依赖于人工的传统风险控制模型已不足以应对瞬息万变的新型技术,而人工智能的启动、应用,则可大幅降低人力成本并提升金融风控及业务处理能力,提高整个金融体系的安全性和稳定性。

同时,金融领域也存在一些不可避免的人性弱点。例如,当你向投资顾问咨询一些理财信息时,得到的答案可能并不清晰,而且这些投资顾问可能会运用你的资金追涨杀跌,跟风入市,最后让你赔得血本无归。人工智能绝不会如此,它能够坚定地执行操作纪律。它可以根据马科维茨的现代投资组合理论(其核心要点是收益和风险相匹配),让你在承担一定的风险时得到同等的回报,经过精密的计算为你设计一个最优的资产组合,得到最优的回报。

投资组合理论

2.3 人工智能对金融市场主体的影响

随着金融科技的快速发展,在金融市场上,人工智能在支付、风控、量化、投资等多个环节都发挥着非常重要的作用,利用人工智能能够有效提高工作效率。然而,人工智能的出现也造成了大量金融从业人员的失业,使金融市场越来越偏离稳定健康发展的轨道。同时,搜集大量大数据也不利于金融市场上的信息安全。因此,分析人工智能对金融市场主体的影响具有重要意义。

2.3.1 人工智能对商业银行的影响

1. 积极影响

(1)有助于商业银行走出逐渐被边缘化的困境。近年来,金融市场化改革的加速导致银行垄断市场的局面被打破,直接融资的巨大发展导致银行渠道间接融资大幅度萎缩。支付宝、微信等抢走了大部分商业银行的重要中间业务收入来源,同时也冲击了银行赖以生存的存款、贷款等业务。商业银行凭借自身雄厚的资金实力和丰富的数据累积,引入智慧网点、智能支付、智能风控、精准营销和智能合同等,有利于在贷款和支付结算领域抢回原有的用户和市场份额。

(2)有助于提高商业银行的征信能力,降低经营风险。在信贷领域,近几年银行的不良贷款迅速暴露,呈增长趋势。智能金融借助大数据挖掘分析的优势,深度挖掘金融交易对手的信用状况,以决定是否与交易对手发生金融交易,从而减少不良贷款。在支付领域,相比数字密码,指纹或人脸识别独特、稳定且难以复制,没有记忆过多数字的烦恼,也省去了输入密码的过程,安全性更高。

(3)有助于提高商业银行的经营效率,节约经营成本。越来越多的商业银行配备了"智能柜台机",银行的离柜交易量越来越大。未来物理的银行网点会越来越少,这样省去了大量的设施成本。同时,基于各银行 App 推出智能客服,也将省去很多人力成本。

2. 需要解决的问题

(1)商业银行现有的数据量大但较陈旧且破碎。相比支付宝等在融资到消费、投资全程一体化的模式下获取用户全部金融数据,传统商业银行的数据则是碎片化的。近几年,商业银行客户数据流失严重,银行对客户数据的获取能力严重下降,现有数据相对比较陈旧。

(2)内部人员结构中缺乏复合型人才和科技人才,创新活力不足。

3. 解决对策

(1)与科技企业合作。一方面可以利用科技企业提供的技术,另一方面可以使用互联网科技企业积累的大数据,推动建立金融数据共享体系。

(2)重视人才培养,引入复合型人才。商业银行应加大对员工队伍的整合,要在人才培养机制的基础上,高度重视并积极建立灵活的人工智能人才引留机制,为高级技术人才提供良好的发展空间。同时,要加快人工智能专家队伍建设,积极挖掘内部资源,培养兼顾技术和业务的专家型人才。

2.3.2 人工智能对非银行金融机构的影响

1. 积极影响

(1)最直接的影响是提高运营效率,节省运营成本。以往金融分析师要花很长时间才能完成的工作,机器人可以在几秒钟内完成。如果智能投顾研发成功,那么将给研发者带来即时的高回报。虽然研发阶段的一次性投入成本较大,但边际效益高,边际成本小。此外,机器人不仅全年无休,而且避免了在工薪、劳动保护等各方面存在雇佣纠纷的可能性,在忠诚度、稳定性方面几乎没有问题。

(2)提供个性化服务,提高吸引客源能力。人工智能基于分层设想,探索具备智能特征的适当性管理形式,针对不同层级的账户权限和产品风险,匹配不同等级和不同方式的适当性管理规范。例如,德意志银行推出的机器人顾问 AnlageFinder,利用问卷调查和计算机设计的程序算法,为客户提供股票投资组合的建议。这种个性化服务,能够同时实现提升客户体验、增加客户收益、降低客户支取的服务费用。

(3)降低经营风险,使风险更加可控。这一影响主要体现在保险行业,与商业银行不同,智能保险运用大数据技术构建定价和反欺诈模型,以有效评估客户承保前、中、后的风险。同时,通过大数据分析促进核保流程自动化,缩短核保时间,提高核保准确度,主动挽留高退保风险客户,并分析不同客群退保原因,降低退保率。

2. 需要解决的问题

(1)非银行金融机构在优化升级过程中,面临的第一个问题仍然是科技和人才的缺乏。

(2)智能理财模式的被接受程度可能较低。受传统理财观念和习惯影响,投资者可能更期待和理财顾问面对面交流。由于人工智能刚开始应用到金融领域,目前尚处于试验阶段,故客户对没有情感的机器人的信任程度较低。

3. 解决对策

非银行金融机构应加大与科技企业合作,利用科技企业的技术和大数据,提高金融服务的科技含量和准确度;调整人员结构,重视人才培养,引入复合型人才。同时,还应加强新型投资理念的宣传教育,增加客户对智能服务的认识和信任度。

2.3.3 人工智能对金融监管机构的影响

1. 积极影响

(1)提高金融监管效率。沪深两大交易所掌握的监控系统主要分为对内部交易的监察、对重大事项交易的监察、联动监察机制和实时监察机制四个方面。这套监控系统有一定的大数据分析能力,并有实时报警等功能,主要用于跟踪和判断盘中异常表现,可以提高金融监管效率。

(2)降低执行成本。在传统的监管模式中,从大量信息中进行人工筛选和现场调查确认等要耗费大量的人力和物力,而自动化的智能监管省去了大量人力物力成本。

2. 需要解决的问题

(1)跨界合作将加大金融市场的监管难度。原来金融的归金融,科技的归科技,人工智能应用到金融领域后,权责界限不再那么分明,会出现监管空白区。一旦市场出现动荡,究竟该找哪一方问责便成了问题。

(2)可能出现监管过度的情况。面对新技术对传统金融的冲击,监管部门急切想要维护市场秩序,可能导致金融创新受到打击,影响智能金融发展。

3. 解决对策

(1)监管部门应该改革和完善监管体系,尽快划出监管红线,明确划分权责界限。根据新金融模式暴露出的问题,对相关法律规章制度做出修改和完善,开展混业监管和跨地区监管。

(2)需要增强科技管理能力,创新监管方式。深入研究科技创新领域的风险,开发和完善信用评价体系,健全风险分担体系,利用金融科技来监管金融机构。

(3)监管部门应给予智能金融足够的发展和试验时间与空间,监管的力度和范围要和风险程度成比例。社会舆论也要做到积极引导,避免一边倒的情况发生,要明确重点,避免误伤其他金融类型,做到在"发展中规范"和"规范中发展"。

(4)承担起推动建立数据共享体系的工作。只要实现了数据共享,金融市场就难以形成垄断。中国人民银行曾推出"网联"政策,以应对阿里、腾讯等垄断趋势,但进展十分缓慢,效果也不明显。

2.3.4 人工智能对金融从业人员的影响

1. 积极影响

从人工智能和人类的替代关系上来讲,人工智能在金融领域的应用对金融从业人员似乎没有积极影响。其实不然,人工智能应用于传统岗位,可以使金融从业人员从大量烦琐重复的劳动中解放出来,极大地提高工作效率,缩短工作时间。

2. 需要解决的问题

人工智能短期内将造成大量从业人员失业。随着金融智能化的发展,不仅柜员之类的前台服务人员,而且金融分析师、信贷资产评估师、理财投资分析师,以及股票、外汇、期货等部门的分析师,无一例外将被取代。注册金融分析师(Chartered Financial Analyst,CFA)协会已意识到这一危机,将人工智能列入CFA考试内容,希望持证人能充分利用人工智能来指导投资决策。

3. 解决对策

(1)从从业人员自身角度来讲,要与时俱进,及时更新自己的知识储备,积极学习相关操作技能,与人工智能和谐共处。

(2)从金融机构的角度来讲,应及时开展新技能培训,提升员工能力和素质。

(3)从政府人才培养的角度来讲,应给予相关政策支持,及时更新大学等机构的课程,培养出与时俱进的实用型人才。

2.4 人工智能对金融创新的影响与面临的挑战

2.4.1 人工智能对金融创新的影响

人工智能技术与金融的深度融合是这两个领域深化发展、探索创新的必然结果。人工智能在前台可以使金融服务更加个性化,营销更加精准化,改善客户体验;在中台可以学习和分析历史数据,支持各类交易的决策,使金融服务更加智能化;在后台可以用于风险识别和防控,使流程管理更加自动化。人工智能既能在客户端优化资产配置,又能在商户端提高工作效率,打造全流程的智能金融。

1. 改善客户体验

面对客户群体的扩张和客户需求的变化,金融服务急需改善客户体验。截至2020年6月,我国网民规模达9.40亿人,网络普及率达67.0%,手机网民规模达9.32亿人。借助微信平台的私人化特征和安全认证体系,金融机构着力搭建线上智能客服问答系统。例如,建设银行的"小微"三年累计服务用户数突破10亿人次,远超400人热线坐席服务总量;工商银行的"工小智",单日最高服务量突破百万;邮政储蓄银行挖掘微信客户重合度,发展贷款业务。人工智能首先通过对来自电子渠道的文字和语音进行意图识别,再根据识别结果对接提前建立好的知识库进行查询,或进入企业系统优化业务流程,最后将结果以适当的方式反馈至渠道终端,完成交流。同时,智能客服通过对日志信息进行有效的识别、分析和挖掘,为客户服务与客户营销等提供数据与决策支持。此外,积累的历史数据还有助于智能客服系统进行知识学习和更新,为改善问答提供参考与依据。

2. 拓宽服务范围

人工智能通过降低人工成本,拓宽了金融服务的覆盖范围。在客户端,智能投顾用机器代替传统投资顾问,以产品代销与研发相结合,培养了客户的理财习惯,拓宽了财富管理的经营范围。智能投顾还能提升了解投资者风格偏好的渠道维度,除了通过传统调查问卷的方式统计其年龄、资产和投资期限,还能利用非结构化数据更客观地衡量投资者的风险承受水平。智能投顾根据投资者的收益目标匹配算法,可提出个性化的投资建议,再依据市场动态对资产配置进行调整和优化。近年来,美国智能投顾市场的资产规模以年均68%的速率增长。

另外,伴随人工智能技术的突破,由金融分析师编写函数、设计指标和分析数据而进行的量化投资不断扩张市场规模。例如,对冲基金Bridgewater Asspcoates自2013年起运用人工智能技术跟随市场变化和预测行情走势,投资市场逾120种,持仓组合逾百种。日本Alpaca公司的交易平台Capitalico利用图像识别帮助客户分析交易图表,并基于交易员的经验深度学习非结构化的信息。

3. 增强风控能力

金融风控业务流程复杂,涉及用户资料收集、反欺诈、合规、逻辑校验等较多环节,完全依靠人工费时费力且容易滋生群体欺诈。人工智能对解决传统风控业务痛点发挥着重要的作用,可有效提升事前预警、事中处理和事后监督的综合能力。通过把客户行为分析和资产负债状况相结合,利用移动终端设备和IP地址等多层次信息构建的客户关系图,人工智能突破了识别联系人中借贷人个数等简单风控因素的传统手段的局限,深度延展了金融风控的覆盖范围,广泛管控网络全局风险。

目前,全国还有很大一部分人尚无持牌金融机构的强征信记录,需要依靠人工智能挖掘客户多维数据的金融价值,通过对网页浏览、通话记录、电商消费、出行线路以及社交网络的统计分析,勾勒出精细的客户信用特征。例如,蚂蚁金服、京东金融和微众银行等已经尝试通过社交数据、信用积累、商户管理和欺诈侦测等模型,对客户进行分类并评估客户还款的意愿和能力。人工智能促进征信审批自动化,降低了中小微企业融资的难度,可助力普惠金融的发展。

此外,生物特征识别技术可用于识别客户的身份与行为,相较于传统鉴定方式更加便捷,有助于金融机构的安全监控。其中,人脸识别已被应用于银行开卡、账户登录、支付和取款等金融范畴,红外双目摄像头活体检测技术可防止照片、面具、视频等身份伪造。

4. 提升研究水平

智能投研为包括研究人员和基金经理的个人客户以及包括金融机构和商业媒体的公司客户,提供从数据到结论的一站式解决方案。智能投研既能从宏观经济周期角度分析,涵盖行业轮动规律和上下游产业链趋势,又能从微观层面发掘热点事件对公司价值产生的影响。智能金融搜索引擎能自动而快速地完成大量相关信息的动态检索和报告的撰写。目前,国外有一些公司利用研究文献、公司证明、实时新闻等碎片信息,挖掘数据价值为投资决策所用,但国内智能投研还未形成规模,主要是由于金融数据不丰富甚至残缺的缺陷。

2.4.2 人工智能在金融创新中面临的挑战

人工智能技术发展日新月异,应用也渗透到生活的方方面面,但对金融创新而言,要谨慎面对一系列挑战。

1. 对数据提出高要求

数据是人工智能时代重要的生产资料,数据的数量和质量都要符合更高的要求。一是面对大体量和多种类的数据,治理方式要与时俱进。传统金融机构的数据架构模式是按照产品和业务种类区别存储和使用的,成本控制和标准的不统一限制了数据整合和调用的能力,导致历史数据存在质量参差不齐、单位不尽统一、部分数据缺失有误等问题。因此,未来基于客户视角的数据分析需要提高数据处理效率。二是数据的采集和使用的过程中要避免泄露个人隐私。随着数据规模的扩大,金融机构不仅使用内部数据,也将引入外部数据,甚至将逐步输出数据。如何采集和保护客户个人信息的私密性,应引起高度重视。生物信息一旦遭受黑客攻击,或被不法分子掌握,对于身份鉴定系统将产生致命的打击,进而威胁整个社会信用体系的安全。

2. 自主研发能力不足

金融具有关乎国家命脉的特殊地位,自主研发能力是其拓展人工智能创新应用的基石。虽然我国在人工智能领域与其他发达国家差距不大,产业规模也逐年增长,但是也应该清醒认识到我国在人工智能基础研究、产业布局、品牌经营和认证体系等方面存在短板。根据国务院发布的《新一代人工智能发展规划》的要求,我国人工智能总体技术和应用应于2020年与世界先进水平同步,于2030年达到世界领先水平。只有我国人工智能产业不断掌握核心算法和高端部件的制造实力,金融创新才能有底气在国际市场中积累竞争优势,实现弯道超车。

3. 大量基础设施投入

人工智能本身需要大量的运算,如仅为围棋应用而定制的 AlphaGo Distributed 就拥有 1920 个 CPU 核心和 280 个 GPU,而金融应用实时性、可靠性和安全性的特质也决定其对传感器和芯片等硬件设备和网络的抗压能力等要求更高。随着创新的深入和规模的扩张,金融机构需要不断增加存储和通信等基础支撑的投入成本。如果短期内没有显著收益,占用的资源对金融运营势必造成负担。另外,金融机构还应注意在设备更新换代过程中以国产设备代替国外进口设备,逐步摆脱对欧美发达国家产品的依赖,以避免金融系统安全受制于人的潜在风险。

4. 保守态度阻碍发展

传统金融机构中存在着因循守旧的思想,会阻碍创新决策的速度和推进的力度。有人认为传统经营足够成熟,畏惧人工智能产生的不可预知的风险,不愿意承担创新责任;也有一部分基层工作者担忧人工智能对人力的替代作用会影响个人的发展前途。此外,监管环境日趋严格,对智能投顾等新兴业务的执业许可牌照的规定尚在讨论之中,也成为保守的金融机构对人工智能业务创新持观望态度的理由之一。

5. 生态系统尚未建立

人工智能的金融创新目前处于探索阶段,各机构独立开展研发、生产和测试,没有建立统一的技术标准、行业规范和协同机制。由于人工智能的复杂性,故涉及的操作系统和通信协议的些许变动都会影响创新应用的布局和扩展。同时,个体单打独斗能力有限,尤其技术力量薄弱、投入成本较小的金融机构不具备先发优势,难以在大浪淘沙的市场竞争中生存。此外,各自为营的局面使金融体系整体战略目标不一致,系统间不完全兼容,难以形成稳固的生态圈,无法保证创新的可持续成功和稳定的发展。

2.5 中小微企业融资难的智能金融解决路径

中小微企业发展中普遍存在的融资缺口被称为"麦克米伦缺口"。中小微企业是我国创新创业的先行者和主力军,其健康、有序发展对于我国经济结构调整、新旧动能转换有着重要影响。近年来,尽管我国政府采取了加强政策扶持、创新金融产品、培育中小银行等一系列举措,但"麦克米伦缺口"难题依旧未能有效破解。

麦克米伦缺口

2.5.1 "麦克米伦缺口"的成因分析:金融排斥

1. "麦克米伦缺口"的金融排斥本质

从经济学原理看,"麦克米伦缺口"是市场失灵的一种表现,即市场"无形之手"并未有效发挥促进资金供求均衡的调节作用,从而使得正规金融机构与中小微企业不能按照市场均衡利率进行借贷。为解决中小微企业资金供求失衡这一市场失灵问题,不少国家倾向于借助"有形之手",即采用政策性金融的治理思路。从金融资源供需匹配的视角看,"麦克米伦缺口"是金融机构对中小微企业的金融排斥。所谓金融排斥,是指部分弱势群体的金融需求不能以均等机会及合理价格得到正规金融体系有效支持的一种现象,其典型特征就是正规金融服务供给不足或附有严格限制条件的金融服务供给,最终呈现金融供需的错配。金融排斥的对象不仅包含农村及城市低收入者等特定群体,也包括中小微企业、农村合作组织等群体。由此可以看出,"麦克米伦缺口"和金融排斥都是针对正规金融体系无法对中小微企业提供有效金融供给致使企业融资需求不能得到充分满足的客观描述。

2. "麦克米伦缺口"的金融排斥原因

中小微企业低存活率、轻资产、高风险等天然弱质性特征,使得商业银行等正规金融机构对中小微企业予以金融排斥,往往采取惜贷、少贷、拒贷等行为,进而造成中小微企业"麦克米伦缺口"的出现。金融排斥大致可划分为五种类型:机会排斥、条件排斥、价格排斥、市场排斥、主动排斥。结合我国金融制度安排、金融体系架构、银行运营管理模式,下面从宏观、中观、微观三个层面对中小微企业受到金融排斥的深层原因进行分析。

(1)金融制度安排引发的中小微企业金融排斥。为实现宏观经济社会目标,国家经济发展战略会对重点产业和优先发展地区进行政策倾斜与资金扶持,这在一定程度上会影响到相应的金融制度安排,引导金融资源向这些重点行业和优先发展地区集聚。正规金融机构将信贷供给集中于东部沿海地区以及部分重点行业,金融政策的差别化实施和金融资源的非均衡化配置,使得处于非优先发展地区和非重点产业的中小微企业较少甚至不能获得所需的金融服务,即受到机会型金融排斥。在现有金融制度安排与实体经济发展未能充分有效对接的背景下,容易造成政策工具的不兼容和政策目标的偏离,财政分权和金融扩张的双重驱动造成区域金融资源的非市场化配置,进而引发市场型金融排斥。地方政府基于利益的考虑,可能会运用公共财政手段干预金融市场,而市场利率管制和金融供给端的准入限制进一步加剧了区域金融抑制,金融抑制下的利率定价容易造成金融产品的价格扭曲,继而引起金融供给方式异化并导致中小微企业"麦克米伦缺口"出现。此外,针对部分重点行业的财政补贴政策,也进一步加剧了中小微企业的价格型金融排斥。

(2)金融体系架构引发的中小微企业金融排斥。我国金融市场结构的单一性和垄断性是导致中小微企业"麦克米伦缺口"存在的直接原因。国内中小微企业"麦克米伦缺口"呈现出"债务性融资缺口"与"权益性融资缺口"并存的"双缺口"特点。长期以来,我国的金融体系形成了以银行信贷等间接融资为主体,股票、债券等直接融资为补充的金融市场结构。一方面,在利率尚未完全市场化的环境下,商业银行利用其垄断地位将贷款投向政府融资平台、大型项目,而对于中小微企业的支持力度较小,即使对中小微企业授信,也会设置较高的贷款利率,并附加严格的限制条件,对企业形成条件型金融排斥。另一方面,直接融资领域准入的集权性也对中小微企业形成市场型金融排斥和条件型金融排斥,全国性直接融资市场准入门槛较高,使得中小微企业难以满足条件而无法进入;在区域性股权融资市场尚不完善以及法律制度、监管机制等不够健全的环境下,中小微企业受到市场型金融排斥的程度也进一步加深。此外,金融体系中一部分运营不规范的准金融机构利用监管真空和漏洞,通过"伪金融创新"产品进行层层嵌套和叠加杠杆,变相延长了企业融资链条,增加了企业融资成本,加上金融市场普遍存在的刚性兑付,不仅扭曲资金使用价格,也进一步抬高企业融资成本,从而对中小微企业形成价格型金融排斥。

(3)银行运营管理模式引发的中小微企业金融排斥。在我国直接融资发展相对滞后的金融市场环境下,中小微企业的外源融资主要依赖于商业银行的信贷支持,因而中小微企业受到金融排斥的主要表现形式为商业银行信贷排斥。商业银行的信用评估、信贷管理、风险偏好等均会对中小微企业形成不同程度的金融排斥。第一,商业银行传统的信用评估方法主要关注企业的资本规模、资产质量、有无担保等财务状况,对于"轻资产、轻担保"的中小微企业而言,这些评估方法并不能完全反映出企业信用资质和信贷违约状况,导致诸多中小微企业无法获得商业银行贷款。第二,商业银行严谨的信贷管理流程要求企业提供详尽、规范的信贷申请资料,增加了中小微企业资金借贷的难度及成本。此外,较多层级的组织架构和冗长复杂的信贷审批流程也难以满足中小微企业"短、小、频、急"的融资需求,从而对中小微企业形成明显的市场型金融排斥。第三,商业银行较低的信贷审批通过率和较低的信贷额度抑制了中小微企业申请信贷融资的积极性,使得中小微企业对正规金融机构产生主动型金融排斥,而倾向于寻求门槛相对较低、审批便捷的民间借贷、互联网金融等渠道获得融资。

2.5.2 "麦克米伦缺口"的智能金融解决路径

在智能金融生态中,不同的技术应用与金融场景结合而产生不同的金融业务模式,如生物识别支付、区块链支付、用户画像智能获客、大数据征信等,这些金融新业态不仅缓解了金融排斥所造成金融供给不足、服务效率偏低等问题,也为各类金融需求主体带来了更加便捷、优质的金融服务体验。智能金融的新业务模式和新服务范式,为解决中小微企业"麦克米伦缺口"问题提供了新思路。

1. 依托支付生态与智能获客技术,精准捕捉、高效转化中小微企业融资需求

一方面,金融机构可以与金融科技公司开展技术开发与平台合作,协同构建中小微企业微型支付生态,通过人脸、指纹、虹膜识别等支付方式,为诸多中小微企业提供普惠性的交易结算基础设施,满足其小额、高频的资金结算需求。同时,依托交易平台可以实现对中小微企业财务、运营等信息的获取和征信数据的积累,有针对性地提供门槛较低、程序简便的信贷支持及投资管理服务,吸引和留住中小微企业客户。

另一方面,智能获客技术能够实现对中小微企业融资需求的精准捕捉及高效转化。金融机构运用大数据技术对中小微企业海量数据信息进行采集汇总、整理、分析,基于用户特征、网络关系、交易行为及金融属性等数据,构建中小微企业多维度用户画像,以此实现对用户融资需求的精准捕捉。在此基础上,搭建基于客户细分体系的智能管理平台,运用响应模型设计,通过与用户相匹配的触达渠道,依靠计算机深度学习技术,为中小微企业提供更具场景化的金融服务和个性化的金融产品,从而在有效降低中小微企业融资成本和交易成本的同时,实现中小微企业金融服务需求的精准触达和高效转化。

2. 运用大数据征信与信用评估手段,科学、客观评估中小微企业信用状况

金融机构在对中小微企业融资需求精准触达的基础上,可以借助大数据征信和智能风险评估模型,科学、客观评估企业信用风险状况、还款能力、偿还意愿等,实现对中小微企业低成本、便捷化、高质量的普惠金融支持。大数据征信将传统征信体系尚未覆盖的中小微企业纳入其中,扩大了征信的信息来源及数据基础,实现了更加广泛和更具普惠性的信用评估,从而使得受金融排斥的中小微企业有机会触达和获得所需的金融服务。大数据征信依靠深度学习、集成学习、半监督学习等人工智能技术支持,实现对海量数据信息的挖掘和分析,有助于改善金融机构与中小微企业之间的信息不对称情形,帮助金融机构更加准确地评估中小微企业信用风险状况。

智能金融时代背景下以机器学习、大数据风险控制为技术支持的信用风险评估模型,通过对中小微企业的征信信息、关系网络、交易数据等进行多维度动态分析,形成全方位、立体化企业画像,并结合不同时期的信用表现和交易行为,科学、准确地评估企业信用状况。此外,结合设备指纹及社交网络大数据等技术的信用风险管理模型,可以有效识别高风险交易行为、验证客户信息的真实性,从而更好地助力金融机构准确、快速识别各类欺诈行为和劣质客户,避免"误伤"授信客户,帮助中小微企业获取融资机会和资金支持。

3. 借助大数据平台与区块链智能合约,高效管理中小微企业融资流程

智能金融背景下,大数据技术将用户微观行为数据进行系统整合与开发利用,为大数据征信及平台建设提供了海量数据信息。金融机构可以与金融科技公司合作共建中小微企业大数据平台,实现对中小微企业融资流程的高效管理。大数据平台通过对接各类征信机构及电商平台以获取征信数据,运用云计算和大数据等风险控制技术以及风险控制模型进行信贷风险管理,建立中小微企业信用信息数据库,有助于简化商业银行信贷申请、审批、贷后管理等业务流程,给中小微企业提供更低成本、更高效率的服务。区块链技术以其去中心化、不可篡改、公开性、自治性等特征而成为信息记录和数据储存的最佳载体,这一技术在金融场景的应用保证了交易行为的真实有效性和融资流程的公开透明性。智能合约是由区块链上的多个用户共同制定并存储于区块链上的代码,具有公开透明、不可篡改的特点,当预先设定的条件被触发时便自动执行、强制履约。金融机构可以与金融科技企业联合打造智能化授信合约平台,以满足中小微企业"短、小、频、急"的融资需求。中小微企业的信贷申请、资金投放、还款付息等均可通过智能合约共同议定并自动执行,并且所有业务操作及资金流动均记录、存储于各区块链节点。金融机构可以凭借区块链信息的可回溯性及不可篡改性,实时掌握企业交易动态,准确追踪资金流向,这有助于实现对中小微企业融资全流程的智能化高效管理。

4. 采用人工智能技术,有效管控中小微企业融资风险

对于中小微企业大数据平台积累的海量客户数据,金融机构可以运用云计算的高扩展性和超强计算能力,对企业数据进行集中管理和高效处理,实现计算资源的按需配置和流通共享,同时基于人工智能技术对企业信息进行自动化处理和智能化交互,从而能够更加敏捷地洞察及预测用户潜在风险并及时采取风险处置措施。基于大数据分析的智能风险控制系统,将线下、间断、滞后、分散的人工管理模式切换为线上、连续、实时、集中的智能化模式,通过智能风险控制技术和风险控制模型,实时监测风险数据、合规数据等,实现对中小微企业风险监测、预警、防控、处置等全流程智能化管控。智能风险预警与防控系统可借助"机器人辅助合规手册"(RACH)和"智能合规官"(AICO)等应用程序,对中小微企业目标客户的财务信息、合规情况、上下游供应链、银行信贷及融资担保等多维度数据进行挖掘、分析、预测,智能化监测、动态化跟踪信贷资金流向,精准识别企业异常行为和违规操作,灵敏感知和发现各类风险隐患,并及时、有效地进行风险预警、防范和处置。金融机构可以将中小微企业信贷合约迁移、嵌入企业级区块链,并基于信贷条款推行智能合约自动执行,从而敏捷感知风险发展态势,及时采取风险缓释和处置措施。

人工智能可以为监管合规做些什么?

2.5.3 运用智能金融解决"麦克米伦缺口"问题的保障措施

切实践行普惠金融服务理念,推动智能金融健康、有序发展,有效破解中小微企业"麦克米伦缺口"问题,需要完善金融信息、网络安全等基础设施,优化法律治理、行业监管等金融科技生态体系,以此保障智能金融发挥出应有价值和最大功效。

1. 健全金融信息基础设施,为智能金融解决"麦克米伦缺口"问题提供硬环境支撑

金融信息基础设施及信息安全体系的建立健全,将直接决定智能金融发展的深度和广度,进而影响智能金融治理"麦克米伦缺口"的效能。一方面,要继续完善全国性金融市场与公共金融信息基础设施,加快推进互联网金融信息基础设施建设,如互联网金融征信体系、信用信息共享平台、综合统计平台、风险预警与防控平台等。另一方面,要建立健全金融信息安全防护及治理体系,加快建立金融业网络安全监测预警平台、信息安全共享服务平台等,增强金融机构对信息技术风险的甄别、防范和处置能力,提升金融信息系统安全生产和管理水平。金融信息基础设施及网络安全体系的完善,将有助于智能金融供给主体降低融资交易成本和服务成本,支持金融机构、金融科技公司更好地发挥普惠金融的"助推器"作用。

2. 优化金融科技生态体系,为智能金融解决"麦克米伦缺口"问题提供软环境保障

金融信息技术建设为智能金融发展提供了硬件基础,"麦克米伦缺口"的智能金融治理还有赖于金融科技生态软环境的持续优化。金融科技新生态不断催生出诸多新主体、新业态、新范式,这些新的组织形态和业务模式为普惠金融发展注入了强劲动力,然而,若运行组织不合法、不合规,势必严重阻碍智能金融普惠效能的发挥。为此,要从法律治理、监管科技应用等方面着手,构建促进智能金融规范、有序发展的软环境。一是要强化金融法律治理。金融科技及智能金融并没有改变金融的本质及风险属性,金融科技领域也并不是法外之地,因而要增强法制建设对金融科技实践的动态适应性,将法律治理视为金融创新及金融变革的"内生变量",通过科学立法、严格执法、公正司法等,促进智能金融规范、健康发展,从法制环境层面上保障中小微企业"麦克米伦缺口"问题得到有效解决。二是要运用监管科技应对金融科技创新。为引导金融科技创新的正确应用,需要运用监管科技保障监管合规要求落到实处,通过应用程序编程接口、分布式账户技术、数字化监管协议等手段和工具提升金融监管效能,降低金融供给主体合规成本及博弈成本,促进智能金融更加安全、有效地运用于中小微企业融资。

思考题

1. 简述人工智能时代传统金融行业转型的迫切性。
2. 人工智能给金融行业带来了哪些影响?
3. 人工智能对金融市场主体造成的影响有哪些?
4. 简述人工智能对金融创新的影响,以及在金融创新中面临的挑战。
5. 什么是"麦克米伦缺口"?为什么说金融排斥是其产生的主要原因?
6. 简述智能金融为"麦克米伦缺口"问题提供的解决路径。

第3章 智能金融发展现状及应把握的问题

金融是国家重要的核心竞争力。人工智能是引领未来的战略性技术。推进人工智能在金融领域的应用和发展,有利于落实国家人工智能发展战略规划,推动新时代金融业转型升级,支持现代化经济体系建设,具有重要的现实意义和实践价值。但金融业是一个与财富打交道的特殊行业,具有高风险性、强涉众性和内在脆弱性等特点。这也决定了金融创新如果缺乏正确的价值导向,就可能滑向自我循环、过度膨胀、非理性繁荣,甚至引致经济金融危机的境地。人工智能在协助解决传统金融领域高成本、低效率、供需不匹配等一些老问题的同时,也带来了隐私保护、数据安全、算法歧视、伦理规范、责任主体认定等方面的新挑战。因此,技术不是万能的,不可能一劳永逸地解决所有问题。

3.1 国内外智能金融的发展现状及未来趋势

3.1.1 国外发展现状

智能金融是将人工智能与金融行业结合起来所发展的新型金融,主要体现在人工智能技术参与到金融工作的某个环节中,然后提高整体金融工作的效率。人工智能对金融行业的冲击十分明显,在并购、证券研究、投资银行业务、财富管理等金融业务上都有渗透,并不断改变着整个金融行业的业态。虽然智能金融的发展时间并不长,但也有许多值得我们去了解的地方,包括基础信息服务、投资研究系统、融资交易系统以及理财与资管系统等几个方面。

1. 基础信息服务

(1)信息管理系统状况。在金融行业中,国外发达国家的信息管理系统的特点是:信息技术使用全面推广、设备比较先进、金融信息系统功能齐全、金融服务完善、金融信息自动化程度高、安全保密性强、关注前沿技术动态。发达国家将技术与信息管理结合起来,运用大数据、云计算、人工智能等手段将客户基本信息、企业信息以及其他金融机构的信息系统化地管理起来,不仅便于查找,还使得数据的管理更加轻松方便。欧美发达国家的信息管理系统的发展现状主要体现为:由单纯地使用IT技术对数据进行保存处理,转到与客户直接交流为其提供服务;金融信息技术托管范围广泛;银行数据中心的分布不断变化;金融信息中心建设强大。上述特点结合了智能因素的信息管理,注重信息的备份、恢复建设、共享、低成本化等,为今后的信息管理系统的发展打下了良好的基础。

(2)政府信息服务状况。大数据时代的政府信息服务正在向个性化、智慧化、泛在化的方向发展。政府信息服务领域中,大数据的应用已经成为许多国家政府关注的焦点问题。美国与澳大利亚政府分别发布了《大数据研究和发展计划》与《公共服务大数据战略》,美国政府还专门组建了相关委员会以从事政府在线服务数据分析与优化工作,并且发现大数据极大地提升了政府在线服务决策制定的科学性。近年来，很多发达国家在线服务平台均采用了以用户为中心的服务方式，建立了用户和政府之间服务效果反馈的用户需求和行为大数据挖掘技术，探究出了基于不同数据源的政府信息服务创新模式。

2. 投资研究系统

（1）风险投资状况。风险投资又被称为创业投资，具体是指风险投资家将资本用于投资高风险、高收益的高科技产业的一种经济行为。在智能金融的发展中，风险投资与高新技术产业的发展紧密结合在一起。风险投资公司的资本不仅仅给各国的高科技企业提供了初始资金，还大大方便了高科技企业的融资，为高科技产业的发展提供了有力的资金支持。20世纪90年代美国的投资行业快速发展，背后运用了大量的互联网高科技领域的概念进行炒作，这急剧加速了美国的互联网经济的泡沫，导致2000年之后的三年风险投资额和项目都急剧下降。如今美国的风险投资迎来了智能化的时代，在以往高科技技术的基础上发展了人工智能，使得风险投资更加智能化，这种风险投资不仅仅推动了人工智能的发展，还促进企业间竞相开发新产品来应对激烈的竞争。

（2）母基金服务状况。母基金（fund of funds，FOF）是以股权投资基金作为投资对象的特殊基金，是一种不直接投资股票、债券而专门用于投资其他证券投资基金的基金，它通过这种投资其他资金的方式从而间接持有股票、债券资产，是一种结合了基金产品的创新以及销售创新的基金新品种。在人工智能这一大环境下，欧美等发达国家资金来源的20%来自母基金，股权投资基金已经超越了股票的二级市场，成了金融业的支柱之一。从国际上看，母基金是帮助投资者买"一揽子基金"的基金，且通过专家二次精选，降低非系统性风险，同时在这一过程中，可以运用人工智能来对风险进行预测、处理，再经过数据专家进行选择投资，降低基金投资的风险。

（3）高净值投资人状况。高净值投资人是资产净值在100万美元以上的人在金融产品或者其他金融服务上投资的社会人群。在投资金融产品这一方面，有很多的高净值投资人群表示要增加海外的金融投资，其主要目的就是分散风险，其次就是保值增值。尤其是随着人工智能与金融的结合，高净值投资人看到了金融业的新方向，那些喜欢投资差异化产品、喜欢尝试新事物的投资人更愿意去接触这一新兴金融领域，在了解到智能金融能够带来更加快捷的金融服务、更加高的金融效率时，智能金融就在这些人中逐渐流行起来。在美国，高净值投资人在智能金融领域投资的数量在逐步增加，虽然智能金融的发展时间不长，但从整个宏观经济的大环境来看，智能金融的发展是非常有前途的。

3. 融资交易系统

（1）企业信用评估状况。企业信用评估是指信用评估机构对征集到的企业信用信息，依据一定指标进行信用等级评估的活动。随着智能金融的发展，在企业的信用评估方面出现了基于大数据的企业信用评估方法。在互联网发展的今天，随着大数据、云计算的出现，它们在企业信用评估中的应用十分广泛。国外的许多信用评级机构在对企业信用评估时，都采用智能的企业信用评估方法。这样不仅更加便捷和高效，而且还能减少人力方面的消耗。按照目前的发展趋势来看，智能企业信用评估在国外的发展具有非常可观的前景。

（2）企业风险评估状况。企业风险评估是对所收集的关于风险管理初始信息和企业各项业务管理及其重要业务流程进行的风险评估,其主要目的是对企业的风险进行查找与描述,并对所识别出的各种风险对实现企业目标的风险价值与影响程度进行评价,给出风险控制的优先次序等。在金融企业方面,一旦遇上金融危机,很容易面临破产。英国巴林银行的破产、日本大和银行被停业等都体现出国际金融行业的风险性。人工智能在国外企业风险评估中的应用还没有达到驾轻就熟的地步,但其发展趋势也是逐渐地将人工智能融入企业风险评估之中。在风险评估方面,金融机构可以与银行进行合作,既能够为银行降低风险成本,也能为银行创造风险定价方面的优势。

4. 理财与资管系统

(1)基金销售状况。在金融市场中,基金是很重要的一部分。在国外,智能与基金的结合已经出现。比如美国智能贝塔在基金投资方面的应用,其结合互联网技术特别是大数据设计产品,基金公司从社交、购物、财经资讯网站或搜索引擎中获得数据并将数据整理好,作为其选股标准,然后发行多只智能贝塔产品,这一过程体现出了资产管理人的偏好,也显现出其主动管理的迹象。随着智能贝塔的发展,其也出现了很多的问题,比如投资者并没有真正理解什么是智能贝塔,相关概念对于个人投资者过于复杂,难以理解,并且投资回报与传统指数基金不同,费用开销也更高。在人工智能与基金投资相互结合的这一方面,各个国家还只是处在一个逐渐探索的阶段。部分领域的结合已经发展得相当可观,像大数据与云计算运用到基金销售中,方便了信息管理,对客户的喜好偏爱有了更加系统化的处理等。而部分应用则暴露出了很多的问题,比如投资与回报差异很大、投资风险很高、客户被骗等。

智能贝塔

(2)智能投资顾问状况。智能投资顾问,也称智能配置理财、自动化理财等,是指互联网金融平台运用在线风险测评等渠道,收集客户的理财需求、抗风险能力等数据。智能投资顾问于 2010 年左右发源于美国,是通过基于互联网技术算法为客户提供资产管理组合建议,包括基金、债权、股票、期权等多类型配置。美国智能投资顾问行业在近几年快速发展,出现了 Betterment、Wealth-front、Personal Capital 等一大批专门从事智能投资顾问的金融科技企业。2015 年以来,高盛、德意志银行、贝莱德等大型金融机构,通过收购新兴智能投资顾问平台或自主开发的方式开始布局智能投资顾问领域。其他国家的智能投资顾问的发展相对于美国来说是比较缓慢的,但是很多国家的年轻一代投资者对智能投顾的接受度整体达 70% 以上,这为智能投顾市场长期稳定发展提供了良好的机遇。

3.1.2 国内发展现状

我国金融业于 2015 年开始关注智能金融,从 2015 年下半年开始,智能金融在我国快速发展。当前我国智能金融生态系统由提供人工智能技术服务的公司、传统金融机构、新兴金融业态以及相关监管机构共同组成。智能金融公司根据侧重不同可以分为自动报告生成、人工智能辅助、金融搜索引擎、智能投资顾问这四类,而当前智能金融最重要的是风控系统、监管系统、支付系统和终端。

1. 智能金融风控系统

智能金融风控系统是人工智能在金融领域的重要应用。当前智能风控模式已被金融科技公司广泛应用。随着我国进入互联网金融时代,大量的用户仅仅使用手机作为金融终端,这一人群往往缺乏央行征信,虽然这个庞大的市场十分诱人,但是传统的风控手段已经很难判断用户的信用水平。金融行业借助于人工智能和大数据,使风控能力得到了质的突破。

智能风控企业一般分为研发自用型、纯技术输出型和混合型三种类型,其实施智能金融风控系统通常需要三个主要步骤。首先是数据的收集和处理。数据是智能风控的基础,用户在注册信息、日常交易使用的过程中都会产生数据并被智能风控系统获取。这些数据中有很大一部分是散乱的,必须经过处理才能形成对信用评估有价值的信息。其次是建立模型。其中,最重要的是信用评定,以达到反欺诈的目的,反欺诈能够确保平台的安全,这一部分最能看出人工智能的实力强弱。最后是机器学习。机器学习的目的就是让模型在实践中不断更新迭代使其更加完善,具有能够快速自我更新的强大优点。

2. 智能金融监管系统

随着技术的发展,金融服务越来越便捷,这种服务给投资者提供便捷的同时,也给目的不纯的投机违法者提供了可乘之机,加大了传统监管的难度。我国目前处在由分业经营向混业经营转变的进程中,混业监管模式与分业经营模式的不匹配产生了一定的监管风险。其中,跨行业、跨部门、业务交叉性强的这些互联网金融领域普遍存在的问题在智能金融领域也同时存在,而目前我国金融业正在实行的分业监管模式,难免存在着监管真空现象,监管风险被放大。

就当前而言,全世界范围内智能金融的业务创新速度都要领先于对其应用进行监管的速度。因此,很多国家的金融监管部门根据这种情况制定了比较灵活的措施进行监管。例如,英国与新加坡的监管部门在一定程度上对市场的准入标准进行简化,允许机构即时落地运营智能金融相关的应用,但前提是不能损害投资者权益,运营之后监管部门再根据其业务的发展情况来判断是否可以将这个应用进行推广,这一监管方式又称为"沙盒监管"。智能金融如果想要进行推广,还必须满足很多传统金融监管的要求,这里面包含了业务操作流程的规范性、通过反洗钱审查、客户和投资者相关评估等要求。然而,这些要求无疑会给智能金融企业带来很大的监管压力。

3. 智能金融支付系统

支付系统也可以称为清算系统,它由完成支付指令传送与资金清算的专业技术手段以及提供支付清算服务的中介机构共同组成,是完成债权债务清偿及资金转移的一种金融安排。2019年第三季度,中国第三方支付移动支付市场交易规模达518886亿元人民币,环比升高5.68%。支付宝在移动支付市场中的份额达53.58%,排名第一,并且在前三个季度保持了增长趋势。从密码输入支付到指纹识别支付,然后刷脸支付,再到现在的眨眨眼支付,智能金融支付方式在不断地向多样化发展。

4. 智能金融终端

终端,顾名思义是"最终的端头",用于信息的输入和结果的输出,起源于早期计算机系统。我们目前常见的终端有手机和用于非现金支付的POS机等,这些计算机设备可以在移动中使用,因此是移动通信终端。优秀的金融终端会涵盖所有与投资相关领域的数据、报告以及新闻等。在金融终端的背后,是庞大的数据运营团队、技术团队以及强大的数据中心和实时网络。交易类数据的实时性和数据的完整性对金融终端十分重要。例如,当你在终端上看到一家感兴趣的公司时,你可以快速地找到所有和该公司相关的数据、新闻、价格、报告、建议等,这需要强大的历史数据库来整合。因此,智能金融终端便是运用人工智能来自动地、迅速地整合这些信息并反馈出来。

我国的金融终端有同花顺、大智慧、东方财富网的Choice、Wind资讯、华泰证券的MATIC等。智能金融终端以人工智能整合大数据,对研究如全球宏观经济等大范围数据具有很好的作用。人工智能产品未来可以通过金融机构终端,搜索查看金融产品的专业资讯,还可以提供投资顾问服务,进行资产优化管理,对投资进行答疑解惑等。

3.1.3 未来发展趋势

金融系统的智能化已经成为不可逆转的趋势,智能金融将成为未来金融行业的主要形态,会促使金融行业在服务体系、利益分配格局、风险防控乃至整体形态上发生翻天覆地的变化。

1. 变革原有金融服务体系

一是智能金融让金融服务更加智能化、个性化和定制化。在风险防控方面,智能金融也较互联网金融有了很大进步。互联网对于金融的影响更多的是金融交易效率的提升,而金融智能化能够通过人脸识别、大数据等技术在很短时间内根据一个人的历史数据对他的征信情况进行分析和判断,形成更为完整的用户画像,并根据精准的用户画像来提供个性化的服务。普惠金融除了要让每个人都有机会获得金融服务以外,还要根据每个人的独特需求去定制服务。在高性能计算机和海量数据的支持下,人工智能可以提供因人而异、随时随地的定制解决方案,在投资顾问、组合配置等方面可以由模块式服务转向个性化服务,做到真正的普惠金融。人工智能的快速发展将改变现有的金融服务格局,在需求发现、风险管理、投资决策等方面带来革命性影响,使得金融服务更加人性化和智能化。

二是智能金融的发展将带来越来越多的新模式、新业态、新产品。结合当前人工智能在金融领域的应用来看,已经产生了多个应用场景,包括:基于语音识别与自然语言处理技术产生了智能客服,基于生物识别技术产生了智能监控,基于机器学习、神经网络与知识图谱产生了智能投顾等。人工智能具有自我学习、自我进化的功能,可以从历史数据和经验中不断挖掘新的有用的信息,发现独特的服务方式和模式,并由此催生出越来越多的新模式、新业态。

三是人工智能等技术的应用将有可能最终替代人力来提供金融服务。随着人工智能技术的进一步发展,相关技术将会越来越成熟,强人工智能甚至超人工智能的到来也不再是幻想。理论上,当人工智能进化到强人工智能乃至超人工智能阶段,人的体力活动和脑力活动都可以被机器所模仿和复制,几乎所有的社会工作都有可能最终被人工智能所替代。对于纯数据的金融领域而言更是如此,人工智能具有更加快速的学习能力、严谨的逻辑推理能力、对复杂海量数据的处理能力以及稳定持续的工作能力,这些优势让传统金融从业者在人工智能面前面临巨大的挑战。

2. 变革金融行业利益分配方式

一是在金融机构内部。人工智能发展对社会的一个最直接影响就是劳动力市场结构的转变,当前金融行业的部分环节已经开始机器人化。随着人工智能技术的进一步发展,金融服务部门的分支和雇佣人员数量将会持续减少,可以预见的是,金融行业的就业格局将会受到冲击。最先被替代的将是部分体力劳动,进而是低端脑力劳动,当人工智能技术进化到人脑乃至更高的层面时,创造、研发等更加高级的脑力劳动也有可能交由机器人来完成。同时,失业的压力将从最前端的服务人员和技术人员向金融行业的中高层蔓延,效率的提升将进一步引发收入在资本和劳动之间的分配方式,金融行业内部的收入不平衡问题在短期内可能会因此而加剧。

二是在金融机构之间。人工智能的发展是一个学习的过程,当前人工智能之所以能够取得快速进展,除了相关技术的突破之外,与前期大量数据的积累也分不开。在弱人工智能阶段,大数据在人工智能的发展中处于关键地位,这使得一些拥有大量客户群体,从而掌握大量金融交易数据的大型金融机构在推动智能金融的发展上将处于优势地位。在进入强人工智能阶段后,对海量训练数据的大规模分析挖掘已经非常成熟,基于特定场景的智能应用将成为主流。基于这种趋势,未来各个金融机构之间的信息孤岛将有望被打通,数据的合作开发和沟通将成为一种趋势。大型金融机构垄断金融市场的局面将会在很大程度上被人工智能技术所打破,由垄断所获得的高额利润将会降低,促进整个金融行业从垄断向竞争转变。

三是在投资者之间。以往中低收入人群往往缺乏足够的渠道去获得适合的金融服务,实际上他们并不能分享金融创造的财富,反而还要承受金融危机所转嫁的损失。在财富管理方面,传统投资顾问往往存在收费水平高、进入门槛高、服务流程复杂、顾问水平难以保证等问题,无法针对大量用户提供个性化的投资顾问服务,因此一般只针对高收入人群。同时,低收入人群缺乏财富增值渠道,在长期的通货膨胀中,实际上他们的财富是缩水的。智能投顾能够大幅度降低投资顾问的成本,并且其专业性、可靠性并不低于传统投顾,可以大批量地向普通投资者提供优质的个性化服务,满足中低收入群体的财富管理需求。智能金融的发展不仅增强了金融的普惠性质,而且其较低的成本有能力让所有群体都享受到同等体验的专业化服务,从而平滑了财富在投资者之间的分配。

3. 智能金融是金融演化的一个高级阶段

纵观金融的发展历史,过去几千年中,金融对于人类生活的影响不可忽视,现代金融的诞生又让金融真正成为现代社会资源配置最广泛的手段。传统金融在极大地促进市场经济发展的同时,也带来了许多灾难性后果。这主要源于资本逐利的本性,同时也是传统金融存在的条件和发展的动力。互联网金融的出现是对传统金融的一次升级改造,金融进入更加普惠化、大众化的发展阶段。人工智能等最新科技在金融领域的深度应用进一步推动着金融向着更加智能化、个性化和精确化方向不断演进,智能金融的诞生对原有金融体系带来了革命性的变化,智能投顾、智能获客、智能客服等一大批新的金融服务模式不断涌现,在提高服务效率的同时也提供了金融风险防范的众多手段。未来,随着科技与金融的不断融合和进步,金融将逐渐回归其本质属性,最大程度地发挥其配置资源的核心功能,金融也终将进入物尽其用、按需分配的自由时代。

3.2 发展智能金融应关注的问题

3.2.1 伦理悖论

1. 智能金融形成了"人"与"物"之间的模糊地带

和其他人工智能体一样,智能金融的发展带来了伦理上的挑战。当智能体逐渐取代理财师、交易员和客服代表,当我们把自己的财富需求理所当然地交托给人工智能的时候,"它是谁""如何对待它"的问题就产生了。在未来,如果机器人充当金融交易员,我们怎样在情感上对待它?当它表现优异时,如何去奖赏它?它是否也会疲惫,从而要求休息和度假?它犯错了,如何去处罚,"断电"是不是一种酷刑?面对诸多伦理上的挑战,智能金融的发展应该遵循技术和社会伦理的要求,进行负责任的创新。

2. 金融算法存在"算法歧视"和"结果悖论"

金融算法应用的过程会产生名为"产生悖论"的歧视。不论数据输入是否存在主观偏见的可能,算法都会走上歧视的道路——"主观价值算法歧视"和"客观系统算法歧视",如图 3.1 所示。

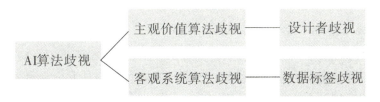

图 3.1 "主观价值算法歧视"和"客观系统算法歧视"

单从金融算法的效果来说,"结果悖论"也很难避免。数据颗粒度越细,数据标签越丰富,算法的结果越会产生对某些群体的客观歧视;数据颗粒度越粗,数据标签越丰富,算法的结果也会造成客观忽视。因此,在设计算法的时候要考虑到"算法歧视"和"结果悖论"带来的负面影响,让智能金融同时兼顾效率和公平。

3. 金融算法始终伴随黑箱悖论

算法的过程和原理往往存在不透明的问题,尤其是基于深度学习的智能金融算法。从设计角度来说,智能金融中的人工智能的黑箱问题是一个成本问题。人们试图针对错误性和歧视性的算法进行分析与纠偏,却因为算法的混沌自我决策机制而无法理解。企业在发展智能金融时,应当考虑支付测试和监测的成本,尽量降低技术带来的不可预测风险。

3.2.2 法律难题

1. 智能金融所有权分配难题

一般而言,开发出智能金融产品的公司或者个人享有对于该产品的所有权,或者依照合同约定办理。但是在机器学习等智能金融不断自我迭代的背景下,智能金融产品是"自我"开发的,这导致了其所有权分配的困难,需要智能金融公司配合监管和立法机构更好地界定所有权。

2. 智能金融责任归属难题

智能金融侵犯公司、个人的合法权益时,应当如何归责?例如,智能金融在自我演化过程中形成了一套与市场现有资讯软件相同或者相类似的软件算法,或者由于智能金融造成的顺周期性从而导致投资人利益受损。智能金融是否可以问责,对谁问责,以及如何问责,这些挑战不仅要求企业负责任地发展智能金融,也要求监管机构及时立法,保护投资者权益和维护市场公平。

3. 金融监管的发展面临崭新难题

智能金融创新,尤其是算法应用与越来越多的数据给金融监管带来了诸多挑战。在竞争与垄断方面,金融算法可能会被人为设置或自我作出合谋决策,从而损害竞争,构成垄断;在违法行为归责方面,智能金融可能由于数据质量差或算法有瑕疵引起投资者大幅亏损,也会因为算法的中立性导致客观"违法行为"的产生;在隐私保护方面,个人投资者信息或金融机构敏感数据可能因为各种原因造成泄露。面对诸多挑战,监管部门需要企业在发展智能金融时注重防范风险和负责任的创新。

3.2.3 社会影响

1. 智能金融强化优势方,加剧行业贫富分化

有调查结果显示,高达95.8%的受访者认为智能金融对金融领域的影响总体上是促进多于抑制。但是,智能金融会影响财富的再分配,某些算法可能会加剧强者恒强,弱者恒弱的二八趋势(见图3.2)。因此企业在使用智能金融时,要有社会责任感,注重效率的同时也要兼顾公平。

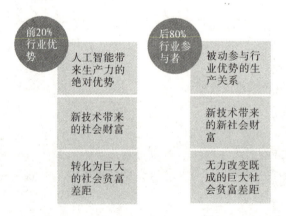

图 3.2 智能金融加剧二八作用的体现

2. 智能金融引发金融从业者的"饭碗恐慌"

智能金融带来的效率提升在一定程度上影响了金融从业者的工作权益。京东金融研究调研了金融、科技等各界专业人士,其中41.3%的银行从业人员以及23.9%的支付清算从业人员表达了对于自身工作可能受到智能金融影响的担忧。企业在发展智能金融的同时,也应该帮助员工提升技能,使其更好地利用智能金融提高效率,而不是被智能金融所替代。人类对于智能金融的应对态度如图3.3所示。

图3.3 人类对于智能金融的应对态度

3. 智能金融仍然要遵循金融发展规律

虽然智能金融深刻改变了金融行业商业逻辑,颠覆了诸多传统商业模式,但是其本质仍是金融模式创新,仍然必须遵循基本金融发展规律。例如,某机构开展的关于"智能监管最值得期待的内容"调研中显示,"风险管理"获得了45.1%的得票率,高出第二名"支付监控"33个百分点。因此,智能金融仍然要遵循金融发展规律,且其首要问题就是要注意防范风险。

3.3 我国发展智能金融的宏观环境与发展原则

3.3.1 宏观环境

智能金融是金融未来发展的方向,其发展内因主要来自政策、经济、社会和技术宏观环境的驱动(如图3.4所示)。通过使用经典的PEST分析模型,可以对孕育智能金融的宏观环境

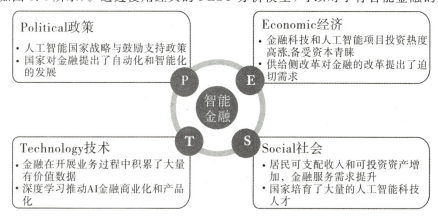

图3.4 智能金融的宏观环境

进行深入分析。

1. 政策环境

2015—2016年,我国政府将人工智能纳入国家战略发展规划。在2016年上半年之前,国家人工智能战略主要集中在智能制造和机器人层面,2016年下半年国家开始重视人工智能整个生态布局,为人工智能发展应用提供资金和创新政策予以鼓励与支持。2016—2017年,基于普惠金融等需求,国家对金融提出了自动化和智能化的发展要求,银行业最早尝试利用人工智能打造智能化运维体系,在"十三五"国家科技创新规划中也明确提出了重点发展大数据驱动的类人智能技术方法,推动科技与金融融合。2017年5月金融科技委员会的成立,标志着我国开始拥有专门研究规划和统筹协调金融科技工作的机构。《新一代人工智能发展规划》对智能金融提出了明确的要求,为智能金融的发展创造了优越的政策环境。

2. 经济环境

人工智能和金融科技项目投资热度高涨。在投资频数方面,在2012—2017年持续走高的背景下,2018年中国私募市场中的人工智能投资频数有所回落,同比2017年下跌20.7%。2019年1—5月的投资频数是2018年全年的23.7%,2019年全年投资频数将继续延续回落走势至2018年全年的一半水平(如图3.5所示)。2012—2019年5月,人工智能相关投资频数呈现快速上升趋势,投资阶段由早期向中期转移,A/B轮投资增多(如图3.6所示)。从行业角度看,投资频数TOP5的行业为企业服务、机器人、大健康、行业解决方案和基础元件,投资频数均超过130次。其中,行业解决方案行业的投资总额高达834.2亿元。截至2019年5月,中国人工智能企业共计1093家,其中78%的企业成立于2012年以后,另有44家企业于2018年成立,集中在行业解决方案、机器人、企业服务和汽车等行业(如图3.7所示)。自2012年起,我国人工智能创业初见端倪,到2014年正式迎来人工智能创业热潮,再到2016年攀至顶峰,之后创业热度出现走低,因深度学习而进入"二次革命"的人工智能的创业窗口期已近于关闭。

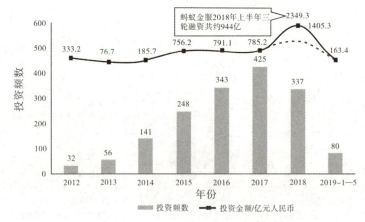

图3.5 2012—2019年5月中国人工智能私募股权投资市场整体情况
(数据来源:国家工业信息安全发展研究中心)

第3章 智能金融发展现状及应把握的问题

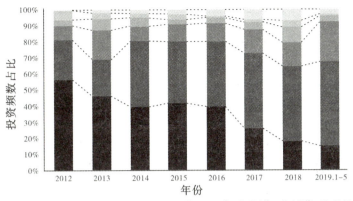

图 3.6 2012—2019 年 5 月中国人工智能领域投资频数占比情况
（数据来源：国家工业信息安全发展研究中心）

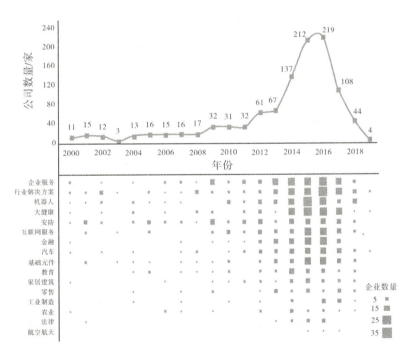

图 3.7 历年中国人工智能企业创新公司数量及行业分布
（数据来源：国家工业信息安全发展研究中心）

3. 技术环境

金融行业在发展的过程中积累了大量的数据，包括客户信息、交易信息、资产负债信息等。以银行业为例，银行业每创收 100 万美元，平均就会产生 820 GB 数据（如图 3.8 所示）。虽然金融数据获取难度高，但它是所有数据中价值含量最高的数据之一，其占国内生产总值的比重也非常高(如图 3.9 所示)。

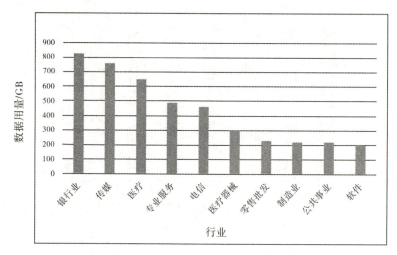

图 3.8 每 100 万美元收入的数据产生量
(数据来源:亿欧智库)

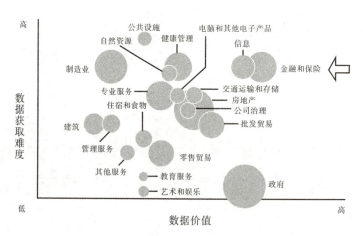

图 3.9 各行业数据获取难度与价值大小
(数据来源:亿欧智库)

2006 年,"神经网络之父"Geoffrey Hinton 等人首次提出了"深度学习"(deep learning)概念。深度学习基于深度置信网络提出非监督贪心逐层训练算法,为解决深层结构相关的优化难题带来了希望。2012 年,随着深度学习算法逐步实现视觉识别和语音识别,人工智能技术真正开始进入商业化和产品化阶段。深度学习模拟人脑深度结构,认知过程逐层进行,逐步抽象,其代表是卷积神经网络和循环神经网络。卷积神经网络是近年来广泛应用于模式识别、图像处理等领域的一种高效识别算法,循环神经网络主要实现自然语言处理的应用。

4. 社会环境

当前,我国居民人均可支配收入和可投资资产增加,金融服务需求提升。2013—2019 年,中国城镇居民人均可支配收入一直保持 7.5% 以上的增长速度,2019 年人均可支配收入为

42358.8元(见图3.10)。自2013年以来,中国个人可投资资产规模一直保持15%以上的增长速度,2013—2019年复合增长率为17.72%。可投资资产规模增加,使得居民对于金融服务的需求提升。受各个方面影响,我国居民长期以来形成了"重储蓄、轻投资、轻配置"的特点,目前我国居民可投资资产主要为现金和存款以及不动产,未来市场空间巨大。

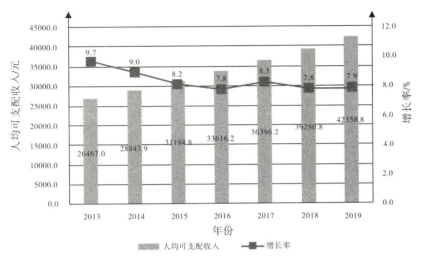

图3.10 2011—2019年中国城镇居民人均可支配收入
(数据来源:中国统计年鉴)

此外,高等院所开设相关专业与研究所,重点培养人工智能人才。人工智能技术研究与商业变现,人才是必不可少的因素。从20世纪末至今,我国部分大学院校,尤其以理工科为主的院校,陆续设立人工智能研究所、实验室,以及开设人工智能相关专业。其中,人工智能人才毕业数量较多的学校包括北京大学、清华大学、哈尔滨工业大学、北京邮电大学、中国科学院、中国科学技术大学、浙江大学、西安交通大学等。同时,我国海归人工智能人才占到全行业人才的5%,虽然比例不高,但同样为行业填补人才空缺有所贡献。尽管如此,我国人工智能人才缺口依旧很大,每年缺口超过100万人。

3.3.2 发展原则

1. 坚守初心——金融生态秩序的守护者

(1)智能金融应当负责任的创新。面对带来的诸多问题,发展智能金融首先要遵从的一般原则是负责任的创新。负责任的智能金融应当遵从"内部自我监管,外部多方监督"的框架。在外部监督之下,内部自我规制决定应当如何发展智能金融技术。这一切都需要在遵循伦理的基础上展开。

(2)智能金融发展应当遵守技术伦理。智能金融在不能超越传统伦理要求的公平、公开、平等等要求的同时,也应当在设计时遵守两种人工智能技术伦理:第一,支付记录、测试、监测数据和运算过程的成本,尽可能地降低技术带来的不可预测风险,以契合金融伦理;第二,需要防止破坏性技术独占等不恰当地发展智能金融的行为。

2. 服务大局——决胜小康三大攻坚战的践行者

打赢防范化解重大风险、精准脱贫、防治污染三大攻坚战依赖于金融资源的合理配置与运用，而智能金融能够更高效地优化资源配置，助力全面建成小康社会。

（1）智能金融应当聚焦防范化解重大金融风险。金融稳，经济稳。智能金融通过参与强化金融监管能力和帮助提升全社会早识别、早预警、早发现、早处置重大金融风险的能力，防范和化解重大金融风险。

（2）智能金融应当用技术推进精准扶贫。金融精准扶贫是精准脱贫的重要内容。智能金融可以根据对象的不同、个体风险差异，实现金融产品差异化定价，实现普惠金融。"授人以鱼，不如授人以渔"，智能金融通过科学分析农业生产各阶段的资金需求，为贫困人口提供精准的资金支持与治理支持，提高其脱贫能力。

（3）智能金融应当参与绿色金融，推动污染防治。环境污染是人民对美好生活的需求与经济发展不平衡不充分之间矛盾的重要表现。智能金融参与发展绿色金融，可以防治环境污染，是实现绿色发展目标的重要助力，也能够推动供给侧结构性改革。

思考题

1. 简述国内外智能金融发展现状。
2. 简述未来智能金融的发展趋势。
3. 发展智能金融可能面临的伦理悖论有哪些？
4. 简述智能金融发展过程中面临的法律难题。
5. 谈一谈发展智能金融可能引发的社会问题。
6. 我国智能金融发展已经具备了哪些环境条件？
7. 结合我国实际情况，分析我国发展智能金融应坚持的原则。

技术篇

从技术角度分析,智能金融是人工智能技术与金融领域的完美融合。人工智能研究的领域主要有五层:第一层是基础设施建设,包含数据和计算能力两部分,数据越大,人工智能的能力越强。第二层为算法,如卷积神经网络、LSTM 序列学习、Q-Learning、深度学习等算法,都是机器学习的算法。第三层为重要的技术方向和问题,如计算机视觉、语音工程、自然语言处理等。还有另外的一些类似决策系统,像增强学习(reinforcement learning),或像一些大数据分析的统计系统,这些都能在机器学习算法上产生。第四层为具体的技术,如图像识别、语音识别、机器翻译等。第五层为行业的解决方案,如人工智能在金融、医疗、互联网、交通和游戏等上的应用,这是我们所关心的,即它能带来的价值。在技术篇中,本书重点介绍大数据、机器学习、深度学习、自然语言处理、知识图谱、生物识别、云计算、区块链等智能金融中的相关核心技术。

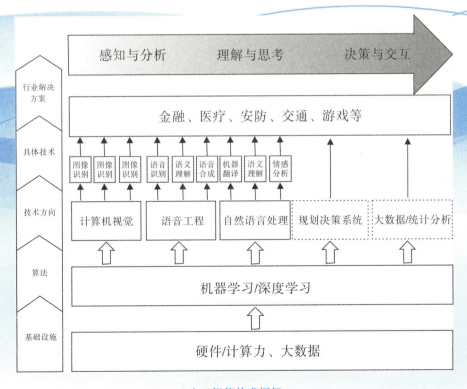

人工智能技术框架

第4章　大数据

大数据时代的来临带来了汪洋大海般的数据资产，也带来了数据整合与分析的挑战。对于银行而言，它所拥有的几十万企业客户的每一个信息变动都可能引发不良贷款等风险，但也可能带来营销的机遇。这些信息已经不再只是表格与数字，更多的是实时变化的新闻、图片、招标信息、股权变动，甚至是互联网上传播的评论和视频……如何将这些海量异构的数据实时进行整合，并及时发送出风险与营销的信号至关重要。

4.1　大数据概述

4.1.1　大数据的内涵

"大数据"(big data)研究机构高德纳(Gartner)对大数据的定义为：是需要新处理模式才能具有更强的决策力、洞察发现力和流程优化能力来适应海量、高增长率和多样化的信息资产。麦肯锡全球研究院给出的大数据的定义是：一种规模大到在获取、存储、管理、分析方面大大超出了传统数据库软件工具能力范围的数据集合，具有海量的数据规模、快速的数据流转、多样的数据类型和价值密度低等四大特征。

大数据技术的战略意义不在于掌握庞大的数据信息，而在于对这些含有意义的数据进行专业化处理。换而言之，如果把大数据比作一种产业，那么这种产业实现盈利的关键，在于提高对数据的"加工能力"，通过"加工"实现数据的"增值"。而更高层次的大数据产业，将数据信息产生的价值应用到具体的行业，发挥行业价值，从而实现数据信息价值的倍增，这样才能真正体现大数据的价值所在。

大数据通常用来形容一个公司创造的大量非结构化数据和半结构化数据，这些数据在下载到关系型数据库用于分析时会花费过多时间和金钱。从技术上看，大数据与云计算的关系就像一枚硬币的正反面一样，密不可分，因此大数据分析常和云计算联系在一起。大数据必然无法用单台的计算机进行处理，必须采用分布式架构，它的特色在于对海量数据进行分布式数据挖掘。因此，必须依托云计算的分布式处理、分布式数据库和云存储、虚拟化技术。大数据需要特殊的技术，以有效地处理大量的容忍经过时间内的数据。适用于大数据的技术，包括大规模并行处理数据库、数据挖掘、分布式文件系统、分布式数据库、云计算平台、互联网和可扩展的存储系统。根据应用方向的不同，大数据技术可归纳为五大类，如图4.1所示。

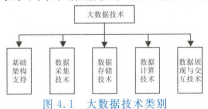

图4.1　大数据技术类别

（1）基础架构支持：一般包括云计算平台、网络技术、资源监控技术、云存储设备和数据中心等用于处理大数据的基础架构。处理大数据的平台一般包含两个部分，即云数据中心和云计算平台，分别实现了大规模物理资源管理和高效调度管理功能。

（2）数据采集技术：数据采集技术是数据处理的前提。数据采集不仅包含了采集过程，也包含了数据的转换、加载等过程，这些过程用于数据的清洗、过滤、校验、转换等预处理，并提取有价值的数据，最终以合理的格式和类型进行储存。

（3）数据存储技术：在数据采集和转换之后，接下来要实现数据的存储。针对海量的数据，一般使用分布式文件系统或分布式数据库，将大量数据进行切分，并分布式存储在集群中各个节点上。同时，数据存储技术还具有备份、安全、访问接口及协议等功能。

（4）数据计算技术：数据计算的范围比较广泛，如检索、查询、统计、分析、预测和挖掘等。数据计算是大数据技术的核心，存在于大数据处理的每一个环节。

（5）数据展现与交互技术：一个合理有效的数据展现方式，有助于人们理解数据和数据内在的联系，能够更好地挖掘数据自身的价值。传统的数据展现方式包含报表、图形等，随着技术的发展，也出现了一些新的数据展现方式，如可视化工具和人机交互手段等，两者相结合可实现数据与现实的无缝对接。

4.1.2 大数据与海量信息的关系

在信息技术飞速发展的大背景下，数据量增加带来了许多现实问题。为此，国家在"十一五"期间加大了对海量信息及其相关技术的研究，着重从信息获取、处理、传输、存储、再现、安全、利用，信息系统的基础元器件，信息处理环境，科学计算，人工智能，控制理论等方面开展系统深入的研究。"十一五"期间，国家关于海量信息及其相关技术的重点研究方向包括：

（1）微纳集成电路、光电子器件和集成微系统的基础研究；

（2）信息处理环境及科学计算的基础研究；

（3）泛在、可控的下一代信息网络的基础研究；

（4）信息获取的基础研究；

（5）高可信、高效率软件的基础研究；

（6）智能信息处理、和谐人机交互的基础研究；

（7）海量信息处理、存储及应用的基础研究；

（8）量子通信的基础研究；

（9）信息安全的基础研究。

海量信息仅仅是从数据量上进行界定，而海量数据指数据量巨大，用普通的方法和工具处理起来相对困难，其计算时间和运算量较大，需要开发新的存储、处理和挖掘等技术才可以进行快速处理的数据。大数据的数据量明显远大于海量数据，当然二者没有严格的区分界限。海量数据的很多分析处理技术可以用于大数据的分析与处理，同样大数据的相关理论和方法也可以用于海量数据。因此，大数据不仅仅从量上进行了分析，而且从本质上进行了定义，突出了其核心价值。可见，大数据是海量数据的升级，大数据更突出了数据的本质。

数据的最小基本单位是 bit，在此按顺序给出数据所有单位：bit、Byte、KB、MB、GB、TB、

PB、EB、ZB、YB、BB、NB、DB[①]。

当前用得最多的关于大数据描述的数量级是 TB 和 PB,一般行业或者政府机构的数据基本在 PB 级上,比如目前某省的农业数据在几百 TB 到几十个 PB 之间,全国每天产生的交通数据是几个 TB 到几百个 TB。因此,如此大量的数据用传统的数据库存储、查询和处理方式无法实现数据的实时处理,导致时效性大打折扣,甚至不可用。例如,在追击逃犯的时候,需要快速查出犯罪分子的行动路线、推测他可能去的地方等,如果数据处理速度较慢,很容易错过机会。同样在商业领域,每天的电子商务交易记录、顾客浏览记录等都是大量的数据,对这些数据的处理都要求快速。

4.1.3 大数据的来源与特征

随着电子信息技术和互联网的飞速发展,各种电子设备和数据终端迅速走入寻常百姓家庭,以移动通信发展为代表的手机等客户端产生了大量的数据;以 PC 为代表的微机时代产生了大量的计算机数据;以数码相机为代表的电子设备产生了大量的视频、图片数据;以互联网为代表的网络应用产生了大量的 Web 数据。可见,大数据的产生是源于信息技术的发展和普及。所以,遍布全球的物联网、云计算、移动互联网、车联网、手机、平板电脑、PC 以及各种各样的传感器,无一不是数据来源或者承载的方式。

大数据的存在形式多种多样,这也决定了大数据的处理非常困难,需要运用数学、统计学、物理学等知识进行全方位的研究。比如,大数据可以包括:网络日志、传感器网络、社会网络、社会数据、互联网文本和文件;互联网搜索索引;呼叫详细记录;天文学、大气科学、基因组学、生物地球化学、生物和其他复杂或跨学科的科研;军事侦察、医疗记录;摄影档案馆视频档案;大规模的电子商务;等等。

金融行业产生了大量的数据,需要对数据进行加工和处理,而大数据为智能金融提供了基础。相比于传统概念的数据,大数据的特征可以被概括为 4V:大容量(volume)、多样性(velocity)、高速性(variety)、价值性(value)。

1. 大容量

伴随着各种随身设备、物联网和云计算、云存储等技术的发展,人和物的所有轨迹都可以被记录,数据因此被大量生产出来。移动互联网的核心网络节点是人,不再是网页,人人都成为数据制造者,短信、微博、照片、录像都是其数据产品;数据来自无数自动化传感器、自动记录

---

① 1 Byte= 8 bit;
 1 KB=1024 Bytes;
 1 MB=1024 KB=1048576 Bytes;
 1 GB=1024 MB=1048576 KB;
 1 TB=1024 GB=1048576 MB;
 1 PB=1024 TB=1048576 GB;
 1 EB=1024 PB=1048576 TB;
 1 ZB=1024 EB=1048576 PB;
 1 YB=1024 ZB=1048576 EB;
 1 BB=1024 YB=1048576 ZB;
 1 NB=1024 BB=1048576 YB;
 1 DB=1024 NB=1048576 BB。

设施、生产监测、环境监测、交通监测、安防监测等;数据来自自动流程记录,如刷卡机、收款机、电子不停车收费系统、互联网点击、电话拨号等设施以及各种办事流程登记等。随着信息化技术的高速发展,数据开始爆发性增长。大数据中的数据不再以几个 GB 或几个 TB 为单位来衡量,而是以 PB、EB 或 ZB 为计量单位。

2. 多样性

多样性主要体现在数据来源多、数据类型多和数据之间关联性强三个方面。①数据来源多。企业所面对的传统数据主要是交易数据,而互联网和物联网的发展,带来了诸如社交网站、传感器等多种来源的数据。②数据类型多,并且以非结构化数据为主。传统的企业中,数据都是以表格的形式保存,而大数据中有 70%～85% 的数据是如图片、音频、视频、网络日志、链接信息等非结构化和半结构化的数据。③数据之间关联性强,频繁交互。如游客在旅游途中上传的照片和日志,就与游客的位置、行程等信息有很强的关联性。

3. 高速性

这是大数据区分于传统数据挖掘最显著的特征。大数据是一种以实时数据处理、实时结果导向为特征的解决方案,它的"快"有两个层面。一是数据产生得快。有的数据是爆发式产生的,如欧洲核子研究中心的大型强子对撞机在工作状态下每秒产生 PB 级的数据;有的数据是涓涓细流式产生的,但是由于用户众多,短时间内产生的数据量依然非常庞大,如点击流、日志、射频识别数据、GPS(全球定位系统)位置信息。二是数据处理得快。大数据对处理数据的响应速度有更严格的要求。实时分析而非批量分析,数据输入、处理与丢弃立刻见效,几乎无延迟。数据的增长速度和处理速度是大数据高速性的重要体现。

4. 价值性

尽管企业拥有大量数据,但是发挥价值的仅是其中非常小的部分。大数据背后潜藏的价值巨大。大数据中有价值的数据所占比例很小,大数据真正的价值体现在从大量不相关的各种类型的数据中挖掘出对未来趋势与模式预测分析有价值的数据,并通过机器学习方法、人工智能方法或数据挖掘方法深度分析,运用于农业、金融、医疗等各个领域,以期创造更大的价值。

目前,大数据在金融业的应用场景正在逐步拓展,在风险控制、运营管理、销售支持和商业模式创新等细分领域都得到了较为广泛的应用。例如,美国 ZestFinance 公司的主营业务便是将机器学习与大数据分析融合起来,提供更精准的信用评分。相较传统的信用评分模型中仅用到 15～30 个变量,ZestFinance 用到的变量个数多达 7000～10000 个,这提升了用户的账户厚度,使征信结果更加准确。再如,支付宝运用大量用户消费数据,勾勒中国城市消费分布情况和趋势变化,为商家进行精准营销提供数据支持。美国的保险公司通过安装在车辆上的通信工具箱接收到的数据来挖掘驾驶行为模式,结合驾驶员的年龄和健康状况等个人特征对保险费率实行个性化定价,最终提升保险公司的核心竞争力。

4.2 金融数据发展的五个阶段及技术应用

4.2.1 金融大数据发展的五个阶段

运用大数据让机器"变魔术",要依次解决五个阶段的问题,每一个问题都依赖前一个问题的解决。但是每一个问题的解决,都可以更多地利用机器的力量,获得更智能的工具来做出价值判断和风险评估。

第一个阶段是从物理世界获得数字化的数据。大多数买方和卖方的数据,其实是很难被机器甚至人访问的,很多时候还是需要人面对面的交谈、亲临现场的访问,才能得到决策的依据,甚至是获得一个行业里中小企业的名录都是很困难的事。正是有了新三板系统,有了巨潮网上的信息披露,数据获取成本才降下来,并使后续的机器处理成为可能。

第二个阶段是从"脏数据"中获得"干净数据"。数字化数据中依然有大量的"脏数据",如新三板披露材料中有1/4是扫描件,大量的公告是不规范的PDF文件,难以做文本处理,同时大量的财务数据用不规范的表格展示。至于网上千差万别的新闻数据、研究报告,就更"脏"了,很多数据(如财务、股权结构、股东结构)隐藏在图片中,难以提取、统计、汇总、比较。现在各家机构都在用实习生、初级研究员做这些数据的提取工作,因为其极为浪费人力。

第三个阶段是从数据中辨认金融实体。实体包括企业、投资机构、人(高管、股东、投资人、合伙人等)、行业、产品、事件、案例、法规等。数据不仅是一堆汉字和数字的组合,如一次定增公告里会提到项目、产品、定增对象(人或者机构),供应商和收入来源里会提到上下游企业,投资人简历里会提到学历和以前的职务,这些实体和它们的属性往往很有价值。

第四个阶段是生成金融实体关系之间的知识图谱。金融决策需要的洞察,往往不是一眼能看出来的。投资公司对企业的投资,往往通过各种子公司和"壳"来完成,仅仅依赖股东披露或工商注册信息(包括子公司、孙公司的工商信息)是不够的。单纯从披露数据和工商数据中,只能获得一部分的投资事件,而通过深度规则挖掘,才能获得比较完整的投资组合。此外,行业对标关系、行业上下游关系、供应链关系、股权变更历史、定增与重大资产重组的关系、多张财务报表之间的数据交叉验证,都需要深入关联来自多个源头、多个时期、多个企业之间的数据关系。

第五个阶段是在知识图谱的基础上表达业务逻辑。挂牌、定增、并购、对冲、二级市场交易等,每一个业务场景都会有自身的逻辑。很多研究员、投资总监都在学习Python、Matlab等工具,这是因为市场上没有一个好用的工具,帮助他们在数据的基础上把被验证有效的业务逻辑清晰地表达出来。逻辑的表达可能是看数据的一些方式、处理数据的一些规则、展示数据的一些模板。一旦可以把逻辑数字化,一些比较初级的价值判断和风险评估就可以由机器来做了。

解决了这五个阶段的问题,人就拥有了"变魔术"的有力道具(如图4.2所示)。每个层次

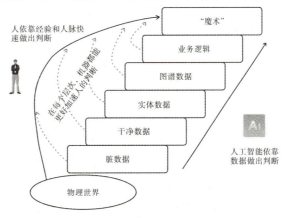

图4.2 金融大数据发展的五个阶段

都可以比之前的层次更能帮助人快速做出判断,每多一些机器的辅助,人就可以更好地集中精力去完成机器不擅长的工作,当好"魔术师"的角色。

4.2.2　金融大数据的技术应用

大数据发展的五个阶段,也可以从分析的角度来看。数据质量的提升,依赖于不同层面分析方法的应用,如表 4.1 所示。

表 4.1　金融数据图谱化的分析技术

分析层次	技术
可访问性	链接数据、PDF 提取、OCR、JSON、REST API、RDF
可发现性	语义搜索、探索引擎、推荐系统、推送系统
深度关系发现	关系抽取、知识推理
领域知识集成	知识库构造、常识知识库
业务知识集成	知识编辑工具、推理、可视化
策略生成	意图理解、查询生成、自然语言生成、用户画像、记忆匹配、舆情分析、规则提取、知识库检索、推理机、查询分解和优化、多渠道证据收集和置信度分析、财务模型、投资模型、风险模型、相关度建模、逻辑生成

1. 基础数据的可访问性

基础数据如果被封闭在部门的高墙里,或者封闭在 Excel 表格、PDF 文件、专用的数据终端里,那么我们不得不花费很多人力和时间去复制、粘贴,甚至进行手工录入这种高度浪费人力的工作。此外,在移动互联时代,人们在手机上经常需要做一些快速的轻量级的信息处理工作,而传统的金融数据工具都太重,可访问性不好。提高可访问性的主要技术手段,是把数据转化为"链接数据",即方便在 Web 上访问和相互链接的数据。其中,涉及爬虫、PDF 文本化、表格提取、图像 OCR、文本清理等技术,以及运用语义数据接口提供不同应用之间跨平台的对接。

2. 数据的可发现性

金融数据的问题不是数据太少,而是数据太多。金融分析就是人和机器协作的过程。可发现性主要利用语义搜索引擎和探索引擎。搜索引擎背后的核心技术,是高质量的知识图谱和大量的业务规则,帮助实现联想、属性查找、短程关系发现。探索引擎,如分面浏览器,也是在知识图谱的基础上,提供了人机协作的界面,让人对数据的探索过程可以很方便地被记录、迭代、重用。此外,推荐系统和推送系统也非常有用,可以帮助金融用户聚焦在关键数据上,更省时省力地做投前发现和投后跟踪工作。

3. 数据深度关系的发现

数据深度关系发现的目的是寻找那些人力根本看不出来的关系,人最多能看一两百个维度,而机器可以看成千上万个维度。比如,一个企业的重大风险提示和当前发生的新闻事件之间的关系,人力是很难同时监控和判断企业众多相关动态的,而机器可以帮助我们。数据深度关系发现依赖的技术,主要是各种自然语言理解的方法,特别是关系抽取。此外,知识推理的方法也非常有用,通过推理规则可以发现隐藏很深的关系。

4. 领域知识的集成

金融涉及国民经济各个领域,官方分了一百多个领域只是为了管理的方便,真正可用的领域有几百个。分析这些领域都或多或少需要集成领域的知识。无论是投资哪一个行业,领域的关键概念、产品分类、关键人物、市场竞争情况等都需要梳理。其用到的主要技术是领域知识库或本体的构造和对齐,有文档结构分析、篇章分割、常用词和新词发现、中文分词、实体提取、实体消歧、实体链接、实体对齐、关系提取、本体学习、规则建立、本体映射等流程。

5. 金融业务知识的集成

并购、征信、融资、资管、对冲、二级市场交易等,在每一个具体的业务场景上都需要业务逻辑,然后在基础数据和领域知识的基础上表达这个逻辑。并购找"壳"有逻辑,股票日内交易预警有逻辑等,这些逻辑要在数据之上表达为模型,需要一个系统以方便金融人士表达这些模型、重用这些模型,以及学习这些模型。其用到的主要技术是知识建模和推理。例如,可以用"本体编辑器"帮助金融人士表达他们对数据的理解,把数据探索的过程表达为可重用的模型。此外,通常也会利用可视化技术来提高从业者的工作效率。

什么是本体建模,什么是知识建模?

6. 策略的生成

到了最高的层面,就是"魔术"了,即机器辅助人做出价值判断、风险判断,通过以往的案例或者既定的逻辑提供可行的策略,这个层面可以说是人工智能技术的集大成。在这个层面,从用户交互角度有意图理解、查询生成、自然语言生成、用户画像、记忆匹配等;从数据层面有舆情分析、规则提取、知识库检索、推理机、查询分解和优化、多渠道证据收集和置信度分析等;从业务层面有财务模型、投资模型、风险模型、相关度建模、逻辑生成等。

4.2.3 金融大数据的系统设计

数据问题和分析问题需要很大的投入才能构造出完整可用的系统,没有底层的基础工作,就想跳到"魔术"层面,是不切实际的。当然,这并不意味着底层的工作、中间步骤本身就没有实用价值。比如,仅仅是基础的实体数据,解决它们的跨平台的可访问性和可发现性就能解放很多人力。以下从知识图谱的四个层面来探讨如何设计系统。

(1)知识提取。数据主要有三类:结构化数据、半结构化数据和非结构化数据。知识提取的目的,是通过自动化或者半自动化的技术抽取出可用的知识单元(知识单元包括实体、属性和关系),并以此为基础,形成一系列高质量的事实表达,为上层模式层的构建奠定基础。垂直领域的知识提取很难复用,每一个信息点的提取成本都不低。首先,要清楚信息的重要程度以及需要的粒度。用于搜索只需要段落级别的提取,而做深层关联才需要准确的实体提取。其次,知识提取是需要开发一些辅助工具来提高效率的,最简单的是文本检索系统,帮助开发人员定位信息所在的大致段落,再针对这些段落提取;还可以开发一些简单的交互工具,帮助非开发人员来进行标注。最后,提取的过程中要顺带建立词库,这个词库不仅可以提高提取的精度,也可用于后续的知识分析和知识检索。

(2)知识存储。知识图谱主要有两种存储方式:一种是基于 RDF 的存储;另一种是基于图数据库的存储。RDF 一个重要的设计原则是数据的易发布以及共享,图数据库则把重点放在了高效的图查询和搜索上。目前的存储方式都有不同方面的不足,如 Neo4j 性能低下,基于 RDF 的 Triple Stores 需要高昂的学习成本,Titan 尽管性能优异但目前已无社区维护,而有潜力的 Spark GraphX 则刚刚起步,各方面接口还不完善。因此,维护一个在线的图数据库可能会出现各式各样的问题。传统数据库很难处理复杂的图查询与推理,对此需要一个离线的图数据库做计算,计算完成后再将结果推送回主数据库。

(3)知识分析。知识分析包含很多环节,比如:实体对齐,两个同名同姓的人需要通过简历信息匹配到彼此;关系挖掘,企业间需要通过主营业务建立上下游关系或是竞争关系。基本的图关系建立好后,复杂的推理则由具体的业务逻辑驱动,一个推理可以转化成一个复杂的查询语句,并且用一种人们易懂的语法结构维护,而直接将业务逻辑写到代码中会带来后续维护的困难。

(4)知识检索。检索的效果取决于前面的数据处理结果,若从一开始设计时就留出人工修改的接口,能方便地直接将查询映射到搜索结果。一个优秀的搜索系统需要大量的人工优化。通常新的搜索引擎面临冷启动的问题,没什么用户数据,无法分析要优化哪些词,这时可以考虑用相同垂直领域的其他网站作为语料,取其高频词,甚至可以询问百度、Google 内部人员了解热搜词。

4.3 大数据在金融中的应用

金融业的行业特性决定了金融业利用大数据的必然性。金融业是信息密集型服务产业,现代金融企业普遍大量投资 IT 设施,同时拥有庞大的数据库可供利用。因此,金融业数据易用性好,数据密度大,技术和人才储备相对充裕,利用大数据可创造的价值更高。金融业的大数据应用投资逐年增加,已经成为除信息通信领域外大数据应用热情最高和投资最大的传统行业。有数据显示,在金融行业的三大主要领域中,银行业大数据应用居首,占比40%,证券和保险分别占 31.5% 和 28.5%。

4.3.1 大数据在银行业中的应用

国内不少银行已经开始尝试通过大数据来驱动业务运营,如中信银行信用卡中心使用大数据技术实现了实时营销,光大银行建立了社交网络信息数据库,招商银行则利用大数据发展小微贷款等。总的来看,银行大数据应用可以分为四个方面,如图4.3所示。

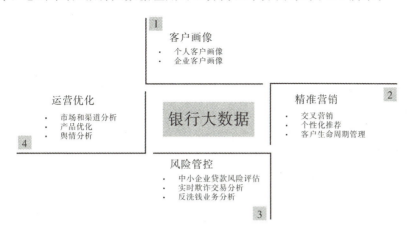

图 4.3　大数据在银行业中的应用

1. 客户画像

客户画像应用主要分为个人客户画像和企业客户画像。个人客户画像包括人口统计学特征、消费能力数据、兴趣数据、风险偏好等,企业客户画像包括企业的生产、流通、运营、财务、销售和客户、相关产业链上下游等数据。值得注意的是,银行拥有的客户信息并不全面,基于银行自身拥有的数据有时候难以得出理想的结果甚至可能得出错误的结论。比如,如果某位信用卡客户月均刷卡8次,平均每次刷卡金额800元,平均每年打4次客服电话,从未有过投诉,按照传统的数据分析,该客户是一位满意度较高且流失风险较低的客户。但如果看到该客户的微博,得到的真实情况是:工资卡和信用卡不在同一家银行,还款不方便,好几次打客服电话没接通,客户多次在微博上抱怨,该客户流失风险较高。所以,银行不仅仅要考虑银行自身业务所采集到的数据,更应考虑整合外部更多的数据,以扩展对客户的了解,具体包括:

(1)客户在社交媒体上的行为数据。通过打通银行内部数据和外部社会化的数据,可以获得更为完整的客户拼图,从而进行更为精准的营销和管理。例如,光大银行建立了社交网络信息数据库。

(2)客户在电商网站的交易数据。例如,建设银行将自己的电子商务平台和信贷业务结合起来;阿里金融为阿里巴巴用户提供无抵押贷款,用户只需要凭借过去的信用即可贷款。

(3)企业客户的产业链上下游数据。如果银行掌握了企业所在的产业链上下游的数据,可以更好掌握企业的外部环境发展情况,从而可以预测企业未来的状况。

(4)其他有利于扩展银行对客户兴趣爱好的数据,如网络广告界目前正在兴起的数据管理平台(data management platform,DMP)的互联网用户行为数据。

2. 精准营销

在客户画像的基础上,银行可以有效地开展精准营销,其中包括:

(1)实时营销。实时营销是根据客户的实时状态,比如客户当时的所在地、客户最近一次消费等信息,有针对地进行营销(某客户采用信用卡采购孕妇用品,可以通过建模推测怀孕的概率,并推荐孕妇喜欢的业务),或者将改变生活状态的事件(换工作、改变婚姻状况、置居等)

视为营销机会。

(2) 交叉营销。即不同业务或产品的交叉推荐,如招商银行可以根据客户交易记录进行分析,有效地识别小微企业客户,然后用远程银行来实施交叉销售。

(3) 个性化推荐。银行可以根据客户的喜好进行服务或者银行产品的个性化推荐,如根据客户的年龄、资产规模、理财偏好等,对客户群进行精准定位,分析出其潜在金融服务需求,进而有针对性的营销推广。

(4) 客户生命周期管理。客户生命周期管理包括新客户获取、客户防流失和客户赢回等。如招商银行通过构建客户流失预警模型,对流失率等级前 20% 的客户发售高收益理财产品予以挽留,使得金卡和金葵花卡客户流失率分别降低了 15% 和 7%。

3. 风险管控

在此,重点介绍中小企业贷款风险评估和欺诈交易识别手段以及反洗钱分析。

(1) 中小企业贷款风险评估。银行可通过企业的生产、流通、销售、财务等相关信息,结合大数据挖掘方法进行贷款风险分析,量化企业的信用额度,以更有效地开展中小企业贷款业务。

(2) 实时欺诈交易识别和反洗钱分析。银行可以利用持卡人基本信息、卡基本信息、交易历史、客户历史行为模式、正在发生的行为模式(如转账)等,结合智能规则引擎进行实时的交易反欺诈分析。如 IBM 金融犯罪管理解决方案,可以帮助银行利用大数据有效地预防与管理金融犯罪;摩根大通银行则利用大数据技术,追踪盗取客户账号或侵入自动柜员机(ATM)系统的罪犯。

4. 运营优化

(1) 市场和渠道分析优化。通过大数据,银行可以监控不同市场推广渠道尤其是网络渠道推广的质量,从而进行合作渠道的调整和优化。同时,也可以分析哪些渠道更适合推广哪类银行产品或者服务,从而进行渠道推广策略的优化。

(2) 产品和服务优化。银行可以将客户行为转化为信息流,并从中分析客户的个性特征和风险偏好,更深层次地理解客户的习惯,智能化分析和预测客户需求,从而进行产品创新和服务优化。例如,兴业银行通过对还款数据挖掘来区分优质客户,且根据客户还款数额的差别,提供差异化的金融产品和服务方式。

(3) 舆情分析。银行可以通过爬虫技术,抓取社区、论坛和微博上关于银行以及银行产品和服务的相关信息,并通过自然语言处理技术进行正负面判断,尤其是及时掌握银行以及银行产品和服务的负面信息,及时发现和处理问题。对于正面信息,可以加以总结并继续强化。同时,银行也可以抓取同行业的银行正面信息,及时了解同行做得好的方面,以作为自身业务优化的借鉴。

4.3.2 大数据在保险业中的应用

过去,由于保险行业的代理人的特点,所以在传统的个人代理渠道,代理人的素质及人际关系网是业务开拓最为关键的因素,而大数据在新客户开发和维系中的作用就没那么突出。

随着互联网、移动互联网以及大数据的发展,网络营销、移动营销和个性化的电话销售的作用将会日趋显现,且越来越多的保险公司注意到了大数据在保险行业中的作用。总体而言,保险行业的大数据应用可从以下三个方面介绍:客户细分和精细化营销、欺诈行为分析和精细化运营(见图4.4)。

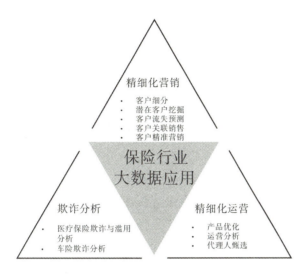

图 4.4 大数据在保险业中的应用

1. 客户细分和精细化营销

(1)客户细分和差异化服务。风险偏好是确定保险需求的关键,风险喜好者、风险中立者和风险厌恶者对于保险需求有不同的态度。一般来讲,风险厌恶者有更大的保险需求。在客户细分的时候,除了风险偏好数据外,还要结合客户职业、爱好、习惯、家庭结构、消费方式等偏好数据,利用机器学习算法对客户进行分类,之后为客户提供不同的产品和服务策略。

(2)潜在客户挖掘及流失用户预测。保险公司可通过大数据整合客户线上和线下的相关行为,通过数据挖掘手段对潜在客户进行分类,细化销售重点。通过大数据进行挖掘,综合考虑客户的信息、险种信息、既往出险情况、销售人员信息等,筛选出影响客户退保或续期的关键因素,根据这些因素建立相应估算模型,对客户的退保概率或续期概率进行估计,找出高风险流失客户,及时预警并制定挽留策略,提高保单续保率。

(3)客户关联销售。保险公司可利用关联规则找出最佳险种销售组合、运用时序规则找出顾客生命周期中购买保险的时间顺序,进而把握保户提高保额的时机,建立既有保户再销售清单与规则,从而促进保单的销售。除了这些做法以外,借助大数据,保险业可以直接锁定客户需求。以淘宝运费退货险为例,淘宝用户运费险索赔率在50%以上,该产品对保险公司带来的利润只有5%左右,但是有很多保险公司都有意愿去提供这种保险。因为客户购买运费险后保险公司就可以获得该客户的个人基本信息,包括手机号和银行账户信息等,并能够了解该客户购买的产品信息,从而实现精准推送。假设该客户购买并退货的是婴儿奶粉,就可以估计该客户家里有小孩,可以向其推荐关于儿童疾病险、教育险等利润率更高的产品。

(4)客户精准营销。在网络营销领域,保险公司通过收集互联网用户的各类数据,如地域分布等属性数据,搜索关键词等即时数据,购物行为、浏览行为等行为数据,以及兴趣爱好、人脉关系等社交数据,可以在广告推送中实现地域定向、需求定向、偏好定向、关系定向等,从而实现精准营销。

2. 欺诈行为分析

在此基于企业内外部交易和历史数据,实时或准实时分析预测欺诈等非法行为,重点介绍医疗保险欺诈与滥用分析,以及车险欺诈分析等。

(1)医疗保险欺诈与滥用分析。医疗保险欺诈与滥用通常可分为两种,一类是非法骗取保险金,即保险欺诈;另一类则是在保额限度内重复就医、浮报理赔金额等,即医疗保险滥用。保险公司可以利用过去的数据,寻找影响保险欺诈与滥用最为显著的因素及这些因素的取值区间,建立预测模型,并通过自动化计分功能,快速将理赔案件依照滥用与欺诈的可能性进行分类处理。

(2)车险欺诈分析。保险公司利用过去的欺诈事件建立预测模型,将理赔申请分级处理,可以很大程度上解决车险欺诈问题,包括车险理赔申请欺诈侦测、业务员及修车厂勾结欺诈侦测等。

3. 精细化运营

(1)产品优化,保单个性化。过去在没有精细化的数据分析和挖掘的情况下,保险公司把很多人都放在同一风险水平之上,客户的保单并没有完全解决客户的各种风险问题。在大数据背景下,保险公司可以通过自有数据以及客户在社交网络的数据,解决现有的风险控制问题,为客户制定个性化的保单,获得更准确以及更高利润率的保单模型,给每一位顾客提供个性化的解决方案。

(2)运营分析。基于企业内外部运营、管理和交互数据分析,借助大数据平台全方位统计和预测企业经营和管理绩效;基于保险保单和客户交互数据建模,借助大数据平台快速分析和预测市场风险、操作风险等。

(3)代理人(保险销售人员)甄选。根据代理人员(保险销售人员)业绩数据、性别、年龄、入职前工作年限、其他保险公司经验和代理人人员思维性向测试等,找出销售业绩相对较好的销售人员的特征,优选高潜力销售人员。

4.3.3 大数据在证券业中的应用

大数据时代,券商已意识到大数据的重要性,券商对于大数据的研究与应用正处于起步阶段。相对于银行和保险业,证券行业的大数据应用起步相对较晚。目前国内外证券行业的大数据应用大致有以下三个方向:股价预测、客户关系管理和投资景气指数。

1. 股价预测

2011年5月,英国对冲基金Derwent Capital Markets建立了规模为4000万美金的对冲基金,该基金是首家基于社交网络的对冲基金,其通过分析Twitter的数据内容来感知市场情绪,从而对投资进行指导。Derwent Capital Markets在首月的交易中盈利了,其以1.85%的收益率,让平均收益率只有0.76%的其他对冲基金相形见绌。

麻省理工学院的学者根据情绪词将 Twitter 内容标定为正面或负面情绪,结果发现,无论是如"希望"的正面情绪,或是"害怕""担心"的负面情绪,其占总 Twitter 内容数超过一定比例时,都预示着道琼斯指数、标准普尔 500 指数、纳斯达克指数的下跌。但是,Twitter 情绪指标仍然不可能预测出会冲击金融市场的突发事件。例如,2008 年 10 月 13 号,美国联邦储备委员会突然启动一项银行纾困计划,令道琼斯指数反弹,而 3 天前的 Twitter 相关情绪指数毫无征兆。研究者也意识到,Twitter 用户与股市投资者并不完全重合,虽然这样的样本代表性有待商榷,但仍无法阻止投资者对社交网络倾注更多的热情。

美国佩斯大学的一位博士则采用了另外一种思路,他追踪了星巴克、可口可乐和耐克三家公司在社交媒体上的受欢迎程度,同时比较它们的股价。他发现,Facebook 上的粉丝数、Twitter 上的听众数和 YouTube 上的观看人数都和股价密切相关。另外,品牌的受欢迎程度还能预测股价在 10 天、30 天之后的上涨情况。

2. 客户关系管理

(1) 客户细分。券商通过分析客户的账户状态(类型、生命周期、投资时间)、账户价值(资产峰值、资产均值、交易量、佣金贡献和成本等)、交易习惯(周转率、市场关注度、仓位、平均持股市值、平均持股时间、单笔交易均值和日均成交量等)、投资偏好(偏好品种、下单渠道和是否申购),以及投资收益(本期相对和绝对收益、今年相对和绝对收益、投资能力等),对客户进行聚类和细分,可以发现客户交易模式类型,找出最有价值和盈利潜力的客户群,以及他们最需要的服务,从而更好地配置资源和政策,同时改进服务,抓住最有价值的客户。

(2) 流失客户预测。券商可根据客户历史交易行为和流失情况建模,从而预测客户流失的概率。如 2012 年海通证券自主开发的"基于数据挖掘算法的证券客户行为特征分析技术",主要应用于客户深度画像以及基于画像的用户流失概率预测。通过对海通 100 多万样本客户、半年交易记录的海量信息分析,建立了客户分类、客户偏好、客户流失概率的模型。该项技术最大初衷是希望通过客户行为的量化分析,来测算客户将来可能流失的概率。

3. 投资景气指数

2012 年,国泰君安推出了"个人投资者投资景气指数"(individual investment index,简称 3I 指数),通过一个独特的视角传递个人投资者对市场的预期、当期的风险偏好等信息。国泰君安研究所对海量个人投资者样本进行持续性跟踪监测,对账本投资收益率、持仓率、资金流动情况等一系列指标进行统计、加权汇总后得到了综合性投资景气指数。

3I 指数通过对海量个人投资者真实投资交易信息的深入挖掘分析,了解个人投资者交易行为的变化、投资信心的状态与发展趋势、对市场的预期以及当前的风险偏好等信息。在样本选择上,选择资金 100 万元以下、投资年限 5 年以上的中小投资者,样本规模高达 10 万,覆盖全国不同地区,所以,这个指数较为有代表性。在参数方面,主要根据中小投资者持仓率的高低、是否追加资金、是否盈利这几个指标,来看投资者对市场是乐观还是悲观。3I 指数每月发布一次,以 100 为中间值,100~120 属于正常区间,120 以上表示趋热,100 以下则是趋冷。从实验数据看,从 2007 年至今,3I 指数的涨跌波动与上证指数走势的拟合度相当高。

思考题

1. 简述大数据的内涵及其涉及的相关技术。
2. 大数据与海量信息之间有哪些区别与联系?
3. 简述大数据的基本特征。
4. 金融大数据需要经历哪几个阶段?
5. 从分析角度看,金融大数据主要包括哪些技术应用?
6. 根据知识图谱的层次划分,简述金融大数据系统设计应注意的问题。
7. 简述大数据在银行业中的应用情况。
8. 简述大数据在保险业中的应用情况。
9. 简述大数据在证券业中的应用情况。

第 5 章　机器学习

机器学习是人工智能的一个分支,是研究计算机如何模拟或实现人类学习行为,以获取新的知识和技能,重新组织已有知识结构使之不断改善自身性能的技术。随着近年来机器学习在图像识别、自然语言处理等多个领域取得的显著成果,各界对于其在金融服务中的应用愈发关注。机器学习算法能够使计算机自行学习后对同类问题自动决策,具有远超人类的速度。因此,金融领域中一些数据量巨大、大海捞针式的任务,都适合使用机器学习来完成。

5.1　机器学习概述

5.1.1　机器学习的内涵

机器学习是一门多学科交叉的技术,涵盖概率论、统计学、近似理论和复杂算法等领域,使用计算机作为工具并致力于真实实时地模拟人类学习方式,并将现有内容进行知识结构划分来有效提高学习效率。机器学习有以下几种定义:①机器学习是一门人工智能的科学,该领域的主要研究对象是人工智能,特别是如何在经验学习中改善具体算法的性能。②机器学习是对能通过经验自动改进的计算机算法的研究。③机器学习是用数据或以往的经验,以此优化计算机程序的性能标准。

目前,在机器学习研究领域影响较大的是西蒙的观点:机器学习是对系统的一种改进,这种改进使得系统在重复同样的工作或进行类似的工作时,能够完成得更好。机器学习就是要使计算机能模拟人的学习行为,自动地通过学习获取知识和技能,不断改善性能,实现自我完善。机器学习研究的就是如何使机器通过识别和利用现有知识来获取新知识和新技能。作为人工智能的一个重要的研究领域,机器学习的研究工作主要围绕学习机理、学习方法、面向任务这三个方面。

为了使计算机系统具有某种程度的学习能力,使它能通过学习增长知识改善性能,提高智能水平,需要为它建立相应的学习系统。一个学习系统必须具有适当的学习环境,一定的学习能力,并且能应用所学的知识求解问题,其目的是能提高系统的性能。一个学习系统一般应该由环境、学习、知识库、执行与评价四个基本部分组成,各部分的关系如图5.1所示。

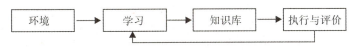

图 5.1　机器学习系统各部分关系

在图5.1中,箭头表示信息的流向。环境指外部信息的来源,它将为系统的学习提供有关信息。学习指系统的学习机构,它通过对环境的搜索取得外部信息,然后经过分析、综合、类比、归纳等思维过程获得知识，并将这些知识存入知识库中。知识库用于存储由学习得到的知识，在存储时要进行适当的组织，使它既便于应用又便于维护。执行与评价由执行和评价两个环节组成，执行环节用于处理系统面临的现实问题，即应用学习到的知识求解问题，如定理证明、智能控制、自然语言处理、机器人行动规划等；评价环节用于验证、评价执行环节的效果，如结论的正确性等。另外，从执行与评价到学习必须有反馈信息，学习将根据反馈信息决定是否要从环境中索取进一步的信息进行学习，以修改、完善知识库中的知识。

5.1.2 机器学习的发展历程

机器学习实际上已经存在了几十年，或者也可以认为存在了几个世纪。追溯到17世纪，贝叶斯、拉普拉斯关于最小二乘法的推导和马尔可夫链，这些构成了机器学习广泛使用的工具和基础。1950年（艾伦·图灵提议建立一个学习机器）到2000年初（有深度学习的实际应用以及最近的进展），机器学习有了很大的进展。从20世纪50年代研究机器学习以来，机器学习不同时期的研究途径和目标并不相同，具体可以划分为四个阶段。

第一阶段是20世纪50年代到60年代中叶，这个时期主要研究"有无知识的学习"。这类方法主要是研究系统的执行能力。这个时期，主要通过对机器的环境及其相应性能参数的改变来检测系统所反馈的数据。好比给系统一个程序，通过改变它们的自由空间作用，系统将会受到程序的影响而改变自身的组织，最后这个系统将会选择一个最优的环境生存。在这个时期最具有代表性的研究就是Samuet的下棋程序，但这种机器学习的方法还远远不能满足人类的需要。

第二阶段是20世纪60年代中叶到70年代中叶，这个时期主要研究将各个领域的知识植入系统里，目的是通过机器模拟人类学习的过程，同时还采用了图结构及其逻辑结构方面的知识进行系统描述，在这一研究阶段，主要是用各种符号来表示机器语言。研究人员在进行实验时，意识到学习是一个长期的过程，从这种系统环境中无法学到更加深入的知识，因此研究人员将各专家学者的知识加入系统里，经过实践证明，这种方法取得了一定的成效。在这一阶段具有代表性的工作有Hayes-Roth和Winson的结构学习系统方法。

第三阶段是20世纪70年代中叶到80年代中叶，称为复兴时期。在此期间，人们从学习单个概念扩展到学习多个概念，探索不同的学习策略和学习方法，且在本阶段已开始把学习系统与各种应用结合起来，并取得了很大的成功。同时，专家系统在知识获取方面的需求，也极大地刺激了机器学习的研究和发展。在出现第一个专家学习系统之后，示例归纳学习系统成为研究的主流，自动知识获取成为机器学习应用的研究目标。1980年，在美国的卡内基梅隆召开了第一届机器学习国际研讨会，标志着机器学习研究已在全世界兴起。这一阶段代表性的工作有Mostow的指导式学习、Lenat的数学概念发现程序、Langley的BACON程序及其改进程序。

第四阶段是20世纪80年代中叶至今，是机器学习的最新阶段。该阶段机器学习主要围绕以下三个方向开展。①面向任务：在预定的一些任务中，分析和开发学习系统，以便改善完成任务的水平，这是专家系统研究中提出的研究问题。②认识模拟：主要研究人类学习过程及其计算机的行为模拟，这是从心理学角度研究的问题。③理论分析研究：从理论上探讨各种可能学习方法的空间和独立于应用领域之外的各种算法。这三个研究方向各有自己的研究目标，每一个方向的进展都会促进另外方向的研究。

5.1.3 机器学习的原理

从本质上来说,机器学习的过程就是通过一堆的训练数据找到一个与理想函数(f)相接近的函数。在理想情况下,对于任何适合使用机器学习的问题,在理论上都会存在一个最优的函数让每个参数都有一个最合适的权重值,但在现实应用中不一定能这么准确地找到这个函数。所以,我们要去找与这个理想函数相接近的函数。只要是能够满足我们使用的函数,我们就认为它是一个好的函数。

这个训练数据的过程通常也被解释为:在一堆假设函数集中,它包含了各种各样的假设,其中包括好的和坏的假设。我们需要做的就是从这一堆假设函数中挑选出它认为最好的假设函数(g)——这个假设函数是与理想函数(f)最接近的。如图 5.2 所示。

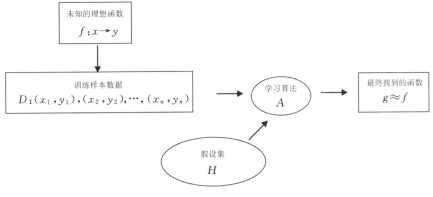

图 5.2 机器学习示意图

机器学习类似于数学上求解方程未知数的过程。在数学上,我们知道了一个方程和一些点的坐标,可以用这些点来求这个方程的未知项从而得出完整的方程。但在机器学习上,我们往往很难解出来这个完整的方程是什么。所以,我们只能通过各种手段,求最接近理想情况下的未知项取值,使得这个结果最接近原本的方程。

机器学习不是万能的,并不能解决所有的问题。通过以上机器学习的过程可以看出,实质上,机器学习是通过已知经验找到规律来进行预测。例如,银行想知道应该发放多少贷款给某个客户时,可以根据过往成功放贷的数据找出每个贷款区间的人群特点、自身的住房、汽车资产状况等,再看看这个客户的特点符合哪个区间,以此去确定应该发放多少贷款,这就是适合用机器学习去解决的问题。因此,对于适合用机器学习解决的问题,一般具有以下三个特点:
①有规律可以学习;②编程很难做到;③有能够学习到规律的数据。只要满足这三个条件的问题,就可以挑选合适的算法去解决。基于以上的条件,机器学习通常可以解决以下三类问题。
①预测(回归):根据已知数据和模型,预测不同客户应该发放的贷款额度是多少;②判别(分类):与预测有点类似,也是根据模型判别这个客户属于过往哪一类客户的概率有多大;③寻找关键因素:客户的属性非常多,通过模型可以找出对放贷影响最大的因素是什么。

5.2 机器学习算法

5.2.1 机器学习的分类

1. 基于学习策略的分类

(1) 模拟人脑的机器学习。模拟人脑的机器学习可分为符号学习和神经网络学习。符号学习,指模拟人脑的宏观心理级学习过程,以认知心理学原理为基础,以符号数据为输入,以符号运算为方法,用推理过程在图或状态空间中搜索,学习的目标为概念或规则等。符号学习的典型方法有记忆学习、示例学习、演绎学习、类比学习、解释学习等。神经网络学习(或连接学习),指模拟人脑的微观生理级学习过程,以脑和神经科学原理为基础,以人工神经网络为函数结构模型,以数值数据为输入,以数值运算为方法,用迭代过程在系数向量空间中搜索,学习的目标为函数。典型的连接学习有权值修正学习、拓扑结构学习等。

(2) 直接采用数学方法的机器学习。直接采用数学方法的机器学习主要有统计机器学习,统计机器学习是基于对数据的初步认识以及学习目的的分析,选择合适的数学模型,拟定超参数并输入样本数据,依据一定的策略并运用合适的学习算法对模型进行训练,最后运用训练好的模型对数据进行分析预测。统计机器学习的三个要素:①模型(model),模型在未进行训练前,其可能的参数是多个甚至无穷的,故可能的模型也是多个甚至无穷的,这些模型构成的集合就是假设空间。②策略(strategy),即从假设空间中挑选出参数最优的模型的准则。模型的分类或预测结果与实际情况的误差(损失函数)越小,模型就越好,那么策略就是误差最小。③算法(algorithm),即从假设空间中挑选模型的方法(等同于求解最佳的模型参数)。机器学习的参数求解通常都会转化为最优化问题,故学习算法通常是最优化算法,如最速/梯度下降法、牛顿法以及拟牛顿法等。

2. 基于学习方式的分类

根据学习方式的不同,机器学习可分为监督学习、半监督学习、无监督学习和强化学习四类。

(1) 监督学习(有导师学习)。输入数据中有导师信号,以概率函数、代数函数或人工神经网络为基函数模型,采用迭代计算方法,学习结果为函数。监督学习是利用一组已知类别的样本调整分类器的参数,使其达到所要求性能的过程。更简单一点,就是根据已知推断未知。监督学习的代表方法有:朴素贝叶斯(Naive Bayes)、支持向量机(support vector machine,SVM)、决策树、K-邻近(K-nearest neighbor,KNN)、神经网络以及Logistic分析等。

(2) 无监督学习(无导师学习)。输入数据中无导师信号,采用聚类方法,学习结果为类别。无监督学习是利用一组已知类别的样本调整分类器的参数,使其达到所要求性能的过程,也就是自学。典型的无导师学习有发现学习、聚类、竞争学习等,代表方法有Apriori、FP树、K-means聚类以及深度学习(deep learning)。可见,无监督学习是最智能的,有能实现机器主动意识的潜质,但发展还比较缓慢。无监督学习是从已知推断未知,必须要把事物所有可能性全都学到,这在现实中是难以实现的,人也做不到。

(3) 半监督学习。半监督学习是"没办法中的办法",既然无监督学习很难,监督学习不靠谱,就取个折中,博采众长。半监督学习主要考虑如何利用少量的标注样本和大量的未标注样本进行训练和分类,也就是根据少量已知的和大量未知的内容进行分类。其应用场景包括分类和回归,算法包括一些对常用监督式学习算法的延伸,这些算法首先试图对未标识数据进行建模,在此基础上再对标识的数据进行预测等。半监测学习的代表方法有:图论推理算法(graph inference)、最大期望(expectation-maximization algorithm,EM)、拉普拉斯支持向量机(Laplacian SVM)、生成模型(generative model)等。

(4) 强化学习(增强学习)。强化学习(reinforcement learning,RL),又称再励学习、评价学习或增强学习,是机器学习的范式和方法论之一,用于描述和解决智能体(agent)在与环境的交互过程中通过学习策略以达成回报最大化或实现特定目标的问题。不同于监督学习和非监督学习,强化学习不要求预先给定任何数据,而是通过接收环境对动作的奖励(反馈)获得学习信息并更新模型参数。强化学习的常见模型是标准的马尔可夫决策过程(Markov decision process,MDP)。按给定条件,强化学习可分为基于模式的强化学习(model-based RL)和无模式强化学习(model-free RL),以及主动强化学习(active RL)和被动强化学习(passive RL)。强化学习的变体包括逆向强化学习、阶层强化学习和部分可观测系统的强化学习。求解强化学习问题所使用的算法可分为策略搜索算法和值函数算法两类。深度学习模型可以在强化学习中得到使用,形成深度强化学习。

5.2.2 机器学习经典算法

1. 回归算法

线性回归(linear regression)是利用称为线性回归方程的最小平方函数,对一个或多个自变量和因变量之间关系进行建模的一种回归分析。如何拟合出一条直线最佳匹配所有的数据?线性回归一般使用"最小二乘法"来求解,将最优问题转化为求函数极值问题。函数极值在数学上一般会采用求导数为0的方法,但这种做法并不适合计算机,可能求解不出来,也可能计算量太大。计算机科学界专门有一个学科叫"数值计算",专门用来提升计算机进行各类计算时的准确性和效率问题。例如,著名的"梯度下降法"以及"牛顿法"就是数值计算中的经典算法,也非常适合来处理求解函数极值的问题。梯度下降法是解决回归模型中最简单且有效的方法之一。

逻辑回归(logistic regression)是一种与线性回归非常类似的算法,但是,从本质上讲,线性回归处理的问题类型与逻辑回归不一致。线性回归处理的是数值问题,也就是最后预测出的结果是数字,如房价。而逻辑回归属于分类算法,也就是说,逻辑回归预测的结果是离散的分类,如判断这封邮件是否是垃圾邮件,以及用户是否会点击此广告等。在实现方面,逻辑回归只是对线性回归的计算结果加上了一个 Sigmoid 函数,将数值结果转化为 0 到 1 之间的概率,接着根据这个概率可以做预测,如概率大于 0.5,则这封邮件就是垃圾邮件,或者肿瘤是恶性的等。从直观上来说,逻辑回归是画出了一条分类线,如图 5.3 所示。

假设有一组肿瘤患者的数据,这些患者的肿瘤中有些是良性的(图中的○点),有些是恶性的(图中的×点)。这里○、×可以被称作数据的"标签"。同时每个数据包括两个"特征":患者

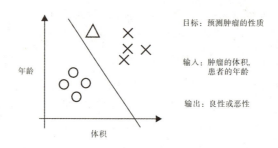

图 5.3 逻辑回归的直观解释

的年龄与肿瘤的大小。将这两个特征与标签映射到这个二维空间上，形成了图 5.3 的数据。当有一个△的点时，该如何判断这个肿瘤是恶性的还是良性的呢？根据×点训练出了一个逻辑回归模型，也就是图中的分类线。这时，由于△出现在分类线的×一侧，因此判断它的标签应该是×，也就是说属于恶性肿瘤。

逻辑回归算法划出的分类线基本都是线性的（也有划出非线性分类线的逻辑回归，不过那样的模型在处理数据量较大的时候效率会很低），这意味着当两类之间的界线不是线性时，逻辑回归的表达能力就不足。下面的两个算法是机器学习界最强大且重要的算法，都可以拟合出非线性的分类线。

2. 神经网络

神经网络（artificial neural network，ANN）算法是 20 世纪 80 年代机器学习界非常流行的算法，不过在 20 世纪 90 年代中途衰落。现在携着"深度学习"之势，神经网络重装归来，重新成为最强大的机器学习算法之一。神经网络的诞生起源于对大脑工作机理的研究。早期生物界学者们使用神经网络来模拟大脑。机器学习的学者们使用神经网络进行机器学习的实验，发现神经网络在视觉与语音的识别上效果都相当好。在 BP 算法（加速神经网络训练过程的数值算法）诞生以后，神经网络的发展进入了一个热潮。那么，神经网络的学习机理是什么？简单来说，就是分解与整合。在著名的 Hubel-Wiesel 试验中，学者们研究猫的视觉分析机理，如图 5.4 所示。

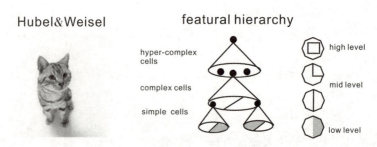

图 5.4 Hubel-Wiesel 试验与大脑视觉机理

比方说，一个正方形，分解为四条折线进入视觉处理的下一层中。四个神经元分别处理一条折线。每条折线再继续被分解为两条直线，每条直线再被分解为黑白两个面。于是，一个复杂的图像变成了大量的细节进入神经元，神经元处理以后再进行整合，最后得出了看到的是正方形的结论。这就是大脑视觉识别的机理,也是神经网络工作的机理。

让我们看一个简单的神经网络的逻辑架构。在这个网络中,分成输入层、隐藏层和输出层。输入层负责接收信号,隐藏层负责对数据的分解与处理,最后的结果被整合到输出层。每层中的一个圆代表一个处理单元,可以认为是模拟了一个神经元,若干个处理单元组成了一个层,若干个层再组成了一个网络,也就是"神经网络"。如图5.5所示。

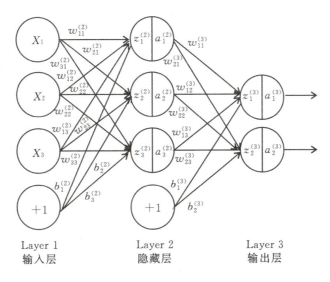

图5.5 神经网络的逻辑架构

在神经网络中,每个处理单元事实上就是一个逻辑回归模型,逻辑回归模型接收上层的输入,把模型的预测结果作为输出传输到下一个层次。通过这样的过程,神经网络可以完成非常复杂的非线性分类。图5.6中演示了神经网络在图像识别领域的一个著名应用,这个程序叫作LeNet-5,是一个基于多个隐层构建的神经网络。通过LeNet-5可以识别多种手写数字,并

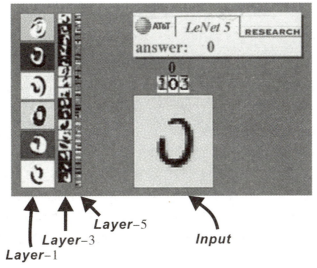

图5.6 LeNet-5的效果展示

且达到很高的识别精度与拥有较好的鲁棒性。

右下方的方形中显示的是输入计算机的图像,方形上方的字样"answer"后面显示的是计算机的输出。左边三条竖直的图像列显示的是神经网络中三个隐藏层的输出,可以看出,随着层次的不断深入,越深的层次处理的细节越低,例如,层3基本处理的都已经是线的细节了。进入20世纪90年代,神经网络的发展进入了一个瓶颈期。其主要原因是:尽管有BP算法的加速,但神经网络的训练过程仍然很困难。因此,20世纪90年代后期支持向量机(SVM)算法取代了神经网络的地位。

3. 支持向量机(SVM)

支持向量机算法是诞生于统计学习界,同时在机器学习界大放光彩的经典算法。支持向量机算法从某种意义上来说是逻辑回归算法的强化:通过给予逻辑回归算法更严格的优化条件,支持向量机算法可以获得比逻辑回归更好的分类界线。但是,如果没有某类函数技术,则支持向量机算法最多算是一种更好的线性分类技术。同时,通过跟高斯"核"的结合,支持向量机可以表达出非常复杂的分类界线,从而达成很好的分类效果。"核"事实上就是一种特殊的函数,最典型的特征就是可以将低维的空间映射到高维的空间,如图5.7所示。

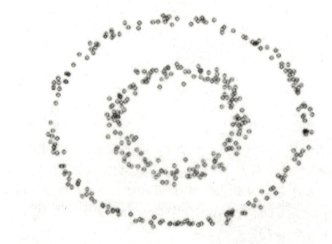

图5.7 支持向量机图例

如何在二维平面划分出一个圆形的分类界线?在二维平面可能会很困难,但是通过"核"可以将二维平面映射到三维空间,然后使用一个线性平面就可以达成类似效果。也就是说,二维平面划分出的非线性分类界线可以等价于三维空间的线性分类界线。于是,可以通过在三维空间中进行简单的线性划分就可以达到在二维平面中的非线性划分效果,如图5.8所示。

支持向量机是一种数学成分很浓的机器学习算法(相对地,神经网络则有生物科学成分)。在算法的核心步骤中,有一个步骤证明,即将数据从低维映射到高维不会带来最后计算复杂性的提升。于是,通过支持向量机算法,既可以保持计算效率,又可以获得非常好的分类效果。因此,支持向量机在20世纪90年代后期一直占据着机器学习中最核心的地位,基本取代了神经网络算法。直到现在,神经网络借着深度学习重新兴起,两者之间才又发生了微妙的平衡转变。

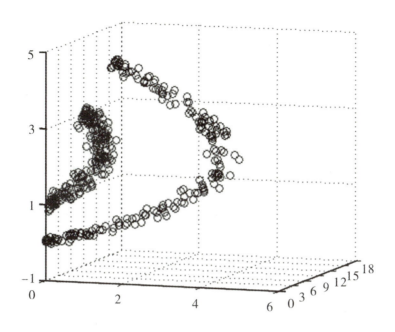

图 5.8 三维空间的切割

5.2.3 浅层学习和深度学习

1. 浅层学习

20 世纪 80 年代末期，用于人工神经网络的反向传播（back propagation，BP）算法的发明，给机器学习带来了希望，掀起了基于统计模型的机器学习热潮，这个热潮一直持续到今天。人们发现，利用 BP 算法可以让人工神经网络模型从大量训练样本中学习统计规律，从而对未知事件做预测。这种基于统计的机器学习方法比起过去基于人工规则的系统，在很多方面显出优越性。虽然人工神经网络也被称作多层感知机（multi-layer perception），但实际是只含有一层隐层节点的浅层模型，同时 BP 算法存在以下一些问题：①梯度越来越稀疏，从顶层越往下，误差校正信号越来越小；②收敛到局部最小值，尤其是从远离最优区域开始的时候（初始化随机值会导致这一情况的发生）；③一般只能用有标签的数据来训练，但现实中大部分的数据是没标签的。

20 世纪 90 年代，各种各样的浅层机器学习模型相继被提出，如支持向量机（SVM）、提升算法（Boosting）、逻辑回归（logistics regression，LR）等。这些模型的结构基本上可以看成带有一层隐层节点（如 SVM、Boosting），或没有隐层节点（如 LR）。这些模型无论是在理论分析，还是在应用中都获得了巨大的成功。相比之下，由于理论分析的难度大，训练方法又需要很多经验和技巧，这个时期浅层人工神经网络反而相对沉寂。

2. 深度学习

2006 年，加拿大多伦多大学教授、机器学习领域的专家杰弗里·辛顿（Geoffrey Hinton）和他的学生在 *Science* 上发表了一篇文章，开启了深度学习在学术界和工业界的浪潮。文章有两个主要观点：①多隐层的人工神经网络具有优异的特征学习能力，学习得到的特征对数据有更本质的刻画，从而有利于可视化或分类；②深度神经网络在训练上的难度，可以通过"逐层初始化"(layer-wise pre-training)来有效克服。在这篇文章中，逐层初始化是通过无监督学习实现的。

深度学习的实质，是通过构建具有很多隐层的机器学习模型和海量的训练数据，来学习更有用的特征，从而最终提升分类或预测的准确性。因此，"深度模型"是手段，"特征学习"是目的。区别于传统的浅层学习，深度学习的不同在于：①强调了模型结构的深度，通常有5层、6层，甚至10多层的隐层节点；②明确突出了特征学习的重要性，也就是说，通过逐层特征变换，将样本在原空间的特征表示变换到一个新特征空间，从而使分类或预测更加容易。

5.3 机器学习与其他领域的关系

5.3.1 机器学习的子类——深度学习

近年来，机器学习的发展催生了一个新方向，即深度学习。虽然"深度学习"这四个字听起来颇为高大上，但其理念却非常简单，就是传统的神经网络发展到了多个隐藏层。具有多个隐藏层的神经网络被称为深度神经网络，基于深度神经网络的学习研究称为深度学习。目前，业界许多的图像识别技术与语音识别技术的进步都源于深度学习的发展，其中典型的代表就是百度识图功能。深度学习属于机器学习的子类，深度学习的发展极大地促进了机器学习的发展，进一步推动了机器学习父类——人工智能的发展。

5.3.2 机器学习的父类——人工智能

人工智能是机器学习的父类，深度学习是机器学习的子类。如果把三者的关系用图形来表示的话，如图5.9所示。

图5.9 深度学习、机器学习、人工智能三者的关系

从早期的逻辑推理到中期的专家系统,这些科研进步确实使我们离机器的智能有点接近了,但还有一大段距离。直到机器学习诞生以后,人工智能界感觉终于找对了方向。基于机器学习的图像识别和语音识别在某些垂直领域达到了跟人相媲美的程度,机器学习使人类第一次如此接近人工智能的梦想。

如果把人工智能相关的技术以及其他业界的技术做一个类比,就可以发现机器学习在人工智能中具有重要地位不是没有理由的。从计算机本身来看,计算能力有分布式计算,反应能力有事件驱动架构,检索能力有搜索引擎,知识存储能力有数据仓库,逻辑推理能力有专家系统,但是,唯有机器学习与人类智慧中最显著的归纳与感悟能力相对应,这也是机器学习能力最能表征智慧的根本原因。

人工智能的发展可能不仅取决于机器学习,更取决于深度学习。深度学习技术由于深度模拟了人类大脑的构成,在视觉识别与语音识别上显著地突破了原有机器学习技术的界限,因此极有可能是真正实现人工智能梦想的关键技术。无论是谷歌大脑还是百度大脑,都是通过海量层次的深度学习网络所构成的。也许借助于深度学习技术,在不远的将来,一个具有人类智能的计算机真的有可能实现。

5.3.3 机器学习的应用——大数据

在2010年以前,机器学习的应用在某些特定领域发挥了巨大的作用,如车牌识别、网络攻击防范、手写字符识别等。从2010年以后,随着大数据概念的兴起,机器学习大量的应用都与大数据高度耦合,几乎可以认为大数据是机器学习应用的较佳场景。但凡你能找到的介绍大数据魔力的文章,都会说大数据如何准确预测到了某些事。例如,谷歌利用大数据预测了H1N1在美国某小镇的爆发;百度预测2014年世界杯,从淘汰赛到决赛全部预测正确;等等。这实在太神奇了,那么究竟是什么原因导致大数据具有这些魔力呢?简单来说,就是机器学习技术。正是基于机器学习技术的应用,大数据才能发挥其魔力。

大数据的核心是利用数据的价值,机器学习是利用数据价值的关键技术。对于大数据而言,机器学习是不可或缺的。对于机器学习而言,越多的数据越可能提升模型的精确性,同时,复杂的机器学习算法的计算时间也迫切需要分布式计算与内存计算这样的关键技术。因此,机器学习的兴盛离不开大数据的帮助,大数据与机器学习是互相促进、相依相存的关系。

机器学习与大数据的结合产生了巨大的价值。基于机器学习技术的发展,数据能够"预测"。对人类而言,积累的经验越丰富,阅历越广泛,对未来的判断越准确。例如,人们常说的"经验丰富"的人比"初出茅庐"的小伙子更有工作上的优势,就在于经验丰富的人获得的规律比小伙子更准确。在机器学习领域,根据一个著名的实验,有效地证实了机器学习界一个理论:机器学习模型的数据越多,机器学习的预测效率就越好。如图5.10所示。

通过图5.10可以看出,各种不同算法在输入的数据量达到一定级数后,都有相近的高准确度。于是,诞生了机器学习界的名言:成功的机器学习应用不是拥有较好的算法,而是拥有最多的数据!

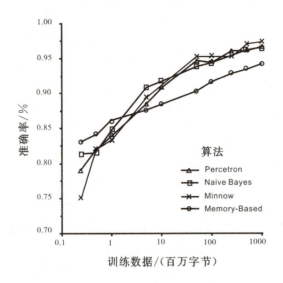

图 5.10　机器学习准确率与数据的关系

5.3.4　机器学习与其他领域的异同

机器学习与模式识别、统计学习、数据挖掘、计算机视觉、语音识别、自然语言处理等领域有着很深的联系(如图 5.11 所示)。从范围上来说,机器学习跟模式识别、统计学习、数据挖掘是类似的,同时机器学习与其他领域的处理技术的结合,形成了计算机视觉、语音识别、自然语言处理等交叉学科。平常所说的机器学习应用是通用的,不仅仅局限在结构化数据,还有图像、音频等领域的应用。

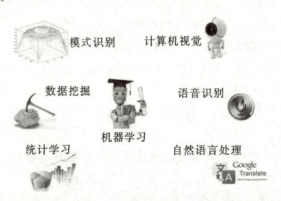

图 5.11　机器学习与相关学科

(1)"模式识别＝机器学习"。两者的主要区别在于前者是从工业界发展起来的概念,后者则主要源自计算机学科。Christopher M. Bishop 在其著名著作 *Pattern Recognition And Machine Learning* 一书开头写道:"模式识别源自工业界,而机器学习来自计算机学科。不过,它们中的活动可以被视为同一个领域的两个方面,同时在过去的 10 年间,它们都有了长足的发展。"

(2)"数据挖掘＝机器学习＋数据库"。大部分数据挖掘中的算法是机器学习的算法在数据库中的优化。但凡说数据挖掘都会吹嘘数据挖掘如何如何,如从数据中挖出"金子",以及将废弃的数据转化为价值等。尽管可能会挖出"金子",但也可能挖出的是"石头"。数据挖掘仅仅是一种思考方式,告诉我们应该尝试从数据中挖掘出知识,但不是每个数据都能挖掘出"金子"的,因此不要神话它。一个系统不会因为上了一个数据挖掘模块就变得无所不能,恰恰相反,一个拥有数据挖掘思维的人员才是关键,而且他还必须对数据有深刻的认识,这样才可能从数据中导出模式,从而指引业务的改善。

(3)"统计学习≈机器学习"。统计学习是一个与机器学习高度重叠的学科。因为机器学习中的大多数方法来自统计学,甚至可以认为,统计学的发展促进了机器学习的繁荣昌盛,如支持向量机算法就是源自统计学科。但是在某种程度上,两者是有分别的,二者的区别在于:统计学习研究者重点关注的是统计模型的发展与优化,偏数学;而机器学习研究者更关注的是能够解决什么问题,偏实践,因此机器学习研究者会重点研究学习算法在计算机上执行的效率与准确性的提升。

(4)"计算机视觉＝图像处理＋机器学习"。图像处理技术用于将图像处理为适合进入机器学习模型中的输入,机器学习则负责从图像中识别出相关的模式。计算机视觉相关的应用非常多,如百度识图、手写字符识别、车牌识别等。计算机视觉领域应用前景光明,同时也是研究的热门方向。随着机器学习的新领域深度学习的发展,大大提升了计算机图像识别的效果,未来计算机视觉的发展前景不可估量。

(5)"语音识别＝语音处理＋机器学习"。语音识别就是音频处理技术与机器学习的结合。语音识别技术一般不会单独使用,会结合自然语言处理的相关技术。

(6)"自然语言处理＝文本处理＋机器学习"。自然语言处理技术主要是让机器理解人类语言的一门技术。在自然语言处理技术中,大量使用了编译原理相关的技术,如词法分析、语法分析等。此外,在理解这个层面,则使用了语义理解、机器学习等技术。作为由人类自身创造的符号,自然语言处理一直是机器学习领域不断研究的方向。如何利用机器学习技术进行自然语言的深度理解,一直是工业和学术界关注的焦点。

5.4 机器学习在金融中的应用

5.4.1 机器学习在金融与其他领域应用的区别

机器学习在金融与其他领域应用的区别如下。

一是数据来源不同。在金融领域,数据的噪声(非常)大,而且通常是不稳定的。"信号"不能用任何特定方法与噪声剥离,这是原则性问题。举例来说,这和图像处理就很不同,图像处理至少原则上可以控制噪声等级。此外,图像处理也不存在不稳定数据这一概念。包括非概率模型在内的一些机器学习模型,因为噪声的显著影响,在金融领域难以发挥作用。

二是数据量不同。金融领域很多有趣的问题是关于中小型数据集的问题,这使得一些有很大数据需求的方法难以应用,比如深度学习。因此,金融领域通过选择正则化、贝叶斯先验或者诸如对称性分析之类的其他一般原则,来实施一些先验理论是很有必要的。

三是状态空间不同。金融上并没有很好地定义"真实"状态空间,有一些被称作"黑天鹅"

的事件——金融模型之外的事物,如政治风险,会对证券价格产生重大影响。同时,不确定性和概率(风险)有所不同,大部分机器学习模型以及大部分经典金融模型在定义良好的状态空间下应用概率系统——它们不承认"黑天鹅"的存在。它们是风险模型,但并非不确定模型。

5.4.2 机器学习在金融中的应用场景

1. 过程自动化

过程自动化是机器学习在金融领域最常见的应用之一。该技术可以替代体力劳动,自动化重复任务,提高生产率。因此,机器学习可以帮助公司优化成本,改善客户体验,扩大服务规模。以下是过程自动化在金融领域的应用实例:聊天机器人、客服中心自动化、文书工作自动化、员工培训游戏化等。

例如,摩根大通推出了一个利用自然语言处理的智能合同平台,该平台可处理法律文件并从中提取重要数据。手工审查1.2万份年度商业信贷协议通常需要36万工时,然而,使用机器学习可以在几个小时内浏览相同数量的合同。纽约梅隆银行将过程自动化集成到它们的银行生态系统中,这项创新可每年节省30万美元,并带来了广泛的操作改进。富国银行通过Facebook Messenger平台使用一个由人工智能驱动的聊天机器人与用户交流,并提供与密码和账户相关的帮助。乌克兰普里瓦银行在移动和网络平台上使用聊天机器人助手,聊天机器人加快了一般客户查询的速度,并减少了人工处理的数量。

2. 金融安全

随着交易、用户和第三方集成数量的增长,金融领域的安全威胁也在不断增加,而机器学习算法在检测欺诈方面也很出色。例如,银行可以使用该技术实时监控每个账户的数千个交易参数。该算法分析持卡人的每一个行为并尝试发现该用户行为背后的目的,这种模型能够精确地发现欺诈行为。当系统识别到了可疑账户行为,它可以向用户询问额外的认证信息来验证该笔交易。如果有95%的可能性是欺诈的话,甚至可以完全阻止交易通过。机器学习算法只需要几分钟(甚至几秒钟)来验证一个交易,这种速度有助于实时阻止欺诈行为的发生,而不只是在行为发生后的鉴定。

财务监控是金融领域机器学习的另一个安全用例。数据科学家可以训练该系统检测大量微支付,并标记诸如"Smurfing"的洗钱技术。机器学习算法也可以显著提高网络安全性。数据科学家可以训练一个系统来定位和隔离网络威胁,这项技术很有可能在不久的将来为最先进的网络安全提供动力。

3. 承保和信用评分

机器学习算法非常适合运用于金融和保险业中很常见的承保业务。每个客户档案都有数百个数据条目,数据科学家对成千上万的客户档案建立模型。随后,训练有素的系统可以在现实环境中执行相同的承保和信用评分任务,这种评分系统可以提高相关从业人员工作的效率和精确度。

银行和保险公司拥有大量消费者历史数据,他们可以使用这些数据训练机器学习的模型,或者他们可以使用大型电信或公用事业公司生成的数据集。例如,墨西哥的BBVA Bancomer银行与信用评分平台Destacame合作,旨在为拉丁美洲信用记录不足的客户提高获得信贷的机会。Destacame通过开放API访问了公用事业公司的账单支付信息,通过对账单支付行为进行分析,Destacame 为客户生成信用评分并将结果发送给银行。

4. 算法交易

机器学习有助于改善算法交易中的交易决策。数学模型可以实时监控新闻消息和交易结果,并检测出可能导致股价波动的模式。随后,数学模型可以根据自己的预测主动选择出售、持有或购买股票。机器学习算法可以同时分析数千个数据源,远超人类交易员的极限。机器学习算法可以帮助人类交易员获得略高于市场平均水平的优势,鉴于交易操作次数的频繁,这种优势通常会转化为巨额利润。

5. 机器人顾问

机器人顾问在金融领域非常普及。目前,机器人顾问在咨询领域中主要有以下两种应用:一是投资组合管理。这是一种在线财富管理服务,它使用算法和统计数据来分配、管理和优化客户的资产。用户输入他们目前的金融资产和目标,例如,在 50 岁时存够一百万美元,随后机器人顾问将根据风险偏好和期望目标在投资机会中分配现有资产。二是金融产品推荐。许多在线保险服务商使用机器人顾问向特定用户推荐订制化保险服务。相较于个人理财顾问,客户往往更偏好费用较低的机器人顾问,以及个性化的推荐服务。

5.4.3 机器学习运用于金融的方法

一是放弃机器学习,转而专注于大数据工程。仅仅将统计模型应用于已经处理过的结构性数据,就足以让银行摆脱其运营中的许多瓶颈和低效。这些瓶颈包括哪些呢?比如某个分行的排队问题,一些可以避免的重复性任务,低效的人力资源工作,手机银行 App 的缺陷等。除此之外,任何数据科学项目中最重要的部分都是构建一个协调的平台生态系统,从数百个信息源收集分散孤立的数据。在应用任何算法之前,需要整理好数据的结构并对数据进行清理,只有这样,才能进一步地从这些数据中挖掘出有价值的信息。实际上,机器学习项目中 80% 左右的时间都花在提取、转换、载入和进一步清理数据上。

二是使用第三方的机器学习解决方案。即使你的公司决定在即将开展的项目中使用机器学习,也不一定需要开发新的算法和模型。大多数机器学习项目需要处理的问题都已经被解决。谷歌、微软、亚马逊和 IBM 等科技巨头将机器学习软件作为一种服务出售,这些开箱即用的解决方案已经经过训练,可以解决很多种业务问题。例如,谷歌的多种即插即用的推荐系统解决方案就是一个很好的例子。该软件适用于各种领域,你只需要检查它们是否适合你的案例。因此,机器学习工程师可以构建专注于特定的数据和业务领域的系统。专业人员需要从不同的信息源提取数据,并将这些数据进行处理以适合此系统,然后接收处理的结果并进行可视化。需注意的是,机器学习算法并不适合所有的业务场景,例如,谷歌的某个现存解决方案能够解决你所在领域的特定问题,则使用它;如果不能,则需着眼于定制化的开发与集成。

三是创新与集成。机器学习的研发针对的是某一领域的特定需求,这需要深入的调研。如果没有现成的针对特定问题而开发的解决方案,第三方机器学习软件可能会产出不准确的结果。成功的机器学习研发项目一般有如下七个共同特质:①一个明确的目标。在收集数据之前,至少需要对通过人工智能和机器学习能取得的结果有大体认识。在项目初期,数据科学家会把你的想法转化成实际的 KPI。②稳健的机器学习解决方案架构设计。需要一个经验丰富的软件架构师来执行这一任务。③适宜的大数据工程生态系统。它可以收集、集成、存储、处理大量来源于金融服务公司的分散数据,数据架构师和大数据工程师负责搭建这一生态系统。④在新建的生态系统中运行ETL(提取、转换、加载流程)。大数据架构师和机器学习工程师负责这一环节。⑤最终数据准备。除了数据转换和技术清理之外,数据科学家可能需要进一步提炼数据,使其适用于特定的商业案例。⑥应用恰当的算法创建模型,调整模型,并用新数据训练模型。数据科学家和机器学习工程师执行这些任务。⑦清晰的洞察可视化。商业智能专家负责这一部分。除此之外,还可能需要前端开发人员来设计易用的界面面板。

思考题

1. 简述机器学习的内涵,以及系统内各部分之间的关系。
2. 简述机器学习的基本原理。
3. 简述机器学习的基本分类方法。
4. 机器学习的经典算法有哪些?各类算法有何特点?
5. 简述浅层学习和深层学习的区别与联系。
6. 简述人工智能、机器学习和深度学习之间的关系。
7. 根据金融领域的特点,简述机器学习在金融领域应用的优势。
8. 机器学习在金融中有哪些应用场景?

第 6 章　深度学习

深度学习作为机器学习领域的一个分支,随着其广泛应用得到越来越多的关注,主要原因在于它比经典机器学习模型的性能更好、泛化和拟合能力更强。目前,深度学习已经有许多不同的实现方法,如卷积神经网络、深度置信网络、自编码器、深度循环和递归神经网络等,而且深度学习的方法还在进一步创新与发展。

6.1　深度学习概述

2006 年,Hinton 提出无监督深度置信网络的训练方法;2013 年,深度学习位列 10 大突破性科技之首;2016 年 3 月,AlphaGo 打败人类围棋大师;等等。随着时间的推移,深度学习不断发展创新,其研究价值和应用潜力不断被挖掘发现。近年来,深度学习取得惊人进展,从模型算法到大规模的应用,都取得了令人瞩目的成果。

6.1.1　深度学习的原理

深度学习的概念源于人工神经网络的研究,含多个隐藏层的多层感知器就是一种深度学习结构,如图 6.1 所示。深度学习通过组合低层特征形成更加抽象的高层表示属性类别或特征,以发现数据的分布式特征表示。研究深度学习的动机在于建立模拟人脑进行分析学习的

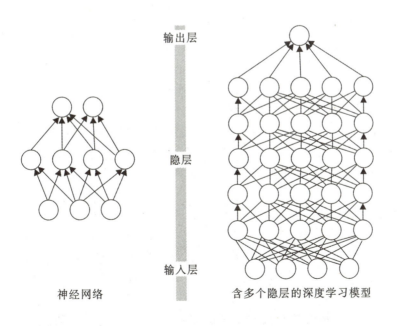

图 6.1　单隐含层人工神经网络与多隐含层深度学习模型结构

神经网络，它模仿人脑的机制来解释数据，如图像、声音和文本等。

深度学习作为机器学习领域的重大分支，不仅深刻影响着机器学习领域的走向，更是实现人工智能的一条有利途径。深度学习本质上是层次特征提取学习的过程，它通过构建多层隐含神经网络模型，利用海量数据训练出模型特征来提取最有利的参数，将简单的特征组合抽象成高层次的特征，以实现对数据或实际对象的抽象表达。

深度学习是一种特征学习方法，把原始数据通过一些简单的但是非线性的模型转变成更高层次、更加抽象的表达。通过足够多的转换组合，非常复杂的函数也可以被学习。同时，对于分类任务、高层次的表达，能够强化输入数据的区分能力，同时削弱不相关因素。比如，一幅图像的原始格式是一个像素数组，那么在第一层上的学习特征表达通常指的是在图像的特定位置和方向上有没有边的存在。第二层通常会根据那些边的某些排列而来检测图案，这时候会忽略掉一些边上的一些小的干扰。第三层或许会把那些图案进行组合，从而使其对应于熟悉目标的某部分。随后的一些层会将这些部分再组合，从而构成待检测目标。

深度学习的核心是，上述各层的特征都不是利用人工设计的，而是使用一种通用的学习过程从数据中学到的。深度学习正在取得重大进展，已经被证明擅长发现高维数据中的复杂结构，因此它能够被应用于科学、商业和政府等领域。除了在图像识别、语音识别等领域独领风骚，它还在其他的领域击败了其他机器学习技术，包括预测潜在的药物分子的活性、分析粒子加速器数据、重建大脑回路、预测在非编码区DNA突变对基因表达和疾病的影响等。

深度学习在自然语言理解的各项任务中产生了非常可喜的成果，特别是主题分类、情感分析、自动问答和语言翻译等。在不久的将来，深度学习将会取得更多的成功，因为它需要的人工工程较少，很容易受益于计算能力和数据量的增加。目前，正在为深度神经网络开发的新的学习算法和架构，会加速这一进程。

6.1.2 深度学习发展历程

1. 第一阶段：萌芽期

从BP算法的发明(1970—1980年)到2006年，BP算法使得神经网络训练简单可行。这段时间，因为神经网络模型存在的一系列问题，从而被主流的计算机视觉和学术界所抛弃，只有少数科学家仍坚持研究。这一阶段存在的问题主要有：

(1) 数据获取的问题。学者们试图利用有监督的方式训练深度神经网络，但是缺少大量有标签的数据，没有足够的样本导致无法拟合复杂网络模型参数，容易出现过拟合(即在训练集上准确率很高，而在测试集上效果差)，这归因于当时的训练数据集规模都较小。与当时比较流行的浅层学习方法，如随机森林、支持向量机等相比，神经网络的效果不理想，没有受到关注。

(2) 局部极值问题。训练深度神经网络时，由于存在大量非凸优化问题，因此可能收敛于局部极值，使得梯度下降法训练效果不好。

(3) 梯度弥散问题。这是使得深度神经网络发展缓慢的主要因素。随着网络的深度增加，反向传播的梯度幅度值会急剧减小，使得其更新变化非常缓慢，从而导致不能对样本进行有效的学习，这种问题被称为"梯度弥散"。

(4) 硬件条件不足。深度神经网络的训练过程，包括反向传播过程以及大量样本数据的学习压力，对计算机硬件提出了很高的要求，即便是训练一个较小的网络也需要很长的时间。随着计算机内存容量扩大、GPU并行计算的发展,为深度学习发展提供了契机。

(5)浅层学习方法大放异彩。随着随机森林、支持向量机、多层感知机算法等的迅速发展,并在实践中取得很好的效果,也使得深度神经网络受到冷落。

2. 第二阶段:迅速发展期(2006—2012年)

这一阶段是主要以深度无监督学习为主的研究阶段。从2006年提出深度学习概念和深度学习的训练方法之后,揭开了深度学习发展的帷幕。之后,深度学习在诸多领域取得了巨大成功,受到了广泛关注。神经网络能够重新焕发"青春"的原因有几个方面。首先,大数据的出现在很大程度上缓解了训练过拟合的问题。例如,ImageNet训练集拥有上百万有标注的图像,计算机硬件的飞速发展提供了强大的计算能力,使得训练大规模神经网络成为可能。一片GPU可以集成上千个核。其次,神经网络的模型设计和训练方法都取得了长足的进步。例如,为了改进神经网络的训练,学者提出了非监督和逐层的预训练,它使得在利用反向传播对网络进行全局优化之前,网络参数能达到一个好的起始点,从而训练完成时能达到一个较好的局部极小点。

3. 第三阶段:爆发期(2012年至今)

深度学习在计算机视觉领域最具影响力的突破发生在2012年,Hinton的研究小组采用深度学习赢得了ImageNet图像分类的比赛。在2012年的比赛中,排名2到4位的小组都采用的是传统的计算机视觉方法,手工设计的特征,他们准确率的差别不超过1%。Hinton的研究小组是首次参加比赛,但深度学习的准确率比第2名超出了10%以上。这个结果在计算机视觉领域产生了极大的震动,掀起了深度学习的热潮。现在各大互联网公司纷纷成立研究部门,进行深度学习工程化的研究,以谷歌、微软、百度为代表,将深度学习广泛应用在语音识别、图像检索、翻译等领域,取得了非凡的实际效果。

在本阶段,我国深度学习也取得了突飞猛进的发展。图6.2展示了我国近年来人工智能深度学习技术专利申请量的变化趋势,可以看出人工智能深度学习技术的发展势头十分迅猛。

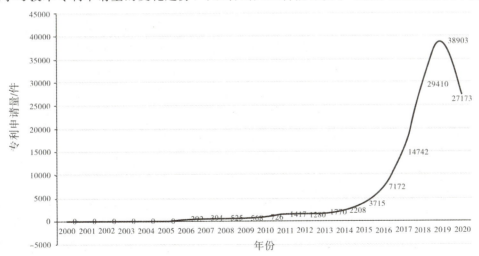

图6.2 我国人工智能深度学习技术领域专利申请量年度变化趋势

(数据来源:2020人工智能中国专利技术分析报告;受公开滞后影响,2020年专利数据公开不完整)

深度学习技术专利申请量自 2006 年的 292 件,到 2019 年的 38903 件,增长的速度令人瞠目。自 2016 以来,深度学习技术的专利申请量更是呈现出井喷之势。截至 2020 年 10 月底,深度学习领域专利申请总量已达到 27173 件,已经成为创新主体最关注的创新领域之一。

6.1.3 深度学习的优势与缺点

1. 深度学习的优势

(1)特征学习。深度学习与传统模式识别方法的最大不同在于它是从大数据中自动学习特征,而非采用手工设计的特征。好的特征可以极大提高模式识别系统的性能,在过去几十年模式识别的各种应用中,手工设计的特征处于统治地位。手工设计的特征主要依靠设计者的先验知识,很难利用大数据的优势。由于依赖手工调参数,特征的设计中只允许出现少量的参数。而深度学习可以从大数据中自动学习特征的表示,其中可以包含成千上万的参数。手工设计出有效的特征是一个相当漫长的过程。回顾计算机视觉发展的历史,往往需要五到十年才能出现一个受到广泛认可的好的特征。而深度学习可以针对新的应用,从训练数据中很快学习得到新的有效的特征表示。

以 2012 年 Hinton 参加 ImageNet 比赛所采用的卷积网络模型为例,这是他们首次参加 ImageNet 图像分类比赛,因此没有太多的先验知识。模型的特征表示包含了 6000 万个参数,而令人惊讶的是,从 ImageNet 上学习得到的特征表示具有非常强的泛化能力,可以成功地应用到其他的数据集和任务,如物体检测、跟踪和检索等。在计算机视觉领域另外一个著名的竞赛是 PSACAL VOC。但是它的训练集规模较小,不适合训练深度学习模型。有学者将 ImageNet 上学习得到的特征表示用于 PSACAL VOC 上的物体检测,将检测率提高了 20%。

既然特征学习如此重要,什么是好的特征呢? 一幅图像中,各种复杂的因素往往以非线性的方式结合在一起。例如,人脸图像中就包含了身份、姿态、年龄、表情和光线等各种信息。深度学习的关键,就是通过多层非线性映射将这些因素成功分开,例如在深度模型的最后一个隐含层,不同的神经元代表了不同的因素。如果将这个隐含层当作特征表示,人脸识别、姿态估计、表情识别、年龄估计就会变得非常简单,因为各个因素之间变成了简单的线性关系,不再彼此干扰。

(2)深层结构的优势。深度学习模型意味着神经网络的结构深,由很多层组成。支持向量机和 Boosting 等其他常用机器学习模型为浅层结构。有理论证明,三层神经网络模型(包括输入层、输出层和一个隐含层)可以近似任何分类函数。既然如此,为什么需要深层模型呢?

研究表明,针对特定任务,如果模型的深度不够,其所需要的计算单元会呈指数增加。这意味着,虽然浅层模型可以表达相同的分类函数,但其需要的参数和训练样本要多得多。浅层模型提供的是局部表达,它将高维图像空间分成若干局部区域,每个局部区域存储至少一个从训练数据中获得的模板。浅层模型将测试样本和这些模板逐一匹配,根据匹配的结果预测其类别。例如,在支持向量机模型中,这些模板就是支持向量;在最近邻分类器中,这些模板是所有的训练样本。随着分类问题复杂度的增加,图像空间需要被划分成越来越多的局部区域,从而需要越来越多的参数和训练样本。

深度模型能够减少参数的关键在于重复利用中间层的计算单元。例如,它可以学习针对人脸图像的分层特征表达。最底层可以从原始像素学习滤波器,刻画局部的边缘和纹理特征;通过对各种边缘滤波器进行组合,中层滤波器可以描述不同类型的人脸器官;最高层描述的是整个人脸的全局特征。深度学习提供的是分布式的特征表示。在最高的隐含层,每个神经元代表了一个属性分类器,如男女、人种和头发颜色等。每个神经元将图像空间一分为二,N 个神经元的组合就可以表达 $2N$ 个局部区域,而用浅层模型表达这些区域的划分至少需要 $2N$ 个模板。可见,深度模型的表达能力更强,更有效率。

(3) 提取全局特征和上下文信息的能力。深度模型具有强大的学习能力,高效的特征表达能力,可从像素级原始数据到抽象的语义概念逐层提取信息,这使得它在提取图像的全局特征和上下文信息方面具有突出的优势。这为解决一些传统的计算机视觉问题带来了新的思路,如图像分割和关键点检测。为了预测每个像素属于哪个脸部器官(眼睛、鼻子、嘴、头发),通常的做法是在该像素周围取一个小的区域,提取纹理特征(如局部二值模式),再基于该特征利用支持向量机等浅层模型分类。因为局部区域包含的信息量有限,往往会产生分类错误,因此要对分割后的图像加入平滑和形状先验等约束。事实上,即使存在局部遮挡的情况下,人眼也可以根据脸部其他区域的信息估计被遮挡处的标注。这意味着全局和上下文信息对于局部的判断是非常重要的,而这些信息在基于局部特征的方法中从最开始阶段就丢失了。

理想的情况下,模型应该将整幅图像作为输入,直接预测整幅分割图。图像分割可以被当作一个高维数据转换的问题来解决,这样不但利用到了上下文信息,模型在高维数据转换过程中也隐式地加入了形状先验。但是,由于整幅图像内容过于复杂,浅层模型很难有效地捕捉全局特征。深度学习的出现使这一思路成为可能,在人脸分割、人体分割、人脸图像配准和人体姿态估计等各个方面都取得了成功。

(4) 联合深度学习。一些计算机视觉学者将深度学习模型视为黑盒子,这种看法是不全面的。事实上传统计算机视觉系统和深度学习模型存在着密切的联系,而且可以利用这种联系提出新的深度模型和新的训练方法。较为成功的案例是用于行人检测的联合深度学习,一个计算机视觉系统包含了若干关键的组成模块。例如,一个行人检测器就包括了特征提取、部件检测器、部件几何形变建模、部件遮挡推理、分类器等。在联合深度学习中,深度模型的各个层和视觉系统的各个模块可以建立起对应关系。如果视觉系统中一些有效的关键模块,在现有深度学习的模型中没有与之对应的层,则可以启发我们提出新的深度模型。例如,大量物体检测的研究工作证明,对物体部件的几何形变建模可以有效地提高检测率,但是在常用的深度模型中没有与之相对应的层。于是,联合深度学习及其后续的工作,都提出了新的形变层和形变池化层实现这一功能。

从训练方式上看,计算机视觉系统的各个模块是逐一训练或手工设计的;在深度模型的预训练阶段,各个层也是逐一训练的。如果我们能够建立起计算机视觉系统和深度模型之间的对应关系,在视觉研究中积累的经验就可以对深度模型的预训练提供指导。这样预训练后得到的模型,至少可以达到与传统计算机视觉系统可比的结果。在此基础上,深度学习还会利用反向传播对所有的层进行联合优化,使它们之间的相互协作达到最优,从而使整个网络的性能得到重大提升。

2. 深度学习的缺点

（1）解释性差。在统计机器学习范畴中，机器学习算法总是有着良好的可解释性，即每个算法都较好地提出了优化目标，很多都可以给出几何表示，其中间过程往往也是有着较好的含义的。比如，在支持向量机模型中就明确给出了支持向量的概念，并依此给出了损失函数，在拟合之后便很直观地给出了模型的形态。而在深度学习中，表征学习和多层神经元的设置往往是超参数的一部分，虽然是逐步进行的操作，但是中间神经元的输出往往不呈现规律，即中间层的解释性相对较差。这往往会让使用者难以通过模型结构去进行模型的进一步调优，只能将多层网络作为黑盒进行使用。

（2）模型优化问题。深度学习的优化问题，往往比传统机器学习的优化问题更加明显。在传统机器学习中，常用的模型均已经经过了较好的凸优化处理，即在定义域内，只有一个全局最优点并且定义域内是连续可微的。因此，可以直接在任意一个初始点，通过梯度下降的方式逐步迭代找到全局最优点。但是，在深度学习的算法中，则会遇到梯度爆炸、梯度消失、局部最优等问题，这给训练带来了相当的困难。

（3）训练速度问题。神经网络的另一个缺点在于其训练问题，尤其是在较大型的神经网络中，由于计算的强度非常大，往往训练速度的问题比较明显，动辄数十个小时的训练往往会影响模型更新的迭代速度。与此同时，硬件的限制导致我们不能建设更加复杂的网络来进行训练，必须转向更加简单的网络进行训练，这在无形中损失了精度。虽然这个问题在硬件和相关软件的更新中逐步得到了改善，但是深度学习对于算力的要求仍然是我们需要关注的非常重要的一点。因此，深度学习网络在训练过程中将消耗巨大的能量。

6.2 深度学习经典算法及应用

6.2.1 深度卷积神经网络

卷积神经网络（convolutional neural networks，CNN）是一种特殊的前馈神经网络，为了避免层级之间全连接造成的参数冗余，它在结构设计上选用了局部连接，这种连接方式符合生物神经元的稀疏响应特性，大大降低网络模型的参数规模，对训练数据量的依赖性也大大降低。在 CNN 出现之前，人工智能领域在反向传播算法（backpropagation，BP）的研究中取得了突破性进展，第一个卷积神经网络——时间延迟网络（time delay neural network，TDNN）就是在 BP 框架内进行学习。因此，卷积神经网络的结构和反向传播网络结构存在类似性，都是由一层层的结构组成，但功能不尽相同。卷积神经网络的结构主要可以分为输入层、卷积层（convolution layer）、池化层（pooling layer）、全连接层和输出层，如图 6.3 所示。这种结构使得 CNN 非常适合处理二维结构数据，相比其他深度神经网络（deep neural networks，DNN）在图像处理领域上具有天然优势。深度卷积神经网络，从提出发展到现在，出现了许多典型的网络模型，在许多领域上都得到了较好的应用。

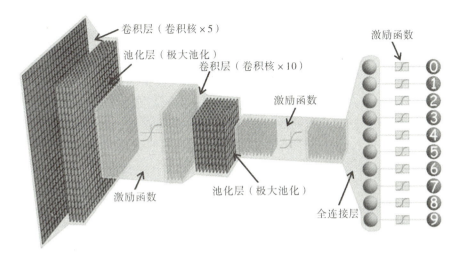

图 6.3　卷积神经网络结构

1. LeNet-5

LeNet-5 是由杨立昆(Yann LeCun)等于 1998 年提出的卷积神经网络,目的是为了解决手写字符识别的问题。LeNet-5 共有 5 个隐藏层,分别为 3 个卷积层和 2 个池化层。这个网络虽然很小,但是它包含了深度学习的基本模块,即卷积层、池化层和全连接层,是其他深度学习模型的基础。作为一个非常成功的深度卷积神经网络模型,目前 LeNet-5 多应用于银行系统识别支票上的数字等场景。

2. AlexNet

Alex Krizhevsky 等 2012 年提出了一个深度卷积神经网络 AlexNet,为解决大量数据集基础上的物体识别问题提供了方法。该网络在 2012 年 ILSVRC 大赛中凭借 15.4% 的 top-5 错误率,以领先第二名 10.8 个百分点的优势获得冠军,真正展示了深度卷积神经网络的优势。此后,深度卷积神经网络成为人们在图像分类中使用的重要方法。AlexNet 模型的优势在于:采用 ReLU 激活函数、Dropout、数据扩张来减少过拟合和参数之间相互依赖性问题;采用最大池化操作提升特征丰富性;利用局部响应归一化层提升模型的泛化能力。同时,AlexNet 还可以利用多图形处理器(graphics processing unit,GPU)进行加速。

3. VGG 和 GoogLeNet

VGG 是 Simonyan 等于 2014 年提出的一种深度卷积网络模型,用于大规模图像分类并取得了较好的效果。GoogLeNet 是 Szegedy 等于 2014 年提出的一种全新的深度学习结构。VGG 和 GoogLeNet 是 2014 年 ILSVRC 大赛中的"双雄",GoogLeNet 获得了第一名,VGG 获得了第二名。这两类模型结构的共同特点是层次比 AlexNet 更深。两类模型的不同之处在于,VGG 继承了 LeNet-5 以及 AlexNet 的一些框架结构,而 GoogLeNet 则做了更加大胆的网络结构尝试,虽然深度只有 22 层,但大小却比 AlexNet 和 VGG 小很多,并且 GoogLeNet 的参数相比 VGG 和 AlexNet 大大减少,节约了计算机内存资源,性能更具有优越性。

4. 深度卷积神经网络的应用

深度卷积神经网络由于其结构特征，特别适合处理二维结构数据，因此在处理图像领域上的问题具有天然优势。尤其在目标检测和识别领域，以深度卷积神经网络为基础提出了基于区域建议的目标检测与识别算法——R-CNN。该算法可以使深度学习的方法得到更具表达力的特征，取代人为设计特征以提高识别精度，同时采用区域建议的方式代替滑窗方式，减少计算量，并且还通过加入边界框回归的策略进一步提高识别精度。在 R-CNN 之后，学者们又提出了 Fast R-CNN 和 Faster R-CNN 算法，进一步提高了检测速度，并完成了端到端的处理任务。

除此之外，其他的算法也在不同领域得到了应用。LeNet-5、BP 网络常用于解决手写字符识别问题；AlexNet、VGG、GoogLeNet 等在历年的 ImageNet 图像识别大赛中取得了优异的成绩；R-CNN、Fast R-CNN 和 Faster R-CNN 在目标检测和识别方面取得了较大的成果，同时 CNN 也被用于 SAR 影像的变化检测。

6.2.2 深度置信网络

深度置信网络（deep belief network，DBN）是由 Hinton 等提出为解决快速、自动学习特征问题的一种快速学习算法。它打开了深度学习模型扩展的大门，并将其应用于实际生活的各个领域。它由两部分组成，如图 6.4 所示，第一部分为多层无监督的受限玻尔兹曼机（restricted Boltzmann machine，RBM），作用是预训练网络；第二部分为一层有监督的前馈反向传播（BP）网络，作用是使 RBM 堆叠的网络更加精细化，提升模型分类性能。

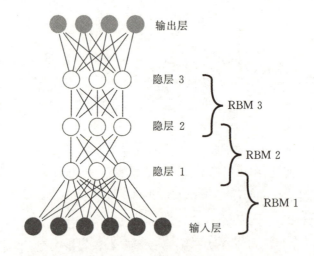

图 6.4　DBN 结构图

DBN 训练过程可以分为两个阶段，即无监督训练阶段和微调阶段。第一阶段采用无监督的贪婪逐层训练法，以获得每层的条件概率分布；第二阶段利用带标签数据和 BP 算法等对网络参数进行微调，从而达到训练效果。

DBN 结合了无监督学习和有监督学习各自的优点，克服了 BP 网络因随机初始化权值参数而容易陷入局部最优和训练时间长的缺点,并具有高灵活性且容易拓展,不仅在图像处理、语音识别领域网络预训练中应用广泛,而且是构建新型深度学习网络的结构基础。尽管如此,DBN还面临以下两个方面的挑战:一是当图像维度很高时,算法要能够合理地建模,且计算简便;二是对象常常分布在图像的局部,要求特征表示对输入局部变换具有不变性。以上两个原因使得DBN很难全尺寸衡量高维图像。

1. 卷积深度置信网络

为解决DBN面临的挑战,科学家们又提出了卷积深度置信网络(convolutional deep belief networks,CDBNs),证明了DBN适应卷积方式运作,表明卷积深度置信网络可以利用邻域像素的空域关系,进行卷积操作,达到生成模型的变换不变性,而且容易得到变换后的高维图像。与DBN相比,CDBNs具有以下不同:一是可以对高维图像做全尺寸衡量;二是特征表示对输入局部变换具有不变性;三是该方法加入了最大池化,降低了图像的维度,减少了计算量。

2. 深度置信网络的应用

DBN在许多领域都有广泛应用,在文字检测领域可以实现手写数字的分类和识别等功能,在人脸及表情识别领域具有人脸表情识别和多姿态人脸识别等功能,在遥感图像领域内可以实现高光谱检测、遥感图像多类别物种分类和SAR遥感图像三级变化分析等功能。

6.2.3 自编码器

自编码器(auto-encoder,AE)是一种能够通过无监督学习,学到输入数据高效表示的人工神经网络,是Rumelhart D.等于1986年提出的。自编码器含有三层结构,即输入层、隐藏层和输出层,如图6.5所示。隐藏层可以产生编码表示输入,维度一般远小于输入数据,使得自编码器可用于降维。同时自编码器可作为特征检测器,应用于深度神经网络的预训练中。自编码器通过简单地学习将输入复制到输出来工作,即通过加强一些约束,强制模型考虑输入数

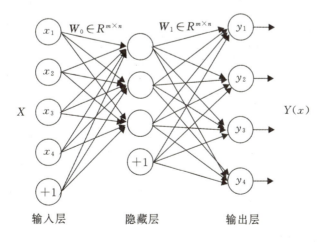

图 6.5 自编码器结构

据的哪些部分需要被优先复制,从而达到学习数据的有用特性。目前,基于自编码算法也产生了许多改进算法。

1. 栈式自编码器

栈式自编码器是由 Bengio Y. 等于 2007 年提出的。它是由多层自编码器构成的一种神经网络模型。栈式自编码器的基本单元是自编码器。自编码器是浅层神经网络,它的目的是让输入和输出保持一致。栈式自编码器把多层自编码器堆在一起进行逐层学习,将相邻的层级视为一个简单的只有两层的浅神经网络,且利用浅层学习算法就可以达到很好的训练效果,然后再将逐层学习后的层级"迭"在一起形成深度神经网络。

栈式自编码器的训练过程为:首先采用逐层贪婪训练法,依次训练深度神经网络中的每一层,即用原始输入训练第一层网络参数,再将该隐藏层的输出作为下一层的输入,按此方法反复执行,从而达到依次逐层训练学习各层网络参数的目的。在进行无监督预训练后,设计一个分类器添加在自编码器的编码层上,然后使用分类器利用第一步学习到的初始化参数对模型进行微调。栈式自编码器利用自编码器这种浅神经网络,避免了深度网络所面临的梯度爆炸和衰减问题,并采用"堆栈"的形式来加快学习速率,提高网络的泛化能力。同时,栈式自编码器采用无监督的算法和有监督微调的方法,避免部分深度神经网络容易获得局部最优和收敛慢的特点,与深度置信网络类似。

2. 稀疏自编码器

稀疏自编码器是一种无监督机器学习算法。它是在传统自编码器的基础上通过增加一些稀疏性约束得到的。这个稀疏性是针对自编码器的隐藏层神经元而言,通过对隐藏层神经元的大部分输出进行抑制,使网络达到一个稀疏的效果。

由于自编码器最初提出是基于降维的思想,但是当隐藏层节点比输入节点多时,自编码器就会失去自动学习样本特征的能力,高维而稀疏的表达固然是好,但此时需要对隐藏层节点进行一定的约束,因此提出对隐藏层节点进行一些稀疏性的限值。对于没有带类别标签的数据,由于为其增加类别标记是一个非常麻烦的过程,因此我们希望机器能够自己学习样本中的一些重要特征。通过对隐藏层施加一些限制,能够使得它在恶劣的环境下学习到能最好表达样本的特征,并能有效地对样本进行降维,这种限制可以是对隐藏层稀疏性的限制。之所以要将隐含层稀疏化,是因为如果隐藏神经元的数量较大,不稀疏化我们无法得到输入的压缩表示。具体而言,如果我们给隐藏神经元加入稀疏性限制,那么自编码神经网络即使在隐藏神经元数量较多的情况下,仍然可以发现输入数据中一些有趣的结构。

3. 去噪自编码器

去噪自编码器(denoising auto-encoder, dAE)是一类接受损坏数据作为输入,并训练来预测原始未被损坏数据作为输出的自编码器。它是自编码算法的一个变种,其实就是在自编码算法上加入了噪声鲁棒性约束。

去噪自编码器的过程是:首先将原始输入数据进行随机添加噪声干扰,得到受干扰的输入数据。自编码器通过编码函数将其映射到隐藏层,得到隐藏层特征表达式,接着自编码器通过解码函数,将隐藏层的特征表达式再映射回到输出层,完成输入数据重构。若重构数据能很好地保持原始输入数据的信息,那么就说明该去噪自编码器具有很好的鲁棒性。

4. 自编码器的应用

自编码器已被应用到多个领域,在图像处理方面被用来进行手写体数字识别、遥感图像分类、高光谱的图像分类和变化检测等;在语音识别方面被用来进行噪声鲁棒性研究和语音情感识别等;在故障检测方面被用来进行变压器故障检测和风电机组齿轮箱故障检测等。

6.2.4 深度循环和递归神经网络

1. 深度循环神经网络

循环神经网络(recurrent neural network,RNN)是由 Rumelhart D. 等于 1986 年提出的一类专门用来处理序列的神经网络。循环神经网络层级结构相比于 CNN 来说比较简单,它主要由输入层、隐藏层和输出层组成。其中,隐藏层之间的节点不再是无连接的,而是有连接的,并且隐藏层的输入不仅包括输入层的输出,还包括上一时刻隐藏层的输出,如图 6.6 所示。这就使得一个序列当前的输出与前面的输出也有关,从而实现了时间记忆的功能。循环神经网络通过使用有自反馈的神经元,能够处理任意长度的序列。相比传统的深度前馈网络,它更加符合生物神经元的连接方式。循环神经网络已经被广泛地应用在自然语言处理等领域,取得了许多成果。

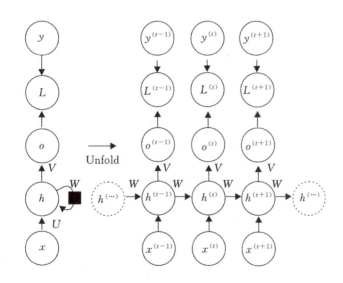

图 6.6 循环神经网络结构

2. 深度递归神经网络

递归神经网络(recursive neural network)由 Pollack J. 引入,Bottou L. 描述了这类网络的潜在用途——学习推论。递归神经网络的结构与循环神经网络的链式结构不同,采用的是树状阶层结构(如图 6.7 所示),且网络节点按其连接顺序对输入信息进行递归。递归神经网络与其他模型的隐层之间彼此独立、逐层提取特征,不同的是它能对上层的信息进行记忆,并添加到本层的计算输出中,因此保证了数据间一定的关联性。递归神经网络通常用于描述动态时间行为序列,使状态数据在网络中循环传递,其优势在于处理语音文本信息。

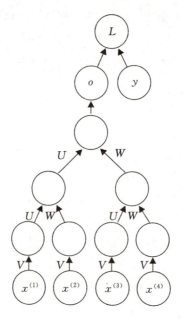

图 6.7　递归神经网络结构

深度递归神经网络的一个明显的优势是:对于长度为 τ 的序列,深度(通过非线性操作的组合数量来衡量)可以急剧地从 τ 下降至 $O[\log(\tau)]$,这可能有助于解决长期依赖问题。

3. 深度循环和递归神经网络的应用

深度循环和递归神经网络在自然语言处理领域取得了极大的成功,被用于语言模型与文本生成、机器翻译、语音识别和图像描述生成等方面。例如,微软在 2016 年使用循环神经网络语言模型(recurrent neural network based language modeling,RNN-LM)将 Switchboard 的词识别错误率降低到了 5.1%。

深度学习的新方法

6.3　深度学习在金融中的应用

金融市场的数据特性主要体现为两点:一是海量数据;二是数据维度。人工智能是解决数据瓶颈的必然选择,人工智能理财市场空间巨大且处于拐点。根据花旗银行的最新研究报告,人工智能投资顾问管理的资产,2012年基本为0,2014年底已经到了140亿美元。在未来10年里,人工智能投资顾问管理的资产还会呈现指数级增长的趋势,总额将达到5万亿美元。

6.3.1 基于深度学习的基础技术

1. 语音识别

例如,谷歌内部第一个部署深度神经网络的小组,首先将深度学习引入语音识别领域开始的版本就把语音识别错误率降低了30%(如图6.8所示)。国内的科大讯飞引入深度学习,使语音识别错误率近几年明显降低。

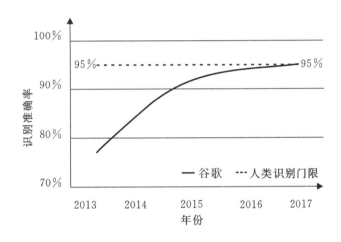

图6.8 谷歌的语音识别效率正在加速提升

2. 人脸识别

在深度学习技术推动下,人脸识别可以实现任意脸部遮挡及视角下的实时检测,克服了人脸检测中的几项难题,如侧脸、半遮挡、模糊人脸,极大地提升了各种现实情况中的人脸检出效果。同时,人脸识别技术可以识别性别、年龄、表情及多种脸部生理特征,不仅可以准确识别照片中人物的性别和年龄,也提供表情、颜值(美貌指数)、戴眼镜、化浓妆、涂口红、戴帽子、头发颜色、胡须样式等超过40种属性,平均准确率超过90%,年龄预测平均误差小于3岁。例如,2010—2017年ImageNet ILSVRC大赛冠军团队识别分类错误率如图6.9所示。

3. 场景识别

场景识别是图像处理领域中的一个重要分支,在多场景目标自动提取与跟踪过程中,针对不同的场景需要采用有针对性的算法才能准确、有效地对目标进行提取与跟踪。在对目标进行提取和跟踪之前需要先对图像场景进行预识别,然后根据识别出的不同场景选择不同的目标提取与跟踪算法。场景识别可以实现语义驱动的互联网规模图像搜索及排序,对千类物体的高准确率检测,室内外场景图像中元素识别,检测和识别文字等。

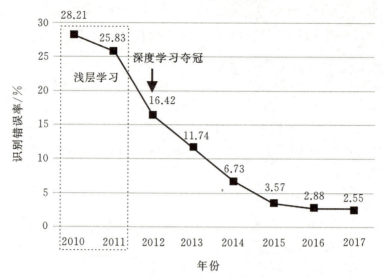

图 6.9　2010—2017 年 ImageNet ILSVRC 大赛冠军团队识别分类错误率

4. 数据搜索

例如，百度在全球首次将深度学习引入搜索引擎之中，显著提升了搜索引擎的满意度，这也是迄今为止深度学习作用于自然语言最成功的例子。同时，百度凤巢系统也首次将深度学习引入广告系统，显著提升了点击转化率。

5. 机器翻译

近年来，随着深度学习的发展，机器翻译技术得到了进一步的发展，翻译质量得到快速提升，在口语等领域的翻译更加地道流畅。深度学习的技术核心是一个拥有海量结点（神经元）的深度神经网络，可以自动从语料库中学习翻译知识。一种语言的句子被向量化之后，在网络中层层传递，转化为计算机可以"理解"的表示形式，再经过多层复杂的传导运算，生成另一种语言的译文，实现了"理解语言，生成译文"的翻译方式。广泛应用于机器翻译的是长短时记忆循环神经网络，很好地解决了自然语言句子向量化的难题，使得计算机对语言的处理不再停留在简单的字面匹配层面，而是进一步深入语义理解层面。

6. 商业推送

深度学习在视频大数据中可以实现广告与客户需求更加精准的匹配。目前，庞大的视频大数据资源，已经吸引了包括百度、阿里和腾讯在内的国内外顶尖视频网站。通过大数据挖掘自动分析视频中的画面内容，并自动在视频中产生信息、标签、商品等内容，一方面，能够增加商品的点击率和销售；另一方面，也可以实现更精确的广告精准匹配，增加广告投放，最终实现将流量转换成营业收入的目标。以往广告植入遇到的一个最大的问题是，在播出之前，很难知道这个节目或者电影、电视剧会不会火，广告商也拿不准，可一旦开始拍摄了，植入广告的商机就结束了。但 Video-in 技术可以让赞助这件事放到后期去做，拍摄之前无须与广告商谈广告投资，只需事先确定哪些地方准备植入广告，后期流量上去了，广告商感兴趣了再用技术做植入。

6.3.2 典型应用场景

1. 算法交易

这里的算法交易指的是完全通过智能模型来进行买卖决策,这些决策可能是基于一些简单规则、数学模型、优化过程或者是机器学习和深度学习。将深度学习用于算法交易的研究最常见的是与一些时间序列价格预测的模型相结合,以达到进行市场择时的目的,如通过LSTM、RNN等进行价格回归;或者对市场的趋势进行分类,以触发买卖信号,如用DMLP、CNN进行因子选股或者趋势分类;再或者,也有一些研究独立的算法交易模型,通过优化买卖价差、限制订单分析、仓位大小等交易参数来关注交易本身的动态,如一些关于高频交易、配对交易的研究。

2. 风险管理

深度学习在金融领域的另一个应用是风险评估,即识别资产、公司、个人、产品、银行等的风险。具体的一些应用如破产预测、信用评分、信用评估、贷款/保险承保、债券评级、贷款申请、消费信贷终止、企业信用评级、抵押贷款选择决策、财务困境预测、企业危机预测等。在这种情况下,正确识别风险状况是至关重要的,因为资产定价高度依赖于这些风险评估措施。大部分风险评估研究集中在信用评分和银行困境分类上,然而,也有一些关于抵押贷款违约可能性、风险交易检测和危机预测的应用。

3. 欺诈检测

金融欺诈是各国政府和机构努力寻找永久解决办法的领域之一。一些常见的金融欺诈有信用卡诈骗、洗钱、消费信贷诈骗、逃税、银行诈骗、保险索赔诈骗等,这些也是机器学习研究中最广泛研究的金融领域之一。在机器学习中,这些类型的研究大多可以看作是进行异常检测,或者看作是一个分类问题。其中,一些研究通过深度学习模型,如MLP、LSTM等做信用卡欺诈检测,通过AE做异常点检测。

4. 投资组合管理

投资组合管理是在一个预定的时期内选择投资组合中各种资产的过程,包括投资组合优化、组合选择、组合分配等。投资组合管理实际上是一个优化问题,识别在给定时期内选择表现最好的资产的最佳收益可能的过程。因此,很多研究者开发了许多EA(evolutionary algorithm,进化算法)模型,以用于优化投资组合。目前也有很多将深度学习应用于投资组合管理的成果,如进行股票选股。例如,有研究者根据预期收益将股票分为低动量和高动量两类,使用一个深度RBM编码分类器网络,并取得了很高的回报。

5. 定价模型以及衍生品市场

资产的准确定价或估值是金融学的一个基础研究领域。在银行、企业、房地产、衍生产品等领域中,有很多机器学习模型。然而,深度学习还没有应用到这个特殊的领域,但仍不可否认的是,深度学习模型可以在一些可能实现的领域,帮助资产定价研究人员或估值专家。如期权定价、对冲策略开发、期权金融工程、期货、远期合约等,都可以从开发深度学习模型中获益。

6. 市场情绪分析和行为金融

行为金融学最重要的组成部分之一是投资者情绪分析。目前,文本挖掘技术的进步为通过社交媒体提取大众的投资情绪提供了可能性。人们对金融情绪分析越来越感兴趣,尤其是将其用于趋势预测和算法交易模型的开发。因此,利用深度学习模型进行情绪分析,对金融预测是目前研究的热点。例如,有研究者利用路透社的新闻进行了情绪预测,并将这些情绪用于价格预测。也有研究者使用了情绪分类(中性、正面、负面),并通过 LSTM 对股票开盘价或收盘价进行了预测,将结果与 SVM 进行比较,得到了更好的预测结果。目前,深度学习在投资者情绪分析方面的应用,主要集中于文本挖掘的金融预测。

7. 金融文本挖掘

随着社交媒体的快速传播和实时流媒体新闻的出现,基于文本的即时信息检索成了金融模型开发的工具。因此,近年来金融文本挖掘研究变得非常流行。虽然这些研究中有一些直接对大众的情绪分析感兴趣,但也有很多研究通过分析文本上下文对新闻、财务报表、披露等内容检索感兴趣。其中,有研究者利用 LSTM 与迁移学习,使用文本挖掘金融新闻和股票市场数据;也有研究者利用路透社、彭博社的财经新闻和股票价格数据预测未来的股票走势;还有研究者通过 Stock2Vec 和 TGRU 模型从财经新闻和股票价格中生成输入数据,用于股票价格的分类。

思考题

1. 简述深度学习的基本原理。
2. 在神经网络发展的早期,面临着哪些问题的挑战?
3. 简述深度学习的优势。
4. 简述深度学习的缺点。
5. 卷积神经网络在结构上由哪些功能层构成?
6. 简述 LeNet-5、AlexNet、VGG 和 GoogLeNet 神经网络及其应用。
7. 简述深度置信网络的结构原理。
8. 简述自编码器的结构原理。
9. 简述深度循环和递归神经网络的结构原理。
10. 深度学习研究的新方法有哪些,分别从哪些方面开展?
11. 基于深度学习的基础技术有哪些?
12. 简述深度学习在金融中的典型应用场景。

第 7 章　自然语言处理

随着计算机和互联网的广泛应用,计算机可处理的自然语言文本数量空前增长,面向海量信息,文本挖掘、信息提取、跨语言信息处理、人机交互等应用需求急速增长,自然语言处理研究必将对我们的生活产生深远的影响。随着人工智能、计算机科学、信息工程、统计学甚至语言学等学科知识的不断进步,目前自然语言处理已经拥有了大量的商业应用,如机器翻译(Google 翻译、有道翻译等)、知识图谱(以 Google 为代表的搜索引擎)、智能问答(Apple 的 Siri、亚马逊的 Alexa 以及各种智能机器人)等。但是,金融领域的自然语言处理目前仍处于探索阶段,金融本身是一个专业性很强的领域,很多词汇在金融语境下会产生特殊含义,所有的子问题都会有一个独特的理解方式。

7.1　自然语言处理概述

7.1.1　自然语言处理的概念

自然语言是指汉语、英语、法语等人们日常使用的语言,是自然而然地随着人类社会发展演变而来的语言,它不是人造的语言,是人类学习生活的重要工具。概括说来,自然语言是指人类社会约定俗成的,区别于人工语言,如程序设计的语言。在整个人类历史上,以语言文字形式记载和流传的知识占到知识总量的 80% 以上。就计算机应用而言,用于数学计算的仅占 10%,用于过程控制的不到 5%,其余 85% 左右都是用于语言文字的信息处理。

处理包含理解、转化、生成等过程。自然语言处理(natural language processing,NLP),是指用计算机对自然语言的形、音、义等信息进行处理,即对字、词、句、篇章的输入、输出、识别、分析、理解、生成等的操作和加工。实现人机间的信息交流,是人工智能界、计算机科学和语言学界所共同关注的重要问题。自然语言处理的具体表现形式包括机器翻译、文本摘要、文本分类、文本校对、信息抽取、语音合成、语音识别等。自然语言处理就是要计算机理解自然语言,主要包括两个流程:自然语言理解和自然语言生成。其中,自然语言理解是指计算机能够理解自然语言文本的意义,自然语言生成则是指计算机能以自然语言文本来表达给定的意图。

自然语言处理是人工智能和语言学交叉领域下的分支学科。该领域主要探讨如何处理及运用自然语言、自然语言认知(即让计算机"懂"人类的语言)、自然语言生成(将计算机数据转化为自然语言),以及自然语言理解(将自然语言转化为计算机程序更易于处理的形式)。自然语言处理的目标是让计算机在理解语言上像人类一样智能,最终目标是弥补人类交流(自然语言)和计算机理解(机器语言)之间的差距,如图 7.1 所示。

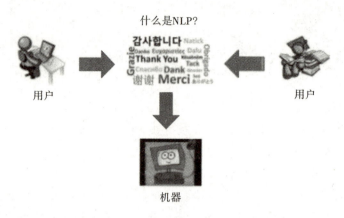

图 7.1　自然语言处理示意图

自然语言的理解和分析是一个层次化的过程,许多语言学家把这一过程分为五个层次,以更好地体现语言本身的构成。五个层次分别是语音分析、词法分析、句法分析、语义分析和语用分析,如图 7.2 所示。

图 7.2　自然语言理解层次

(1)语音分析:根据音位规则,从语音流中区分出一个个独立的音素,再根据音位形态规则找出音节及其对应的词素或词。

(2)词法分析:找出词汇的各个词素,从中获得语言学的信息。

(3)句法分析:对句子和短语的结构进行分析,目的是要找出词、短语等的相互关系以及各自在句中的作用。

(4)语义分析:找出词义、结构意义及其结合意义,从而确定语言所表达的真正含义或概念。

(5)语用分析:研究语言所存在的外界环境对语言使用者所产生的影响。

在人工智能领域或者是语音信息处理领域中,学者们普遍认为采用图灵试验可以判断计算机是否理解了某种自然语言,具体的判别标准有以下几条:

第一,问答。机器人能正确回答输入文本中的有关问题。

第二,文摘生成。机器有能力生成输入文本的摘要。

第三,释义。机器能用不同的词语和句型来复述其输入的文本。

第四,翻译。机器具有把一种语言翻译成另一种语言的能力。

7.1.2　自然语言处理的发展历程

自然语言处理是包括了计算机科学、语言学、心理认知学等一系列学科的一门交叉学科,这些学科性质不同但又彼此相互交叉。因此,梳理自然语言处理的发展历程(如图 7.3 所示),对于更好地了解自然语言处理这一学科有着重要的意义。

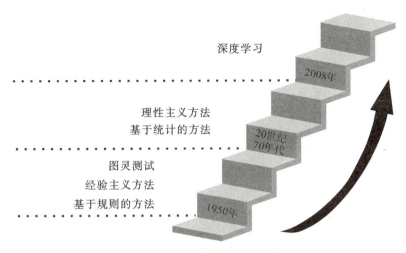

图 7.3　自然语言处理发展历程

1950 年,艾伦·麦席森·图灵提出了著名的"图灵测试",这一般被认为是自然语言处理思想的开端。20 世纪 50 年代到 70 年代,自然语言处理主要采用基于规则的方法,研究人员认为自然语言处理的过程和人类学习认知一门语言的过程是类似的,所以大量的研究员基于这个观点来进行研究。这一阶段的自然语言处理停留在理性主义思潮阶段,以基于规则的方法为代表。但是,基于规则的方法具有不可避免的缺点,首先规则不可能覆盖所有语句;其次这种方法对开发者的要求极高,开发者不仅要精通计算机,还要精通语言学。因此,这一阶段虽然解决了一些简单的问题,但是无法从根本上将自然语言处理实用化。

20 世纪 70 年代以后,随着互联网的高速发展,丰富的语料库以及不断更新完善的硬件,自然语言处理思潮由经验主义向理性主义过渡。在这一阶段,基于统计的方法逐渐代替了基于规则的方法。弗莱德里克·贾里尼克(Frederek Jelinek)和他领导的 IBM 华生实验室是推动这一转变的关键,他们采用基于统计的方法,将当时的语音识别率从 70% 提升到 90%。在这一阶段,自然语言处理基于数学模型和统计的方法取得了实质性的突破,从实验室走向实际应用。

从 2008 年到现在,在图像识别和语音识别领域的成果激励下,人们也逐渐开始引入深度学习来做自然语言处理研究,由最初的词向量到 2013 年 Word2vec,将深度学习与自然语言处理的结合推向了高潮,并在机器翻译、问答系统、阅读理解等领域取得了一定成功。深度学习是一个多层的神经网络,从输入层开始经过逐层非线性的变化得到输出。它从输入到输出做端到端的训练,把输入到输出的数据准备好,设计并训练一个神经网络,即可执行预想的任务。

7.1.3　我国自然语言处理现状

20 世纪 90 年代以来,我国自然语言处理研究进入了高速发展期,一系列系统开始了大规模的商品化进程,自然语言处理在研究内容和应用领域上不断创新。目前自然语言处理的研究可以分为基础性研究和应用性研究两部分,语音和文本是两类研究的重点。基础性研究主要涉及语言学、数学、计算机学科等领域,相对应的技术有消除歧义、语法形式化等。应用性研究则主要集中在一些应用自然语言处理的领域,如信息检索、文本分类、机器翻译等。由于我国基础理论即机器翻译的研究起步较早,且基础理论研究是任何应用的理论基础,所以语法、句法、语义分析等基础性研究历来是研究的重点,而且随着互联网网络技术的发展,智能检索类研究近年来也逐渐升温。

从研究周期来看,除语言资源库建设以外,自然语言处理技术的开发周期普遍较短,基本为1～3年。由于涉及自然语言文本的采集、存储、检索、统计等,语言资源库的建设较为困难,搭建周期较长,一般为10年左右。例如,北京大学计算语言学研究所完成的《现代汉语语法信息词典》以及《人民日报》的标注语料库,都经历了10年左右的时间才研制成功。

自然语言处理的快速发展离不开国家的支持,这些支持包括各种扶持政策和资金资助。国家的资金资助包括国家自然科学基金、社会科学基金、863项目、973项目等,其中国家自然科学基金是国家投入资金最多、资助项目最多的一项。国家自然科学基金在基础理论研究方面的投入较大,对中文的词汇、句法、篇章分析方面的研究都给予了资助,同时在技术方面也给予了大力支持,如机器翻译、信息检索、自动文摘等。除了国家的资金资助外,一些企业也进行了资助,但是企业资助项目一般集中在应用领域,针对性强,且这些项目开发周期较短,更容易推向市场,实现由理论成果向产品的转化。

纵观我国历年人工智能自然语言处理技术专利申请量变化趋势可以发现(如图7.4所示),在人工智能技术受到密切关注以及人工智能产业强烈发展需求的大背景下,人工智能自然语言处理技术呈现出指数型上涨态势。根据《2020人工智能中国专利技术分析报告》,我国自然语言处理技术领域专利共有48137件,2019年专利申请数量为11342件,约是2000年专利申请量的118倍,占人工智能年度专利总申请量的5.65%。截至2020年10月底,该领域年度申请量为7910件。自2015年以来,自然语言专利技术申请量增长速度明显加快,说明自然语言专利技术、专利布局正处于活跃时期,是创新主体关注的重点。

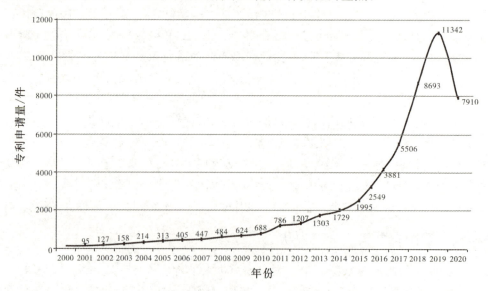

图7.4　我国人工智能自然语言处理领域专利申请量年度变化趋势
(数据来源:国家工业信息安全发展研究中心;受公开滞后影响,2020年专利数据公开不完整)

在抗击新冠肺炎疫情战役中,自然语言处理技术发挥了重要作用,如百度灵医智惠基于自然语言处理技术推出的"智能咨询助手"倍数级提升咨询效率,每日调用近万次;腾讯云智能语音产品的架构中运用了大量的自然语言处理技术,实现了腾讯云 AI 的完整产业布局;阿里云语言协同平台为大量用户提供综合的本地化与翻译解决方案,极大提升了解决问题的效率。

7.2 自然语言处理技术

自然语言处理的研究领域极为广泛,各种分类方式层出不穷,各有其合理性。在此,将自然语言处理的研究领域和技术进行以下分类,如图 7.5 所示,并选取其中部分进行介绍。

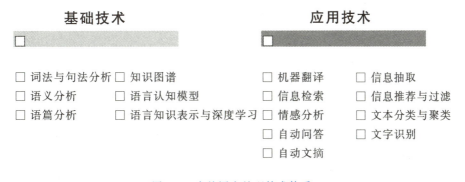

图 7.5 自然语言处理技术体系

7.2.1 词法、句法及语义分析

词法分析的主要任务是词性标注和词义标注。词性是词汇的基本属性,词性标注就是在给定句子中判断每个词的语法范畴,确定其词性并进行标注。解决兼类词和确定未登录词的词性问题是标注的重点,词性标注通常有基于规则和基于统计的两种方法。一个多义词往往可以表达多个意义,但其意义在具体的语境中又是确定的。词义标注的重点就是解决如何确定多义词在具体语境中的义项问题。词义标注过程中,通常是先确定语境,再明确词义,其方法和词性标注类似,也有基于规则和基于统计的做法。

判断句子的句法结构和组成句子的各成分,明确它们之间的相互关系是句法分析的主要任务。句法分析通常有完全句法分析和浅层句法分析两种。完全句法分析是通过一系列的句法分析过程最终得到一个句子的完整的句法树。句法分析方法也分为基于规则和基于统计的方法,基于统计的方法是目前的主流方法,概率上下文无关文法用得较多。完全句法分析存在两个难点:一是词性歧义;二是搜索空间太大,通常是句子中词的个数的指数级。浅层句法分析又叫部分句法分析或语块分析,它只要求识别出句子中某些结构相对简单的成分,如动词短语、非递归的名词短语等,这些结构被称为语块。一般来说,浅层句法分析会完成语块的识别和分析、语块之间依存关系的分析两个任务,其中语块的识别和分析是浅层句法分析的主要任务。

语义分析,是指根据句子的句法结构和句子中每个实词的词义推导出来能够反映这个句子意义的某种形式化表示,将人类能够理解的自然语言转化为计算机能够理解的形式语言。

句子的分析与处理过程,有的采用"先句法后语义"的方法,但"句法语义一体化"的策略还是占据主流位置。语义分析技术目前还不是十分成熟,但运用统计方法获取语义信息的研究颇受关注,常见的有词义消歧和浅层语义分析。

自然语言处理的基础研究还包括语用语境和篇章分析。语用是指人对语言的具体运用,研究和分析语言使用者的真正用意,它与语境以及语言使用者的知识涵养、言语行为、想法和意图是分不开的,是对自然语言的深层理解。情景语境和文化语境是语境分析主要涉及的方面,篇章分析则是将研究扩展到句子的界限之外,对段落和整篇文章进行理解和分析。除此之外,自然语言的基础研究还涉及词义消歧、指代消解、命名实体识别等方面的研究。

7.2.2 机器翻译

机器翻译(machine translation)是指运用机器,通过特定的计算机程序将一种书写形式或声音形式的自然语言,翻译成另一种书写形式或声音形式的自然语言。机器翻译是一门交叉学科(边缘学科),组成它的三门子学科分别是计算机语言学、人工智能和数理逻辑,各自建立在语言学、计算机科学和数学的基础之上。机器翻译的方法总体上可以分为基于理性的机器翻译方法和基于经验的机器翻译方法两种。

所谓"理性主义"的翻译方法,是指由人类专家通过编撰规则的方式,将不同自然语言之间的转换规律生成算法,计算机通过这种规则进行翻译。这种方法理论上能够把握语言间深层次的转换规律,然而理性主义方法对专家的要求极高,不仅要求其了解源语言和目标语言,还要具备一定的语言学知识和翻译知识,更要熟练掌握计算机的相关操作技能。这些因素都使得研制系统的成本高、周期长,且面向小语种的翻译更是人才匮乏,非常困难。因此,翻译知识和语言学知识的获取,成为基于理性的机器翻译方法所面临的主要问题。

所谓"经验主义"的翻译方法,指的是以数据驱动为基础,主张计算机自动从大规模数据中学习自然语言之间的转换规律。由于互联网文本数据不断增长,计算机运算能力也不断加强,以数据驱动为基础的统计翻译方法逐渐成为机器翻译的主流技术。但是,统计机器翻译也面临诸如数据稀疏、难以设计特征等问题,而深度学习能够较好地应对统计机器翻译所面临的挑战。基于深度学习的机器翻译现在正获得迅速发展,成为当前机器翻译领域的热点。

机器翻译技术较早地被广泛应用在计算机辅助翻译软件上,更好地辅助专业翻译人员提升翻译效率。近几年机器翻译研究发展更为迅速,尤其是随着大数据和云计算技术的快速发展,机器翻译已经走进入们的日常生活,在很多特定领域为满足各种社会需求发挥了重要作用。按照媒介,可以将机器翻译分为文本翻译、语音翻译、图像翻译以及视频和VR翻译等。

目前,文本翻译最为主流的工作方式依然是以传统的统计机器翻译和神经网络翻译为主。Google、Microsoft与国内的百度、有道等公司都为用户提供了免费的在线多语言翻译系统,将源语言文字输入其软件中,便可迅速翻译出目标语言文字。其中,Google主要关注以英语为中心的多语言翻译,百度则关注以英语和汉语为中心的多语言翻译。另外,即时通信工具如Google Talk、Facebook等也都提供了即时翻译服务。速度快、成本低是文本翻译的主要特点,而且应用广泛,不同行业都可以采用相应的专业翻译。但是,这一翻译过程是机械的和僵硬的,在翻译过程中会出现很多语义语境上的问题,仍然需要人工翻译来进行补充。

语音翻译可能是目前机器翻译中比较富有创新意识的领域,吸引了众多资金和公众的注意力。亚马逊的 Alexa、苹果的 Siri、微软的 Cortana 等,越来越多的语音与计算机进行交互,应用比较好的如语音同传技术。同声传译广泛应用于国际会议等多语言交流的场景,但是人工同传受限于记忆、听说速度、费用偏高等因素,门槛较高。搜狗推出的机器同传技术主要在会议场景出现,演讲者的语音实时转换成文本,并且进行同步翻译,低延迟显示翻译结果。科大讯飞、百度等公司在语音翻译方面也有很多探索,如科大讯飞推出的"讯飞语音翻译"系列产品,以及与新疆大学联合研发的世界上首款维汉机器翻译软件,可以准确识别维吾尔语和汉语,实现双语即时互译等功能。

图像翻译也有不小的进展,谷歌、微软、Facebook 和百度均拥有能够让用户搜索或者自动整理没有识别标签照片的技术。图像翻译技术的进步远不局限于社交类应用,医疗创业公司可以利用计算机阅览 X 光照片、MRI(核磁共振成像)和 CT(电脑断层扫描)照片,阅览的速度和准确度都将超过放射科医师。同时,图像翻译技术对于机器人、无人机以及无人驾驶汽车的改进至关重要,福特、特斯拉、优步、百度和谷歌均已在上路测试无人驾驶汽车的原型。除此之外,视频翻译和 VR 翻译也在逐渐应用中,但是目前的应用还不太成熟。

7.2.3 信息检索

信息检索是从相关文档集合中查找用户所需信息的过程。先将信息按一定的方式组织和存储起来,然后根据用户的需求从已经存储的文档集合当中找出相关的信息,这是广义的信息检索。信息检索最早于 20 世纪 50 年代提出,20 世纪 90 年代互联网出现以后,其导航工具——搜索引擎也可以看成是一种特殊的信息检索系统,二者的区别主要在于语料库集合和用户群体的不同,搜索引擎面临的语料库是规模浩大、内容繁杂、动态变化的互联网,用户群体不再是具有一定知识水平的科技工作者,而是兴趣爱好、知识背景、年龄结构差异很大的网民群体。

信息检索包括"存"与"取"两个方面,对信息进行收集、标引、描述、组织,进行有序的存放是"存";按照某种查询机制从有序存放的信息集合(数据库)中找出用户所需信息或获取其线索的过程是"取"。信息检索的基本原理是将用户输入的检索关键词与数据库中的标引词进行对比,当二者匹配成功时,检索成功。检索标识是为沟通文献标引和检索关键词而编制的人工语言,通过检索标识可以实现"存""取"的联系一致。检索结果按照与提问词的关联度输出,供用户选择,用户则采用"关键词查询+选择性浏览"的交互方式获取信息。

以谷歌为代表的"关键词查询+选择性浏览"交互方式,即用户用简单的关键词作为查询提交给搜索引擎,搜索引擎并非直接把检索目标页面反馈给用户,而是提供给用户一个可能的检索目标页面列表,用户浏览该列表并从中选择出能够满足其信息需求的页面加以浏览。这种交互方式对于用户来说是简单的事,但机器却难以通过简单的关键词准确地理解用户的真正查询意图,因此只能将有可能满足用户需求的结果集合以列表的形式提供给用户。

目前互联网是人们获取信息的主要来源,网络上存放着取之不尽、用之不竭的信息,网络信息有着海量、分布、无序、动态、多样、异构、冗余、质杂、需求各异等特点。人们不再满足于当前的搜索引擎带来的查询结果,下一代搜索引擎的发展方向是个性化(精确化)、智能化、商务化、移动化、社区化、垂直化、多媒体化、实时化等。

7.2.4 情感分析

情感分析又称意见挖掘,是指通过计算技术对文本的主客观性、观点、情绪、极性的挖掘和分析,对文本的情感倾向做出分类判断。情感分析是自然语言理解领域的重要分支,涉及统计学、语言学、心理学、人工智能等领域的理论与方法。情感分析在一些评论机制的 App 中应用较为广泛,比如某酒店网站,会有居住过的客人的评价,通过情感分析可以分析用户评论是积极的还是消极的,并根据一定的排序规则和显示比例,在评论区显示。这个场景同时也适用于亚马逊、阿里巴巴等电商网站的商品评价。

除此之外,在互联网舆情分析中,情感分析起着举足轻重的作用。话语权的下降和网民的大量增加,使得互联网的声音纷繁复杂,利用情感分析技术获取民众对于某一事件的观点和意见,准确把握舆论发展趋势,并加以合理引导显得极为重要。同时,在一些选举预测、股票预测等领域,情感分析也逐渐体现出越来越重要的作用。

7.2.5 自动问答

自动问答,是指利用计算机自动回答用户所提出的问题,以满足用户知识需求的任务。问答系统是信息服务的一种高级形式,系统反馈给用户的不再是基于关键词匹配排序的文档列表,而是精准的自然语言答案,这和搜索引擎提供给用户模糊的反馈是不同的。在自然语言理解领域,自动问答、机器翻译、复述和文本摘要,被认为是验证机器是否具备自然理解能力的四个任务。

自动问答系统在回答用户问题时,首先要正确理解用户所提出的问题,然后抽取其中关键的信息,并在已有的语料库或者知识库中进行检索、匹配,将获取的答案反馈给用户。这一过程涉及了包括词法、句法、语义分析的基础技术,以及信息检索、知识工程、文本生成等多项技术。传统的自动问答基本集中在某些限定专业领域,但是伴随着互联网的发展和大规模知识库语料库的建立,面向开放领域和开放性类型问题的自动问答越来越受到关注。

根据目标数据源的不同,问答技术大致可以分为:检索式问答、社区问答以及知识库问答。检索式问答和搜索引擎的发展紧密联系,通过检索和匹配回答问题,推理能力较弱。社区问答是 Web 2.0 的产物,用户生成内容是其基础,百度知道等是典型代表,这些社区问答数据覆盖了大量用户知识和用户需求。检索式问答和社区问答的核心是浅层语义分析和关键词匹配,而知识库问答则正在逐步实现知识的深层逻辑推理。

纵观自动问答发展历程,基于深度学习的端到端的自动问答将是未来关注的重点,同时,多领域、多语言的自动问答,面向问答的深度推理,篇章阅读理解以及对话也会在未来得到更广阔的发展。

7.2.6 自动文摘

自动文摘是运用计算机技术,依据用户需求从源文本中提取最重要的信息内容,进行精简、提炼和总结,最后生成一个精简版本的过程。生成的文摘具有压缩性、内容完整性和可读性。

从 1955 年 IBM 公司汉斯·卢恩(Hans Luhn)首次进行自动文摘的实验至今,自动文摘经历了基于统计的机械式文摘和基于意义的理解式文摘两种。机械式文摘的方法简单,容易实现,是目前主要被采用的方法,但是结果不尽如人意。理解式文摘是建立在对自然语言理解的基础之上,接近于人提取摘要的方法,难度较大。但是,随着自然语言处理技术的发展,理解式文摘有着长远的前景,且应用于自动文摘的方法也会越来越多。自动文摘的分类方法多种多样,表 7.1 进行了简单梳理。

表 7.1 自动文摘分类

分类依据	类别		
摘要功能	指示摘要	信息摘要	评价摘要
与原文关系	抽取		摘要
对象	单文档摘要		多文档摘要
基于用户类型	主题摘要		普通摘要
机器学习角度	有指导的摘要		无指导的摘要

作为解决当前信息过载问题的一项辅助手段,自动文摘技术的应用已经不仅仅限于自动文摘系统软件,在信息检索、信息管理等领域都得到了广泛应用。同时,随着深度学习等技术的发展,自动文摘也出现了许多新的研究和领域,如多文本摘要、多语言摘要、多媒体摘要等。

7.2.7 社会计算

社会计算也称计算社会学,是指在互联网的环境下,以现代信息技术为手段,以社会科学理论为指导,帮助人们分析社会关系、挖掘社会知识、协助社会沟通、研究社会规律、破解社会难题的学科。社会计算是社会行为与计算系统交互融合,是计算机科学、社会科学、管理科学等多学科交叉所形成的研究领域。社会计算用社会的方法计算社会,既是基于社会的计算,也是面向社会的计算。

社会媒体是社会计算的主要工具和手段,它是一种在线交互媒体,有着广泛的用户参与性,允许用户在线交流、协作、发布、分享、传递信息,以及组成虚拟的网络社区等。近年来,社会媒体呈现多样化的发展趋势,从早期的论坛、博客、维基到社交网站、微博和微信等,正在成为网络技术发展的热点和趋势。社会媒体的文本属性特点是其具有草根性,即字数少、噪声大、书写随意、实时性强;社会属性特点是其具有社交性,即在线、交互。社会媒体赋予了每个用户创造并传播内容的能力,实施个性化发布、社会化传播,将用户群体组织成社会化网络。目前,典型的社会媒体有 Twitter 和 Facebook,在我国则是微博和微信。社会媒体是一种允许用户广泛参与的新型在线媒体,通过社会媒体用户之间可以在线交流,形成虚拟的网络社区,构成社会网络。社会网络是一种关系网络,通过个人与群体及其相互之间的关系和交互,发现他们的组织特点、行为方式等特征,进而研究人群的社会结构,以利于他们之间的进一步共享、交流与协作。

社会计算应用广泛,近年来围绕社会安全、经济、工程和军事领域,得到了长足发展。金融市场采用社会计算方法探索金融风险和危机的动态规律,如美国圣塔菲研究所建立了首个人工股票市场的社会计算模型。同时,许多发达国家都在政府资助下开展了研究项目,如美国的ASPEN、欧盟的EURACE、英国的E-Lab等,都是政府资助的大型多市场金融经济社会计算模型,并且在国家相应的经济政策制定中发挥着越来越重要的作用。国内天津大学团队在自然科学基金资助下较早开展了计算实验金融学研究,建立了基于我国市场特征的单市场社会计算模型与实验环境。此外,通过社交媒体来把握舆情、引导舆论也是社会计算在社会安全方面发挥的一个重要作用。在军事方面,许多国家更是加大投入力度扶持军事信息化的发展。

7.2.8 信息抽取

信息抽取技术可以追溯到20世纪60年代,以美国纽约大学开展的Linguish String项目和耶鲁大学Roger Schank及其同事开展的有关故事理解的研究为代表。信息抽取主要是指从文本中抽取出特定的事实信息,例如,从经济新闻中抽取新发布产品情况,如公司新产品名称、发布时间、发布地点、产品情况等。被抽取出来的信息通常以结构化的形式直接存入数据库,以供用户查询及进一步分析使用,为之后构建知识库、智能问答等提供数据支撑。

信息抽取和信息检索关系密切,但是二者之间仍存在着很大的不同。首先是二者要实现的功能不同,信息检索是要从大量的文档中找到用户所需要的文档;信息抽取则是在文本中获取用户感兴趣或所需要的事实信息。其次是二者背后的处理技术不同,信息检索依靠的主要是关键字词匹配以及统计等技术,不需要对文本进行理解和分析;信息抽取则需要利用自然语言处理的技术,包括命名实体识别、句法分析、篇章分析与推理以及知识库等,对文本进行深入理解和分析后才能完成信息抽取工作。除了以上的不同之外,信息检索和信息抽取又可以相互补充,信息检索的结果可以作为信息抽取的范围,提高效率;信息抽取用于信息检索可以提高检索质量,更好地满足用户的需求。

信息抽取技术对于构建大规模的知识库有着重要的意义,但是目前由于自然语言本身的复杂性、歧义性等特征,而且信息抽取目标知识规模巨大、复杂多样等问题,使得信息抽取技术还不是很完善。但我们相信,在信息抽取技术经历了基于规则的方法、基于统计的方法以及基于文本挖掘的方法等一系列技术演变之后,随着Web、知识图谱、深度学习的发展,可以为信息抽取提供海量数据源、大规模知识资源,以及更好的机器学习技术,信息抽取技术的问题会得到进一步解决并有长足的发展。

7.3 自然语言处理在金融中的应用

金融行业因其与数据的高度相关性,成为人工智能最先应用的行业之一。而自然语言处理作为人工智能技术的重要研究方向与组成部分,正在快速进入金融领域,并日益成为智能金融的基石。一般的金融科技公司只会集中在其中的某些业务方向,只要能深入掌握两到三种能力,就能具有相当的竞争力。在这些业务场景中,自然语言处理和知识图谱技术往往需要共同应用,才能发挥出最大的效能。同时,一种核心能力可以在多个智能金融应用场景中得到应用,这些应用场景包括智能投研、智能投顾、智能风控、智能客服、智能监管、智能运营等。

7.3.1 智能问答和语义搜索

智能问答和语义搜索是自然语言处理的关键技术,目的是让用户以自然语言形式提出问题,深入进行语义分析,以更好地理解用户意图,快速准确地获取知识库中的信息。在用户界面上,既可以表现为问答机器人的形式(智能问答),也可以为搜索引擎的形式(语义搜索)。智能问答系统一般包括问句理解、信息检索、答案生成三个环节。智能问答系统与金融知识图谱密切相关,知识图谱在语义层面提供知识的表示、存储和推理,智能问答则从语义层面提供知识检索的入口。基于知识图谱的智能问答相比基于文本的问答更能满足金融业务实际需求。智能问答和语义搜索的价值在金融领域越来越被重视,它主要应用的场景包括智能投研、智能投顾和智能客服。

在智能投研领域,投研人员在日常工作中需要通过多种渠道搜索大量相关信息,而有了金融问答和语义搜索的帮助,信息获取途径将是"just ask a question"。并且,语义搜索返回的结果不仅是平面化的网页信息,而且是能把各方面的相关信息组织起来的立体化信息,还能提供一定的分析预测结论。在智能客服和智能投顾领域,智能问答系统的应用主要是机器人客服。机器人客服目前的作用还只是辅助人工客服回答一些常见问题,但已能较大地节省客服部门的人力成本。典型应用案例如美国 Alphasense 公司为投研人员整合碎片化信息,提供专业金融知识访问工具。Alphasense 公司的产品可以说是新一代的金融知识引擎,它从新闻、财报、研报各种行业网站等获取大量数据、信息、知识形式的"素材",通过语义分析构建成知识图谱,并提供高级语义搜索引擎、智能问答、交互式知识管理系统、文档(知识)协作系统,以对金融知识进行更加有效的管理、搜索、使用。

7.3.2 资讯与舆情分析

金融资讯信息非常丰富,如公司新闻(公告、重要事件、财务状况等)、金融产品资料(股票、证券等)、宏观经济(通货膨胀、失业率等)、政策法规(宏观政策、税收政策等)、社交媒体评论等。金融资讯每天产生的数量非常庞大,要从浩如烟海的资讯库中准确找到相关文章,还要阅读分析每篇文章的重要内容,是费时费力的工作。如果有一个工具能帮助人工快速迅捷获取资讯信息,将大大提高工作效率。资讯与舆情分析的主要功能,包括资讯分类标签(按公司、产品、行业、概念板块等分类)、情感正负面分析(文章、公司或产品的情感)、自动文摘(文章的主要内容)、资讯个性化推荐、舆情监测预警(热点热度、云图、负面预警等)。在这个场景中,金融知识图谱提供的金融知识有助于更好理解资讯内容,更准确地进行资讯与舆情分析。资讯与舆情分析的应用,主要在智能投研和智能监管这两个场景。目前市场上的辅助投研工具中,资讯与舆情分析是必不可少的重要部分。资讯与舆情分析作为通用工具,更多是对海量定性数据进行摘要、归纳、缩简,以更加快捷方便地为投研人员提供信息,支持他们进行决策,而非直接给出决策结论。在智能监管领域,通过资讯与舆情分析,可对金融舆情进行监控,发现违规非法活动后进行预警。

7.3.3 金融预测和分析

基于语义的金融预测即利用金融文本中包含的信息预测各种金融市场波动,它是自然语言处理等人工智能技术与量化金融技术的结合。利用金融文本数据以改善金融交易预测模型的想法萌生得较早,在 21 世纪初,美国就有人利用新闻和股价的历史数据来预测股价波动。2010 年后,社交媒体产生了大量数据,基于 Twitter、Facebook 等来预测股市的研究项目很多。最近,深度学习被大量应用在预测模型中。金融文本数据提供的信息是定性的(qualitative),而通常数字形式的数据是定量的(quantitative)。定性分析比定量分析更难,定性信息包含的信息量更大。投资决策人员在进行决策时,更多依赖于新闻、事件甚至流言等定性信息,而非定量数据。因此,基于语义的金融预测分析大有潜力可挖,其中涉及的关键自然语言处理技术包括事件抽取和情感分析技术。金融知识图谱在金融预测分析中具有重要的作用,它是进行事件推理的基础。例如,在中兴事件中,可根据产业链图谱推导受影响的公司。

基于语义的金融预测和分析在金融应用的主要场景包括智能投研和智能投顾。它的理想目标是能代替投资人员做投资预测,进行自动交易,但目前还只是作为投资人员的投资参考。它把不同来源的多维度数据进行关联分析,特别是对非结构化数据的分析,比如邮件、社交网络信息、网络日志信息,从而挖掘和展现未知的相关关系,从而为决策提供依据。典型的应用案例如美国 Palantir 公司提供基于知识图谱的大数据分析平台,其金融领域产品 Metropolis 通过整合多源异构数据,构建金融领域知识图谱,其特点有:对非结构化数据的分析能力、将人的洞察和逻辑与高效的机器辅助手段结合起来。另一个例子是 Kensho 公司利用金融知识图谱进行预测分析。在英国脱欧期间,交易员成功运用金融知识图谱了解到脱欧选举造成的当地货币贬值情况,曾准确分析了美国总统任期的前 100 天内股票涨跌情况。

7.3.4　文档信息抽取

信息抽取是 NLP 的一种基础技术,是 NLP 进一步进行数据挖掘分析的基础,也是知识图谱中知识抽取的基础。信息抽取采用的方法包括基于规则模板的槽填充的方法、基于机器学习或深度学习的方法。按抽取内容,信息抽取可以分为实体抽取、属性抽取、关系抽取、规则抽取、事件抽取等。这里的文档信息抽取特指一种金融应用场景,指从金融文档(如公告研报)等抽取指定的关键信息,如公司名称、人名、指标名称、数值等。文档格式可能是格式化文档(word、pdf、html 等)或纯文本,格式化文本进行抽取时需要处理并利用表格、标题等格式信息。文档信息抽取的应用场景主要是智能投研和智能数据,促进数据生产自动化或辅助人工进行数据生产、文档复核等。

7.3.5　自动文档生成

自动文档生成指根据一定的数据来源自动产生各类金融文档,常见的需要生成的金融文档如信息披露公告(债券评级、股转书等)、各种研究报告等。自动文档生成属于生成型自然语言处理应用,它的数据来源可能是结构化数据,也可能是从非结构化数据中用信息抽取技术取得的,还可能是在金融预测分析场景中获得的结论。简单的文档生成方法是根据预定义的模板,把关键数据填充进去从而得到报告。进一步的自动文档生成需要比较深入的自然语言处理技术,它可以把数据和分析结论转换成流畅的自然语言文本。自动文档生成的应用场景包括智能投研、智能投顾等。自动文档生成的典型应用案例如美国的 Narrative Science,它从结构化数据中进行数据挖掘,并把结果用简短的文字或依据模板产生报告内容。又如 Automated Insights,它为美联社自动写出了 10 亿多篇文章与报告。

7.3.6　风险评估与反欺诈

风险评估是大数据、互联网时代的传统应用场景,应用时间较早,应用行业广泛。它是通过大数据、机器学习技术对用户行为数据分析后,进行用户画像,并进行信用和风险评估。自然语言处理技术在风控场景中的作用是理解分析相关文本内容,为待评估对象打标签,为风控模型增加更多的评估因子。引入知识图谱技术以后,则可以通过对人员关系图谱的分析,发现人员关系的不一致性或者短时间内变动较大的情况,从而侦测欺诈行为。利用大数据风控技术,在事前能够预警、过滤掉带恶意欺诈目的人群;在事中进行监控,发生欺诈攻击时可以及时发现;在事后进行分析,可以挖掘到欺诈者的关联信息,降低以后的风险。

在金融行业,风险评估与反欺诈的应用场景首先是智能风控,利用自然语言处理和知识图谱技术改善风险模型以减少模型风险,提高欺诈监测能力。同时,风险评估与反欺诈还可以应用在智能监管领域,以加强监管者和各部门的信息交流,跟踪合规需求变化。同时通过对通信、邮件、会议记录、电话的文本进行分析,发现不一致和欺诈文本。例如,欺诈文本有些固定模式,如用负面情感词、减少第一人称使用等。通过有效的数据聚合分析,可大大减少风险报告和审计过程的资源成本。

7.3.7 客户洞察

客户关系管理也是在互联网和大数据时代中发展起来,市场相对成熟,应用比较广泛,许多金融科技公司都以此为主要业务方向。现代交易越来越多是在线上而不是线下当面完成,因此,如何掌握客户兴趣和客户情绪,越来越需要通过对客户行为数据进行分析来完成。自然语言处理技术在客户关系管理中的应用,是通过收集客户的文本类数据(客服反馈信息、社交媒体上的客户评价、客户调查反馈等)并解析文本语义内涵,打上客户标签,从而建立用户画像。同时,结合知识图谱技术,通过建立客户关系图谱,以获得更好的客户洞察。这包括客户兴趣洞察(产品兴趣),以进行个性化产品推荐、精准营销等;以及客户态度洞察(对公司和服务满意度、改进意见等),以快速响应客户问题,改善客户体验,加强客户联系,提高客户忠诚度。客户洞察在金融行业的应用场景主要包括智能客服和智能运营。例如在智能客服中,通过客户洞察分析,可以改善客户服务质量,实现智能质检;在智能运营(智能客户关系管理)中,根据客户兴趣洞察,实现个性化精准营销。

思考题

1. 简述自然语言处理的内涵,以及计算机理解了某种自然语言的判断标准。
2. 自然语言理解分为哪几个层次,各具有什么内涵?
3. 简述自然语言处理的发展历程,以及每一阶段的特点。
4. 简述自然语言处理的技术体系架构。
5. 简述机器翻译采取的方法及其特点。
6. 简述信息抽取与信息检索二者的区别与联系。
7. 简述自然语言处理在金融中的应用场景。

第 8 章 知识图谱

随着大数据时代的到来,知识工程受到了广泛关注,如何从海量的数据中提取有用的知识,是大数据分析的关键。知识图谱技术提供了一种从海量文本和图像中抽取结构化知识的手段,具有广阔的应用前景。近年来,知识图谱在电子商务、金融、公安、医疗等行业逐步落地,从这些行业的基础设施、应用范围、市场规模来看,它们为知识图谱的应用落地打下了坚实基础。知识图谱因其自身的图展示、图挖掘、图模型计算优势,可帮助金融从业人员进行业务场景的分析与决策,有利于建立客户画像、进行精准营销获客,发现信用卡套现、资金挪用等行为,更好地表达、分析金融业务场景的交易全貌。

8.1 知识图谱概述

8.1.1 知识图谱的概念

知识图谱又称为科学知识图谱,在图书情报界称为知识域可视化或知识领域映射地图,是用来显示知识发展进程与结构关系的一系列各种不同的图形,同时用可视化技术描述知识资源及载体,挖掘、分析、构建、绘制和显示知识及它们互相之间的关系。知识图谱数据一经获取即可被多应用领域重复使用,这也是知识图谱服务的构建动机。

首先,知识图谱是一种特殊的图数据。具体来说,知识图谱是一种带标记的有向属性图。知识图谱中每个结点都有若干个属性和属性值,实体与实体之间的边表示的是结点之间的关系,边的指向方向表示了关系的方向,而边上的标记表示了关系的类型。例如,"汤姆·克鲁斯"和"碟中谍"是两个实体,"出演"则是这两者之间的关系。两个实体分别对应着现实世界中的人和电影,而边则对应了它们所表示的人和电影之间的现实关联。前者是关系的起始结点,后者是关系的目标结点。实体"汤姆·克鲁斯"具有"出生日期"等属性,其属性值为"1962 年 7 月 3 日"。

其次,知识图谱是一种人类可识别且对机器友好的知识表示。知识图谱采用了人类容易识别的字符串来标识各元素。同时,图数据表示作为一种通用的数据结构,可以很容易地被计算机识别和处理。

再次,知识图谱自带语义,蕴含逻辑含义和规则。知识图谱中的结点对应现实世界中的实体或者概念,每条边或属性也对应现实中的一条知识。在此之上,我们可以根据人类定义的规则,推导出知识图谱数据中没有明确给出的知识。比如,已知"张三是个人",我们就可以根据"人都有父母,都有大脑,需要呼吸"等规则得到很多新知识,而无须在知识图谱中逐条给出。再比如,"外公"的"儿子"是"舅舅",据此可以推导出很多实体之间的亲属关系等。

知识图谱是为了表示知识,描述客观世界的概念、实体、事件等之间关系的一种表示形式。

这一概念的起源可以追溯至语义网络——于20世纪五六十年代提出的一种知识表示形式。语义网络由许多个"节点"和"边"组成,这些"节点"和"边"相互连接,"节点"表示的是概念或对象,"边"表示各个节点之间的关系。现在的知识网络被用来泛指大规模的知识库,知识图谱中包含的节点有以下几种:①实体,指独立存在且具有某种区别性的事物,如一个人、一种动物、一个国家、一种植物等。具体的事物就是实体所代表的内容,实体是知识图谱中的最基本元素,不同的实体间有不同的关系。②语义类,具有同种特性的实体构成的集合,如人类、动物、国家、植物等。③内容,通常是实体和语义类的名字、描述、解释等,表现形式一般有文本、图像、音视频等。④属性(值),主要指对象指定属性的值,不同的属性类型对应于不同类型属性的边。⑤关系,在知识图谱上的表现形式是一个将节点(实体、语义类、属性值)映射到布尔值的函数。知识图谱中的概念之间的关系如图8.1所示。

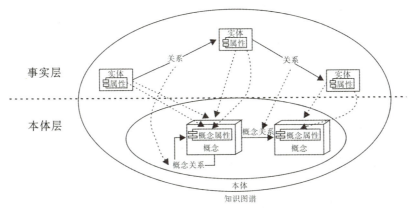

图 8.1　知识图谱中的概念之间的关系

知识图谱的逻辑结构和体系架构

8.1.2　知识图谱的重要意义

知识图谱以结构化的形式描述客观世界中概念、实体及其关系,将互联网的信息表达成更接近人类认知世界的形式,提供了一种更好地组织、管理和理解互联网海量信息的能力。知识图谱给互联网语义搜索带来了活力,同时也在智能问答中显示出强大威力,已经成为互联网知识驱动的智能应用的基础设施。

知识图谱是智能社会的重要生产资料,如果把人工智能比作一个"大脑",那么深度学习是"大脑"的运转方式,知识图谱则是"大脑"的知识库,而大数据、GPU并行计算和高性能计算等支撑技术就是"大脑"思维运转的支撑。知识图谱与大数据和深度学习一起,成为推动互联网和人工智能发展的核心驱动力之一。利用知识工程为大数据添加语义、知识,使数据产生智慧,可以完成从数据到信息到知识,最终到智能应用的转变过程,从而实现对大数据的洞察、提供用户关心问题的答案、为决策提供支持、改进用户体验等目标。

在大数据时代,知识工程是从大数据中自动或半自动获取知识,建立基于知识的系统以提供互联网智能知识服务。大数据对智能服务的需求,已经从单纯地搜集获取信息,转变为自动化的知识服务。知识图谱在以下应用中,已经突显出越来越重要的应用价值:①知识融合。当前互联网的大数据具有分布异构的特点,通过知识图谱可以对这些数据资源进行语义标注和链接,建立以知识为中心的资源语义集成服务。②语义搜索和推荐。知识图谱可以将用户搜索输入的关键词,映射为知识图谱中客观世界的概念和实体,搜索结果直接显示出满足用户需求的结构化信息内容,而不是互联网网页。③问答和对话系统。基于知识的问答系统将知识图谱看成一个大规模知识库,通过理解将用户的问题转化为对知识图谱的查询,直接得到用户关心问题的答案。④大数据分析与决策。知识图谱通过语义链接可以帮助用户理解大数据,获得对大数据的洞察,从而提供决策支持。

8.1.3　知识工程的发展历程

回顾知识工程几十年的发展历程,总结知识工程的演进过程和技术进展,可以将知识工程分成五个标志性的阶段,即前知识工程时期、专家系统时期、万维网1.0时期、群体智能时期,以及知识图谱时期,如图8.2所示。

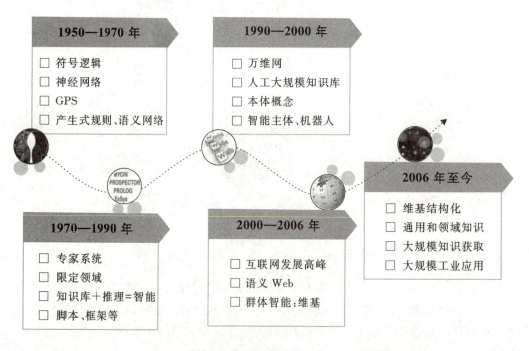

图8.2　知识工程发展历程

1. 图灵测试——前知识工程时期(1950—1970年)

人工智能旨在让机器能够像人一样解决复杂问题,图灵测试是评测智能的手段。这一阶段主要有两个方法:符号主义和连结主义。符号主义认为物理符号系统是智能行为的充要条件,连结主义则认为大脑(神经元及其连接机制)是一切智能活动的基础。这一阶段具有代表性的工作是通用问题求解程序(general problem solver,GPS):将问题进行形式化表达,通过搜索,从问题初始状态,结合规则或表示得到目标状态。其中,最成功的应用是博弈论和机器定理证明等。这一时期的知识表示方法主要有逻辑知识表示、产生式规则、语义网络等。

2. 专家系统——知识工程蓬勃发展期(1970—1990年)

通用问题求解强调利用人的求解问题的能力建立智能系统,而忽略了知识对智能的支持,使人工智能难以在实际应用中发挥作用。从1970年开始,人工智能开始转向建立基于知识的系统,通过"知识库+推理机"实现机器智能,这一时期涌现出了很多成功的限定领域专家系统,如MYCIN医疗诊断专家系统、识别分子结构的DENRAL专家系统,以及计算机故障诊断XCON专家系统等。爱德华·费根鲍姆教授在1980年提出知识工程的概念,从此确立了知识工程在人工智能中的核心地位。这一时期,知识表示方法有新的演进,包括框架和脚本等。20世纪80年代后期,出现了很多专家系统的开发平台,可以将专家的领域知识转变成计算机可以处理的知识。

3. 万维网1.0时期(1990—2000年)

在1990年到2000年,出现了很多人工构建的大规模知识库,包括广泛应用的英文WordNet、采用一阶谓词逻辑知识表示的Cyc常识知识库,以及中文的HowNet。Web 1.0万维网的产生为人们提供了一个开放平台,它使用HTML定义文本的内容,通过超链接把文本连接起来,使得大众可以共享信息。万维网联盟提出的可扩展标记语言(XML),实现了对互联网文档内容的结构通过定义标签进行标记,为互联网环境下大规模知识表示和共享奠定了基础。这一时期,在知识表示研究中,还提出了本体的知识表示方法。

4. 群体智能时期(2000—2006年)

2001年,万维网发明人、2016年图灵奖获得者蒂姆·伯纳斯-李(Tim Berners-Lee)在论文The Semantic Web中正式提出语义Web的概念,旨在对互联网内容进行结构化语义表示,利用本体描述互联网内容的语义结构,通过对网页进行语义标识得到网页语义信息,从而获得网页内容的语义信息,使人和机器能够更好地协同工作。万维网联盟进一步提出万维网上语义标识语言RDF(resource description framework,资源描述框架)和OWL(web ontology language,万维网本体表述语言)等描述万维网内容语义的知识描述规范。万维网的出现使得知识从封闭走向开放,从集中构建知识成为分布群体智能知识。原来专家系统是系统内部定义的知识,现在可以实现知识源之间相互链接,可以通过关联来产生更多的知识而非完全由固定人生产。这个过程中出现了群体智能,最典型的代表就是维基百科,其实际上是用户去建立知识,体现了互联网时代大众用户对知识的贡献,这也成为今天大规模结构化知识图谱的重要基础。

5. 知识图谱——知识工程新发展时期(2006年至今)

"知识就是力量",将万维网内容转化为能够为智能应用提供机器可理解和计算的知识是这一时期的目标。从2006年开始,大规模维基百科类结构知识资源的出现和网络规模信息提取方法的进步,使得大规模知识获取方法取得了巨大进展。与Cyc、WordNet和HowNet等手工研制的知识库和本体的开创性项目不同,这一时期知识获取是自动化的,并且在网络规模下运行。当前自动构建的知识库已成为语义搜索、大数据分析、智能推荐和数据集成的强大资产,在大型行业和领域中正在得到广泛使用。典型的例子是谷歌收购 Freebase 后在 2012 年推出的知识图谱(Knowledge Graph),Facebook 的图谱搜索,Microsoft Satori 以及商业、金融、生命科学等领域特定的知识库。这一时期最具代表性大规模网络知识获取的工作包括 DBpedia、Freebase、KnowItAll、WikiTaxonomy 和 YAGO,以及 BabelNet、ConceptNet、Deep-Dive、NELL、Probase、Wikidata、XLORE、Zhishi. me、CNDBpedia 等。这些知识图谱遵循 RDF 数据模型,包含数以千万级或者亿级规模的实体,以及数十亿或百亿事实(即属性值与其他实体的关系),并且这些实体被组织在成千上万的由语义体现的客观世界的概念结构中。

8.2 知识图谱技术

知识图谱技术是知识图谱建立和应用的技术,可以分为知识表示与建模、知识获取、知识融合、知识图谱查询和推理计算及知识应用技术,知识图谱技术链见图 8.3。在大数据环境下,用户从互联网开放环境的大数据中获得知识,用这些知识提供智能服务互联网,同时通过互联网可以获得更多的知识。这是一个迭代的相互增强过程,可以实现从互联网信息服务到智能知识服务的跃迁。

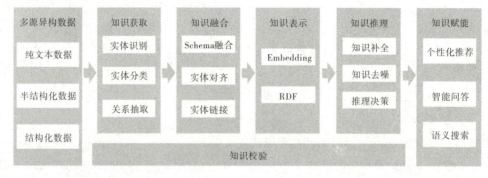

图 8.3 知识图谱技术链

8.2.1 知识获取

知识获取是指从不同来源、不同结构数据中,抽取相关实体、属性、关系、事件等知识。从数据结构划分,数据可以分为结构化数据、半结构化数据和纯文本数据。结构化数据指用关系型数据库表示和存储的二维形式数据,这类数据可以直接通过 Schema 融合、实体对齐等技术将数据提取到知识图谱中。半结构化数据主要指有相关标记用来分隔语义元素,但又不存在数据库形式的强定义数据,如网页中的表格数据、维基百科中的 Infobox 等。这类数据通过爬虫、网页解析等技术可以将其转换为结构化数据。现实中结构化、半结构化数据都比较有限,大量的知识往往存在于文本中,这也和人类获取知识的方式一致。对于纯文本数据获取知识,主要包括实体识别、实体分类、关系抽取、实体链接等技术。

实体作为知识图谱的核心单位,从文本中抽取实体是知识获取的一个关键技术。在文本中识别实体,一般可以作为一个序列标注问题来进行解决。传统的实体识别方法以统计模型如 HMM、CRF 等为主导,随着深度学习的兴起,BiLSTM+CRF 模型备受青睐,该模型避免了用传统 CRF 的特征模版构建工作,同时双向长短期记忆网络能更好地利用前后的语义信息,能够明显提高识别效果。

实体分类,则是对抽取出的实体进行归类。当从文本中发现一个新的实体,给实体相应的类型是实体概念化的基本目标。比如,用该实体的上下文特征与其他类型下的实体特征进行对比,将新实体归入最相似的类型中。此外,在 Schema 不完善的情况下,对大量实体进行聚类,进而抽象出每个簇对应的类型,是自底向上构建图谱的一个常用方法,在补充类型层的同时,也顺便完成了实体分类。

关系抽取,是从文本中自动抽取实体与实体之间的特定的语义关系,以补充图谱中缺失的关系。关系抽取可以通过定义规则模板来获取,如匹配某种表达句式、利用文法语义特征等,但规则类方法会消耗大量人力,且杂质较多。基于 Bootstrap Learning 的方法利用少量种子实例或模板抽取新的关系,再利用新的结果生成更多模板,如此迭代;远程监督(distant supervision)方法把现有的三元组信息作为种子,在文本中匹配同时含有主语和宾语的信息,作为关系的标注数据。这两种方法解决了人力耗费问题,但准确率还有待提高。近期的深度学习方法则基于联合模型思想,利用神经网络的端对端模型,同时实现实体识别和关系抽取,从而避免前期实体识别的结果对关系抽取造成的误差累积影响。

8.2.2 知识融合

知识融合主要解决多源异构数据整合问题,即将不同来源、不同结构但表达统一实体或概念的数据融合为一个实体或概念。融入来自多源数据的知识,必然会涉及知识融合工作,知识融合主要涉及 Schema 融合、实体对齐、实体链接等技术。

Schema 是知识图谱的模型,其融合等价于类型层的合并和属性的合并。在特定领域的图谱中,类型与属性数量有限,可以通过人工进行合并。对于实例的对齐,可以看作一个寻找 Top 匹配的实例的排序问题,或者是否匹配的二分类问题,其特征可以基于实体属性信息、Schema 结构化信息、语义信息等来获取。

实体对齐是多源数据融合中的重要过程。当数据来自不同的知识库体系,需要分辨其描述的是否是同一个实体,并将相关信息融合,最终生成该知识库中唯一的实体。这通常是一个求最相似问题或判断两个实体是否是同一个的二分类问题,实体名称、实体携带属性以及其结构化信息,都可以作为有用特征。同时,要通过类型或规则限制,以缩小匹配的实体范围。

一旦图谱构建完成,如何从文本中准确匹配上图谱中相应的实体,进而延伸出相关的背景知识,则是一个实体链接问题。实体链接主要依赖于实体与所有目标文本的一个多对多的映射关系表。对于从文本中识别出的文本,要利用上下文等信息,对其候选实体进行排序,找出最可能的实体。实体链接可以正确地定位用户所提实体,理解用户真实的表达意图,从而进一步挖掘用户行为,了解用户偏好。

知识校验贯穿整个知识图谱的构建过程。在初期的 Schema 设计过程中,需要严格定义类型下的属性,属性关联的是属性信息还是实体,以及实体所属的类型等。Schema 若不够规范,会导致错误传达到数据层且不易纠错。在数据层,通过源数据获取或者通过算法抽取的知识或多或少都包含着杂质,此时可以在 Schema 层面上添加人工校验方法与验证约束规则,保证导入数据的规范性。而对于实体间关系的准确性,如上下位关系是否正确、实例的类型是否正确、实例之间的关系是否准确等,可以利用实体的信息与图谱中的结构化信息计算一个关系的置信度,或看作关系对错与否的二分类问题。此外,如果涉及其他来源的数据,在数据融合的同时要进行交叉验证,保留验证通过的知识。当图谱数据初步成形,在知识应用过程中,通过模型结果倒推出的错误,也有助于净化图谱中的杂质,比如知识推理时出现的矛盾,必然存在知识有误的情况。

8.2.3 知识表示

知识表示是对知识数据的一种描述和约定,目的是让计算机可以像人一样去理解知识,从而可以让计算机进一步推理、计算。大多数知识图谱是以符号化的方法表示,其中 RDF 是最常用的符号语义表示模型,其一条边对于一个三元组＜主语 subject,谓语 predicate,宾语 object＞,表达一个客观事实,该方法直观易懂,具备可解释性,且支持推理。

1. 知识表示模型

知识表示将现实世界中的各类知识表达成计算机可存储和计算的结构。机器必须要掌握大量的知识,特别是常识知识,才能实现真正类人的智能。知识工程的发展历程也表明知识表示技术大致可以分为三个阶段:一是基于符号逻辑进行知识表示和推理,主要包括逻辑表示法(如一阶逻辑、描述逻辑)、产生式表示法和框架表示法等。其中,逻辑表示与人类的自然语言比较接近,是最早使用的一种知识表示方法。二是随着语义网概念的提出,万维网内容的知识表示技术逐渐兴起,包括基于标签的半结构置标语言 XML、基于万维网资源语义元数据描述框架 RDF 和基于描述逻辑的本体描述语言 OWL 等,使得将机器理解和处理的语义信息表示在万维网上成为可能,当前在工业界大规模应用的多为基于 RDF 三元组的表示方法。三是随着自然语言处理领域词向量等嵌入技术手段的出现,采用连续向量方式来表示知识的研究,成为现阶段知识表示的研究热点。更为重要的是,知识图谱嵌入也通常作为一种类型的先验知识辅助输入很多深度神经网络模型中,用来约束和监督神经网络的训练过程。

2. 知识表示学习

随着以深度学习为代表的表示学习的发展,面向知识图谱中实体和关系的表示学习也取得了重要的进展。知识表示学习将实体和关系表示为稠密的低维向量,实现了对实体和关系的分布式表示,已经成为知识图谱语义链接预测和知识补全的重要方法。由于知识表示学习能够显著提升计算效率,有效缓解数据稀疏,实现异质信息融合并有助于实现知识融合,因此对知识库的构建、推理和应用具有重要意义,值得广受关注、深入研究。知识表示学习是近年来的研究热点,研究学者提出了多种模型。

(1)复杂关系建模。Bordes 等受到词向量空间对于词汇语义与句法关系存在有趣的平移不变现象的启发,提出了 TransE 模型。该模型将知识库中的关系看作实体间的某种平移向量,在大规模知识图谱上效果明显。不过,由于 TransE 模型过于简单,导致其在处理知识库的复杂关系时捉襟见肘。为突破 TransE 模型在处理 1-N、N-1、N-N 复杂关系时的局限性,研究学者相继提出了 TransH 模型和 TransR 模型,以及针对这两种模型中矩阵参数过多问题再次改进优化的 TransD 模型和 TranSparse 模型。此外,学者还提出了利用高斯分布来表示知识库中的实体和关系,可以在表示过程中考虑实体和关系本身语义上不确定性的 TransG 模型和 KG2E 模型。相关研究表明,这些方法均较 TransE 模型有显著的性能提升,验证了这些方法的有效性。

(2)关系路径建模。在知识图谱中,多步的关系路径也能够反映实体之间的语义关系。为了突破 TransE 等模型孤立学习每个三元组的局限性,学者们在 TransE 模型基础上提出了基于关系路径的表示学习方法——Path-based TransE(PTransE)模型。PTransE 模型等研究的实验表明,考虑关系路径能够极大提升知识表示学习的区分性,提升在知识图谱补全等任务上的性能。目前关系路径建模工作较为初步,在关系路径的可靠性计算、语义组合操作等方面还有很多细致的考察工作需要完成。

8.2.4 知识推理

基于知识图谱的推理工作,旨在依据现有的知识信息推导出新知识,包括实体关系、属性等,或者识别出错误关系。知识图谱推理可以分为基于符号的推理和基于统计的推理。在人工智能的研究中,基于符号的推理一般是基于经典逻辑(一阶谓词逻辑或者命题逻辑)或者经典逻辑的变异(比如说缺省逻辑)。基于统计的推理方法一般指关系机器学习方法,即通过统计规律从知识图谱中学习新的实体间关系。

1. 基于符号的推理方法

为了使得语义网络同时具备形式化语义和高效推理功能,一些研究人员提出了易处理(tractable)概念语言,并且开发了一些商用化的语义网络系统。这些系统的提出,使得针对概念描述的一系列逻辑语言(统称描述逻辑)得到了学术界和业界的广泛关注。但是,这些系统的推理效率难以满足日益增长的数据的需求,最终没能得到广泛应用。这一困局被利物浦大学的 Ian Horrocks 教授打破,他开发的 FaCT 系统可以处理一个比较大的医疗术语本体 GALEN,而且性能比其他类似的推理机要好得多。描述逻辑最终成了万维网联盟(World Wide Web Consortium,W3C)推荐的 Web 本体语言 OWL 的逻辑基础。

虽然描述逻辑推理机的优化取得了很大的进展,但是还是跟不上数据增长的速度,特别是当数据规模大到目前的基于内存的服务器无法处理的情况下。为了应对这一挑战,研究人员开始考虑将描述逻辑和 RDFS(RDF Schema)的推理并行来提升推理的效率和可扩展性,并且取得了很多成果。并行推理工作所借助的并行技术分为以下两类:

(1)单机环境下的多核、多处理器技术。单机环境下的并行技术以共享内存模型为特点,侧重于提升本体推理的时间效率。对于实时性要求较高的应用场景,这种方法成为首选。对于表达能力较低的语言,比如 RDFS、OWL EL,单机环境下的并行技术将显著地提升本体推理效率。

(2)多机环境下基于网络通信的分布式技术。尽管单机环境的推理技术可以满足高推理性能的需求,但是由于计算资源有限(比如内存、存储容量),推理方法的可伸缩性受到不同程度的限制。因此,很多工作利用分布式技术突破大规模数据的处理界限。这种方法利用多机搭建集群来实现本体推理,比如 MapReduce 计算框架、Peer-To-Peer 网络框架等。

2. 基于统计的推理方法

知识图谱中基于统计的推理方法一般指关系机器学习方法,主要包括实体关系学习方法、类型推理方法等。

1）实体关系学习方法

实体关系学习的目的是学习知识图谱中实例和实例之间的关系,可以分为潜在特征模型和图特征模型两种。潜在特征模型通过实例的潜在特征来解释三元组。翻译模型将实体与关系统一映射至低维向量空间中,且认为关系向量中承载了头实体翻译至尾实体的潜在特征。因此,通过发掘、对比向量空间中存在类似潜在特征的实体向量对,我们可以得到知识图谱中潜在的三元组关系。全息嵌入(holographic embedding,HolE)模型利用圆周相关计算三元组的组合表示及利用圆周卷积从组合表示中恢复出实体及关系的表示。与张量分解模型类似,HolE 可以获得大量的实体交互来学习潜在关系,而且有效减少了训练参数,提高了训练效率。

基于图特征模型的方法是从知识图谱中观察到的三元组的边的特征来预测一条可能的边的存在。典型的方法有基于归纳逻辑程序(inductive logic programming,ILP)的方法、基于关联规则挖掘(association rule mining,ARM)的方法和路径排序的方法。基于 ILP 的方法和基于 ARM 的方法的共同之处在于通过挖掘的方法从知识图谱中抽取一些规则,然后把这些规则应用到知识图谱上,推出新的关系。基于路径排序方法则是将两个实体间连通路径作为特征来判断两个实体是否属于某个关系。

2）类型推理方法

知识图谱上的类型推理的目的是学习知识图谱中的实例和概念之间的属于关系,利用三元组主语或谓语所连接属性的统计分布规律,以预测实例的类型。该方法可以用在任意单数据源的知识图谱中,但是无法做到跨数据集的类型推理。

8.2.5 知识赋能

知识图谱含有丰富的语义信息,对文本有基于语义的更为深入的理解,在推荐、搜索、问答等领域能提供更加直接与精确的查询结果,使得服务更加智能化。

个性化推荐通过实体与实体之间的关系,利用用户感兴趣的实体,进一步扩展用户偏好的相似的实体,提供可解释性的推荐内容。一方面,图谱提供了实体在多个维度的特征信息;另一方面,表示学习向量带有一定的语义信息,使得寻找推荐实体更接近目标实体或更偏向用户喜好。

语义搜索,是指搜索引擎对查询的处理不再拘泥于字面本身,而是抽象出其中的实体、查询意图,通过知识图谱直接提供用户需要的答案,而不只是提供网页排序结果,更精准地满足用户的需求。当前 Google、百度都已经将基于知识图谱的语义搜索融入搜索引擎中,对于一些知识性内容的查找,能智能地直接显示结果信息。

知识应用

8.3 知识图谱在金融中的应用

知识图谱以结构化的形式描述客观世界中概念、实体及其关系,将互联网的信息表达成更接近人类认知世界的形式,提供了一种更好地组织、管理和理解互联网海量信息的能力。金融领域数据具有"4V"特征,即数量海量(volume)、多结构多维度(variety)、价值巨大(value)、及时性要求(velocity)。金融知识图谱是金融大数据分析的关键性基础技术,可以为金融监管、金融信贷、风险控制、精准获客与营销等提供技术支撑。

8.3.1 金融监管

传统的监管受制于信息不对称、监管技术手段的匮乏以及金融监管法律的滞后,因此,寻求新型而有效的监管方式成为新时代金融监管的必然选择。同时,相关金融案件涉及企业人员众多且其间关系种类复杂,一方面难以全面搜集多维信息,另一方面难以清晰地梳理关联关系。

引入动态知识图谱技术,不仅解决了海量数据从存储、处理到分析、应用等一系列难题,还考虑到了知识图谱随时间的动态演变过程,基于全量数据挖掘企业风险信息,可更有效地分析复杂关系中存在的特定的潜在风险。在监测预警方面,动态知识图谱通过信息整合、关系识别和网络计算等功能,全面排查出企业风险信息,有利于监管部门"打早打小";在分析研判方面,动态知识图谱结合机器学习中的特征学习、类型推理、模式归纳等,可以挖掘犯罪线索,锁定核心人员,辅助经侦部门完成企业深度研判。

1. 金融监管部门

(1)整合信息,拓展知识。知识代表与企业有关的所有"实体"和"关系",利用动态知识图谱,可以辅助监管部门从横向和纵向角度多维分析企业数据,将企业数据源打通,达到企业信息全覆盖,同时,动态知识图谱还可以随时添加新的数据源,方便数据整合与维护。

(2)关系识别,重塑网络。一个企业会涉及大量关系网络,比如工商关联网络、担保关联网络、资金流转网络等,通过动态知识图谱,可以分析任意时点的关系状态,还原当前节点的网络结构。例如,通过现阶段关系网络发现企业中两位成员无直接联系,但在以往的关系网络梳理中发现这两人实际上存在重要关系,这种复杂的关系在网络中隐藏着,不容易被发现。只有当我们把其中隐含的关系网络梳理清楚,才有可能去分析并发现其中潜在的风险。

(3)全程监控,挖掘风险。通过动态知识图谱可以分析企业关系结构随时间变化的趋势。一旦在短时间内知识图谱结构的变化很大,就说明可能存在异常,需要进一步关注。例如,某一时间点企业大量成立分支机构、同一时间人员同时聚集在某一地点等,利用时序分析技术可以进一步监控企业异动情况。

2. 经济犯罪侦查

(1)动态梳理,摸清脉络。基于企业工商变更数据,构建企业各时点关系图谱,挖掘企业动态演变过程,可了解企业的"前世今生"。例如,某企业初期以实体经营为主,后期逐渐转变为经营非法业务,关注类似这样的重要变化阶段,有利于掌握企业整体情况。

(2)网络交叉,线索搜寻。案件的核心是人,首先需要把与人相关的所有的数据源打通,并构建包含多数据源的动态知识图谱,在这里,我们可以整合人员的出行信息、资金交易信息、通信信息等,一旦命中风险特征,如资金账户的交易金额、交易对象、交易频次在某一时点后呈井喷式增长，即可将相关证据交由经侦部门处置。

(3)留痕追踪，对象锁定。在真实的案件侦查中，核心对象往往留痕于以往的关系网络中，不容易被发现。当根据时间变化梳理清楚其中隐含的关系网络时，才有可能找到关键节点，挖掘出隐藏的核心对象。例如，王某为公司初期法人，后公司法人变更为李某，经调查发现王某为公司实际控制人，如果只单单分析现阶段状态，会遗漏这一重要信息。

8.3.2 金融信贷

通过对银行业务洞察，发现关联风险正深深影响银行的风险管理。在实施过程中，通过梳理出银行在贷前、中、后期三大基本业务环节，基于知识图谱的信贷管理系统可以在精准营销、贷前预审、贷中审核、贷后管理、风险预警等环节提供业务支撑。

构建知识图谱所需的本体模型是系统研发的首要工作。构建本体工作也即定义出顶点和顶点间的边（或称关系）。通过对某银行需求和业务了解，银行最重要的客户是企业和个人，核心工作是信贷和资金交易，其间伴随资金监管、审查等，银行通过了解客户的基本信息、经营状况、社会关系、资产等信息综合评估客户信用风险。因此，在该银行信贷管理系统的本体构建实施中，需要构建人、机构法人（包含企业、政务组织等）、银行账户、银行、抵押品五类实体顶点，同时构建贷款事件这一类事件顶点，以及这些顶点间包含的社交、亲属、履职、物权、经营、诉讼等大类，如所有权、交易、担保、发票进项等共计约20余种关系(关系用于连接顶点)，最后形成了该银行的信贷管理系统的本体模型。

(1)对本体模型进行复盘调整。在这个阶段，同样需结合实际业务一条一条进行比对、梳理，如果当前本体模型能最简单最有效描述银行所涉业务场景，那么本体模型便是科学有效的。在本体模型基础上，将银行大量的业务数据表示成节点和关系，于是一张布满银行账户、机构法人等实体以及它们间错综复杂关系的知识图谱便建立好了。

(2)关联风险识别。在信贷审查中，银行从业人员往往压力巨大，其中最主要的压力便来自对债务申请人的深层潜在和隐性风险识别，从而准确制定和撰写可行性授信方案。在关联风险识别中，如果某公司风险发生变动，可以通过经营关系、担保关系、投资关系等进行传播，基于知识图谱可以轻松通过复杂网络挖掘进行判断。

(3)反欺诈。除了通过信息造假等手段进行欺诈申请外，不少欺诈会涉及复杂的关联网络，这就给反欺诈审核带来了新的挑战。知识图谱，作为关系的直接表示方式，可以很好地解决这个问题。首先，知识图谱提供非常便捷的方式来添加新的数据源；其次，知识图谱本身包含丰富复杂的关系，这种直观的表示方法可以帮助我们更有效地分析复杂关系中存在的特定的潜在风险。

(4)关联担保、多头抵押风险识别。在前文已经讲过，信贷审批对关联担保十分敏感。实际审批也禁止涉入具有担保圈(链)的贷款客户，因为大量涉及担保圈(链)信贷客户，往往容易爆发风险连锁反应，集中性偿债违约，在很大程度上会造成现行有效的处置措施无法短期内进行压降。而基于知识图谱的信贷管理系统可以直观高效地识别出客户是否存在循环担保和多头抵押。

(5)风险(指标)预警。在风险预警中，将企业的现金流水、经营信息等作为实体顶点的属性值，通过机器学习和预设阈值，对属性值及属性值衍生指标进行实时监控。譬如，设定贷款保障倍数，通过计算企业在偿贷准备期的净现金流入与当期偿贷额度的比值，若比值低于一定阈值，系统便会触发预警，在知识图谱上与该笔贷款事件相连的贷款主体就会弹出，银行贷后管理人员和客户经理就可以在看板上直观阅读。并且因为这个风险发生,该贷款主体也会通过关联关系给其他贷款主体带来影响。

(6)资金监管。传统的贷后资金管理往往流于形式,而基于知识图谱则可以对账户交易情况了然于胸。通过账户及账户间交易,加上交易特征(交易时间、形式等),可以挖掘交易网络。

(7)失联客户管理。现实中,不少借款人借后不还,玩起"捉迷藏"。即便试图联系借款人曾经提供过的其他联系人,也还是无法联系到借款人。这就进入了所谓的"失联"状态,使得催收人员也无从下手。而通过知识图谱复杂关联网络可以发现更多的关系,挖掘出更多潜在新联系人,大大提高催收成功率。

8.3.3 营销与获客

在互联网全面发展的大时代背景下,金融业务基于线下营销的模式已几乎全面转战线上,茫茫互联网,如何找到客户是进行金融营销的首要问题。要营销获客,链接多个数据源搭建智能化客户经营体系尤为关键,因此应建立尽量全面完整的用户画像,覆盖完整的用户生命周期,并做机器学习与关系挖掘的混合营销模型,只有这样才能做到真正的智能营销、获客。营销获客整体的系统设计搭建,可大体分为5个方面:数据层面、模型方案、业务引擎、场景搭建、推广渠道,如图8.4所示。

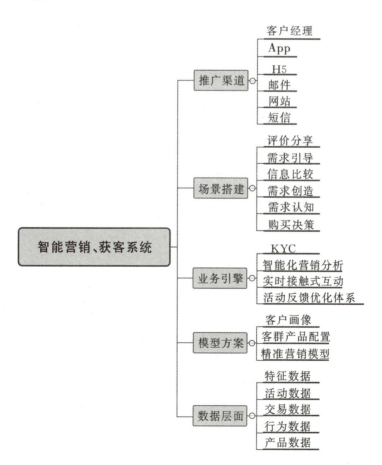

图8.4 营销获客体系

营销客群可分为个人客户和企业客户。链接多方数据源,针对客户建立完整的画像体系,挖掘潜在需求,进行有针对性的精准营销推送,是智能营销获客的基本思想。

个人客户画像可从基本属性、购买能力、行为特征、兴趣爱好、心理特征、社交网络等方面,采用聚类、分类,以及协同过滤,分析待售客户及潜在客户的需求与客群之前的关系,分析用户的相似性、共同爱好,细分人群活动地点、产品使用场景,从而制定并匹配以什么样的营销策略、推送策略、洽谈策略、服务策略,进而沉淀企业营销获客中的方法论,提升经验的可复用性。

企业客户画像可以从基本信息、法律诉讼、经营状况、经营风险、企业发展、知识产权、投融资信息等方向来整体建立对企业当前状况的分析,通过这些数据建立细分服务场景中的各类分析模型,得出该企业当下的可营销指数,同时生成针对化的分析报告并针对当前问题提出解决方案,以此建立的营销机制策略可提高营销获客转化率,避免人海战术,降低人力成本。企业客户画像如图8.5所示。

基本信息	法律诉讼	经营状况	经营风险	企业发展	知识产权	历史信息
工商信息	被执行人	行政许可	经营异常	企业年报	商标信息	工商信息
股东信息	失信信息	税务信用	严重违法	融资信息	专利信息	对外投资
股权穿透图	裁判文书	招投标	股权处置	投资机构	证书信息	历史股东
主要人员	法院公告	招聘	股权质押	核心人员	作品著作权	失信信息
对外投资	开庭公告	财务总览	行政处罚	企业业务	软件著作权	被执行人
总公司	送达公告	进出口信用	环保处罚	竞品信息	网站信息	法院公告
分支机构	股权冻结	微信公众号	税收违法	私募基金		裁判文书
企业公示	立案信息	微博	动产抵押			行政处罚
关联图谱		新闻舆情	清算信息			动产抵押
建筑资质		公告研报	司法拍卖			开庭公告
变更记录		地块公示	土地抵押			股权处置
最终受益人		购地信息	简易注销			行政许可
实际控制人		土地转让	公示催告			
控股企业		债券信息	欠税公告			
财务简析		抽查信息				
同业分析		电信许可				
		供应商				
		客户				
		信用评级				

图 8.5 企业客户画像

8.3.4 风险控制

风险和安全是金融行业永恒的话题,当前金融行业变革更加趋向于市场化、技术化和国际化,金融行业边界不断扩张,金融配置不断扩展,金融行业的风险也更加多元,但是信用、市场流动性以及违规操作风险是最为基础的三大方面。金融风险对社会、人民财产都存在着极大的威胁,而知识图谱在金融风控中的应用可以极大地避免上述三大类风险。

1. 金融主体关系识别

金融关系逐渐趋于复杂是金融市场走向成熟的重要表现之一,但随之而来的风控和信用问题也充满了挑战。运用知识图谱对金融市场复杂的关系进行识别和抽取,可以更好地认识金融个体和金融机构之间的关系,从而规避风险事件的发生。

(1)借贷行为关联识别。首先,从债务人角度来看,知识图谱不仅可以描绘债务人的基础信息画像,如电话、地址、个人情况、关联方的信息,还可通过将债务人的其他终端信息和行为信息等整合到风险识别的知识图谱画像里进行分析和预测,从而较为全面地对债务人进行信用评级,确定贷款行为和额度。其次,从债权人的角度来看,债权人的资质审核和信用级别都可以通过知识图谱关联可视化,债权人资金来源、信用评级一目了然,确保不会发生信用风险。

(2)企业法人关联识别。在企业法人或者企业公司组成的知识图谱中,可进行关系穿透和重新整理。对于某些风险较高的企业,识别其风险关联股东有助于规避合作的信用风险。同时,如果关联中出现信息碰撞,即一家公司有多个地址,或聚类识别发现多个看似未关联公司存在相似点,类似信息的整合提取对于全面甄别企业和个人信用有极大的参考价值。

2. 金融产品数据监测

现代金融市场的运行模式已经发生了深刻变化,新金融时代产品被重新设计、推出市场,不仅更新速度加快,产品设计也越来越复杂,产品中隐藏的一些风险并不能及时被市场发现。知识图谱在这一行业的应用可以有效提示产品隐含的风险,一定程度上可以为金融市场建立起产品质检制度,提示金融风险。

在规避市场和流动性风险中,知识图谱更多发挥了实时监测和提醒的功能。首先在监测模型中,通过实时引入国内外政策、重大事件影响、市场信息、社会条件、重要技术突破等信息,辅以权威专业机构的相关信用数据,可以更为全面地刻画金融市场内部的联动关系,促进金融市场健康发展,规避系统性风险。同时,可以建立市场动态知识图谱,将当前重点监测的数据和指标在时间维度上进行深度关系挖掘,实时把控市场的动态走势。通过识别风险来源、预测风险影响范围,给出风险定价范围,可以比较精准地刻画市场的风险程度,并进行预警,让预测结果更具可信性和溯源性。

3. 金融违规行为识别

金融违规行为的识别是预判风险并及时干预的前提,知识图谱在违规行为监测中的深度应用,提升了风险识别和监管的效率。

(1)洗钱行为识别。在反洗钱领域,知识图谱可以帮助监管部门进行有效的监控,通过对监管账号的关联账号进行逐级追踪挖掘,可以较为迅速地找到隐藏在背后的洗钱账号。由于反洗钱方法的多变和手段的隐蔽性,因此要想通过账户表层交易对其识别,往往难度较大且不易被发现。知识图谱在金融风控领域的深度应用之一就是可以深度刻画金融主体间的关系,将一些深度关系表征图谱化,因此,在广泛应用知识图谱后,将对洗钱行为实现较大范围的监控,提升犯罪成本,从而有效保护金融行业的健康发展。

(2)异常行为识别。异常行为识别是对金融市场中的主体结构发生异常变化的行为进行重点分析。比如,某家企业在一段时间内的知识图谱关系结构发生了显著变化,有频繁的关系的断开、变更、重组等信息反馈,这一类用户就会成为潜在风险识别的重点监控客户,并给出预警。异常行为识别同样适用于个人行为监测,对于短期内个人资产变更,或者银行流水出现大幅异常变化的情况,同样可以做出风险预测和判断,将预期风险扼杀在源头。

(3)审核违规识别。风控不仅需要对外监测,同时也要关注对机构内部的风险控制,对内主要是对金融机构内部的运作流程、监管漏洞、对接风险、业务逻辑、产品策略、多业务线重合等各种风险进行监控。针对上述内容,在风控系统设计时应用知识图谱技术可以实现对流程、数据的全方位覆盖整合。同时,也可在防范内外勾结等方面帮助金融机构,比如对受监管人员的邮件和账户往来进行数据挖掘并构建关联关系网,可以及时发现勾结外部人员违规操作或者监管账户异常往来的违规行为。此外,通过借助关系挖掘和知识图谱也可以大幅降低监管机构的工作量和工作难度,帮助金融机构提高内部风控系统的效率和精度。

思考题

1. 如何理解知识图谱的概念?知识图谱与语义网络的区别是什么?
2. 简述知识图谱的体系架构。
3. 知识图谱的应用价值主要体现在哪些方面?
4. 简述知识图谱的发展历程,以及每个发展阶段具有的特征。
5. 简述知识图谱的技术体系。
6. 知识获取包含哪些关键技术?
7. 简述知识融合包含的关键技术。
8. 知识表示可分为哪几个阶段?
9. 简述知识推理的方法技术。
10. 简述知识存储和查询的方法。
11. 简述知识图谱在金融中的应用。

第 9 章 生物识别

在当今信息化和科技化的时代,由于传统密码存在易丢失、易遗忘且不与用户唯一绑定等缺点,导致生物识别技术逐渐兴起,并成为替代传统密码识别作为身份验证的重要手段。由于生物识别技术具有识别精度高、识别速度快、防伪性能好等特点,为金融管理和服务提供了安全保障,因而逐渐被应用到远程开户、转账取款、支付结算和核保核赔等金融场景。未来,生物识别技术将与机器学习、移动互联网、大数据等技术互相融合、共同发展,生物识别的算法将不断优化创新。此外,生物识别的产业链将更加健全,第三方生物特征数据服务提供商将逐渐增多,生物识别技术的使用成本也将随之大幅降低,其在金融领域的应用方兴未艾。

9.1 生物识别概述

9.1.1 生物识别的概念

所谓生物识别技术,就是通过计算机与光学、声学、生物传感器和生物统计学原理等高科技手段密切结合,利用人体固有的生理特性(如指纹、人脸、虹膜、静脉等)和行为特征(如声音、步态等)来进行个人身份的鉴定。

生物识别技术具有以下特点:①随身性。生物特征是人体固有特征,与人绑定,"随身携带"。②唯一性。每个人的生物特征独一无二。③稳定性。生物特征相对不会随时间等条件的变化而变化。④广泛性。除特殊群体外,每个人都具有这些特征。⑤便利性。不需要记忆密码或携带使用特殊工具,不会遗失。

按照不同的应用场景,可以将下游需求市场分成消费级市场(面向 C 端)和系统级市场,系统级市场又可分为企业市场(面向 B 端)和政府市场(面向 G 端)。消费级市场提供的是家庭或个人的单体应用,如指纹识别手机和指纹门锁里的指纹模组,特点是出货量大、单价低、对性能要求高,面向的最终客户是个人,核心竞争力是技术和成本;系统级市场主要是系统级应用,厂商需要有系统集成能力,面对的客户主要是机构和政府,核心竞争力是技术和客户资源的获取能力。

基于生物识别技术的概念,生物识别技术大致可以分为生物体生理特征识别和生物体行为特征识别两大类。其中,生理特征包括指纹、人脸、虹膜、视网膜、静脉、脉搏、耳郭等;行为特征包括声音、步态、按键力度、步态、手势等。基于这些特征,人们已经发展了多种生物识别技术,目前较为主流的识别技术有人脸识别、指纹识别、虹膜识别、静脉识别、语音识别等五类。

从不同识别技术出现的先后时间看,指纹识别是较早被人们有效发现并加以利用的,因此也获得了较长时间的发展演变。近年来,人脸识别技术有着较快的发展速度,成为产业发展中重要的一个分支。随着生物识别技术的持续进步,未来其将会拥有广泛的应用前景。主流生物识别技术的发展历程如表 9.1 所示。

表 9.1　主流生物识别技术的发展历程

生物识别技术	首次应用时间	首次应用领域	标志性事件
指纹	19 世纪初	刑侦	科学家发现指纹两大特性：唯一性和不变性
人脸	20 世纪 90 年代后期	反恐	美国发生"9·11"后在 115 座机场和 14 个主要港口设立"美国访客和移民身份显示技术"系统
虹膜	1998 年	奥运安防	日本长野冬季奥运会对运动员和政府官员进行身份识别及射击项目枪支管理
静脉	21 世纪初	技防	日本和韩国的 ATM 机、会员识别一体机
语音	1997 年	人机交互	IBM 开发汉语 ViaVoice 语音识别

随着社会对于身份识别和保密需求的日益增加，以及人们对于安全便捷性追求的持续，各类生物识别技术纷纷开启了应用的空间，相较于指纹、人脸识别等，其他生物识别技术尽管普及度仍然略低，但是各自的特点使得其在不同的行业市场中有着较好的发展潜力。

9.1.2　我国生物识别发展现状

我国生物识别技术研究可追溯到 20 世纪 80 年代初，由于国内市场需求有限，1990—1997 年，国内厂商只是充当了分销商和系统集成商的角色，负责进口国外产品，进行增值分销，或做一些简单的集成应用，如门禁系统等。1998—2002 年，通过学习和借鉴国外技术和产品，中国厂商在产品研发上取得了一个又一个的突破，逐渐攻克了核心软件、硬件处理平台、采集器件以及应用系统设计等难关，开始有少量国内设计和制造的产品出现。2003 年以来，中国生物识别技术行业产品体系已建立，技术标准逐渐完善，行业内公司数量激增，产品成本已大幅度下降，技术已获得客户广泛认可，各领域应用渐趋普及，行业体系也已成形，并诞生了一批在细分市场中具有领导优势的公司。

1. 我国生物识别技术行业市场规模保持高速增长

随着生物识别技术日趋成熟及应用场景不断拓展，我国生物识别技术行业市场规模保持高速增长。2002 年，中国生物识别技术行业市场规模仅有 0.8 亿元；到 2017 年，市场规模已大幅增长至 142.3 亿元。未来我国还将在信息技术、信息安全、金融交易、社会安全等领域推动生物特征识别标准化工作，并推动传统的以门禁、考勤等为主的低端应用开始向信息安全、金融支付等高端应用演化，我国生物识别产业还有一个高速增长期。预计到 2023 年，我国生物识别技术行业的市场规模将达到 379 亿元，如图 9.1 所示。

从各类生物识别技术应用来看，指纹识别技术最成熟且成本较低，应用范围广泛，普及率较高，占比为 36%；手形识别作为与指纹识别关联性较大的技术，市场占比为 26%；技术难度更大的人脸识别、语音识别、虹膜识别占比分别为 16%、11% 和 11%。

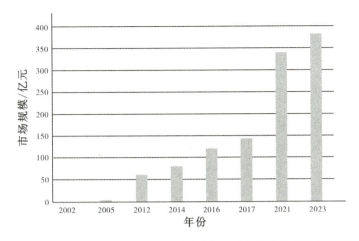

图 9.1 2002—2023 年我国生物识别技术行业市场规模统计情况及预测
（数据来源：中国产业信息网）

2. 中国生物识别技术应用场景分析

在具体应用场景方面，考勤系统、门禁（锁）系统、警用系统依然是生物识别技术主要的应用市场，如图 9.2 所示；从具体应用领域来看，企业、政府和军方是生物识别技术主要需求方，合计占比达到 80%，其他市场的占比均未超过 10%，如图 9.3 所示。

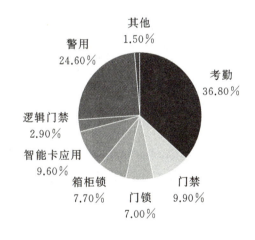

图 9.2 不同应用场景占比统计情况
（数据来源：中国产业信息网）

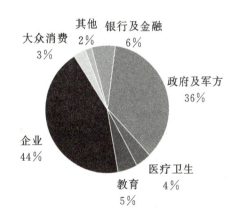

图 9.3 不同应用领域占比统计情况
（数据来源：中国产业信息网）

3. 互联网巨头企业相继布局

人脸识别的快速发展不仅产生了行业独角兽，吸引了安防企业的布局，同时带来了互联网巨头企业的投资进入。2015 年，马云在德国汉诺威电子展上，现场展示用支付宝"刷脸"支付；腾讯集团的社交和金融产品也已经引入人脸识别技术。目前百度、腾讯、阿里分别利用自身云团队开展人脸识别技术研究，拓展应用场景。根据相关企业官网显示，百度、腾讯、阿里开发的人脸识别产品均提供人脸检测、人脸对比等服务,应用场景不仅包含安防、门禁等领域,同时还在智能相册、人脸美颜、动态贴图等领域进行拓展。

除了通过自身云团队进行人脸识别研究,互联网巨头企业还通过投资加强在人脸识别领域的话语权。随着技术的成熟与进步,生物识别技术将会得到深化与普及,并开始得到更大范围的采用。同时,随着技术的进步和成本的不断降低,生物识别技术将会出现长足的发展。

9.1.3 生物识别应用未来展望

1. 智能监控

目前以人脸识别、车牌识别,以及人、车的行为识别为代表的应用市场日渐庞大。中国视频监控设备和系统领域的巨头全部导入生物识别技术,原因无他,市场驱动也。目前这一应用以样板项目为主,相关技术的局限性暂时还没有被完全解决,但以这些实力企业的研发和市场驱动,相信性能的改进和提升会很快突破瓶颈。

2. 金融服务

生物识别技术在金融系统的应用由来已久。随着互联网及移动互联网时代的来临,金融行业大变革早已开始。新兴的网络金融业务,由于其非现场的特点,对交易者身份的验证环节,以及如何兼顾系统安全和使用者的便利,使生物识别技术的采用成为必然。远程身份验证,除了生物识别技术应用之外,政策和法规配合、网络及系统安全等其他环节的实施,对系统平滑性和用户友好性都有贡献。

3. 商业服务

近年国内已有一些生物识别在商业服务领域应用的成功案例,如在广告业、零售业的应用,有些企业甚至因此而快速成长。其应用方向主要集中在客户数据分析和效果评估等方面。

9.2 生物识别技术

现今已经出现了许多生物识别技术,如虹膜识别、人脸识别、声纹识别、指纹识别、静脉识别、掌纹识别、步态识别、视网膜识别、签名识别等,但其中一部分技术含量高的生物识别手段还处于实验阶段。

9.2.1 虹膜识别

人的眼睛结构由巩膜、虹膜、瞳孔、晶状体、视网膜等部分组成。虹膜是位于黑色瞳孔和白色巩膜之间的圆环状部分,其包含有很多相互交错的斑点、细丝、冠状、条纹、隐窝等细节特征。而且虹膜在胎儿发育阶段形成后,在整个生命历程中将是保持不变的。这些特征决定了虹膜特征的唯一性,同时也决定了身份识别的唯一性。因此,可以将眼睛的虹膜特征作为每个人的身份识别对象。虹膜识别示意图如图9.4所示。

眼睛的虹膜是由相当复杂的纤维组织构成的,其细部结构在出生之前就以随机组合的方式决定下来了。虹膜识别技术将虹膜的可视特征转换成一个512个字节的 Iris Code(虹膜代码),这个代码模板被存储下来以便后期识别所用。512个字节对生物识别模板来说是一个十

图 9.4　虹膜识别示意图

分紧凑的模板,但它对从虹膜获得的信息量来说是十分巨大的。

相比当下流行的指纹识别与人脸识别,虹膜识别具有最高级别的安全性能,并且在准确性、稳定性、可复制性、活体检测等综合安全性能上占据绝对优势。虹膜识别的优点是用户使用方便且无须进行仪器的物理接触,识别可靠。虹膜识别也有缺点,具体为:①它没有进行过任何的测试,当前的虹膜识别系统只是用统计学原理进行小规模的试验,而没有进行过现实世界的唯一性认证的试验;②很难将图像获取设备的尺寸小型化;③因聚焦的需要而需要昂贵的摄像头;④镜头可能会使图像畸变而使得可靠性大为降低;⑤黑眼睛读取难度高;⑥需要一个比较好的光源。

随着虹膜识别技术逐渐被消费者所接受,预计搭载虹膜识别的移动智能终端数量将快速增长,未来有望在更多智能手机、平板电脑上得到应用。随着虹膜识别技术的逐渐成熟,其认可度将会大幅提升,预计虹膜识别技术未来的渗透率和应用领域将继续提升,市场空间十分巨大。

9.2.2　人脸识别

人脸识别是基于人的脸部特征信息进行身份识别的一种生物识别技术,用摄像机或摄像头采集含有人脸的图像或视频流,并自动在图像中检测和跟踪人脸,进而对检测到的人脸进行脸部的一系列相关技术,通常也叫作人像识别、面部识别。人脸识别示意图如图 9.5 所示。

图 9.5　人脸识别示意图

人脸识别最初在 20 世纪 60 年代已经有研究人员开始研究,真正进入初级的应用阶段是在 20 世纪 90 年代后期,发展至今,其技术成熟度已经达到了较高的程度。人脸识别技术的整个发展过程可以分为机械识别、半自动化识别、非接触式识别、互联网应用几个阶段。

随着高速度高性能计算机的发展,人脸识别技术有了较大的突破,推出了多种机器全自动识别系统。根据人脸表征方式的不同,通常将人脸识别技术分成三类:基于几何特征的识别方法、基于代数特征的识别方法和基于连接机制的识别方法。另外一种常见的观点是将人脸识别技术分为基于整体人脸特征的识别技术(特征脸方法和神经网络方法)和基于人脸组成部件(眼睛等)特征的识别技术。

人脸识别的优势在于其自然性和不被被测个体察觉的特点。不被察觉的特点对于一种识别方法来说也很重要,这会使该识别方法不令人反感,并且因为不容易引起人的注意而不容易被欺骗。人脸识别的优势在于:识别精准,适应性强;方便快捷,人机友好;安全性好;为非接触性,健康卫生;兼容性好,防范性强。

人脸识别的缺点也不容小觑,它被认为是生物特征识别领域甚至人工智能领域最困难的研究课题之一。人脸识别的困难主要是人脸作为生物特征的特点所带来的:一是相似性。不同个体之间的区别不大,所有的人脸的结构都相似,甚至人脸器官的结构外形都很相似。这样的特点对于利用人脸进行定位是有利的,但是对于利用人脸区分人类个体是不利的。二是易变性。人脸的外形很不稳定,人可以通过脸部的变化产生很多表情,而在不同观察角度,人脸的视觉图像也相差很大。另外,人脸识别还受光照条件(如白天和夜晚、室内和室外等)、人脸的遮盖物(如口罩、墨镜、头发、胡须等)、年龄等多方面因素的影响。

9.2.3 声纹识别

所谓声纹,是用电声学仪器显示的携带言语信息的声波频谱。人类语言的产生是人体语言中枢与发音器官之间一个复杂的生理物理过程,每个人在讲话时使用的发声器官——舌、牙齿、喉头、肺、鼻腔在尺寸和形态方面的差异很大,所以任何两个人的声纹图谱都有差异。目前声纹识别已逐渐受到市场重视,开始逐渐应用于身份信息核验、身份防伪、防声音欺诈、黑名单筛查等。声纹识别示意图如图9.6所示。

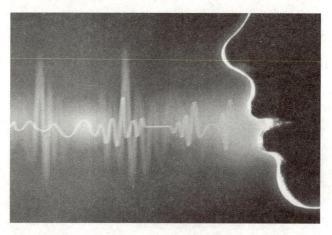

图9.6 声纹识别示意图

声纹识别的优势在于:①声纹提取方便,可在不知不觉中完成,因此使用者的接受程度高;②获取语音的识别成本低廉,使用简单,一个麦克风即可,在使用通信设备时更无须额外的录音设备;③适合远程身份确认,只需要一个麦克风或电话、手机就可以通过网络(通信网络或互联网络)实现远程登录;④声纹辨认和确认的算法复杂度低;⑤配合一些其他措施,如通过语音识别进行内容鉴别等,可以提高准确率。这些优势使得声纹识别的应用越来越受到系统开发者和用户的青睐。

声纹识别也有一些缺点:①同一个人的声音具有易变性,易受身体状况、年龄、情绪等的影响;②不同的麦克风和信道对识别性能有影响;③环境噪声对识别有干扰;④混合说话人的情形下,人的声纹特征不易提取等。

声纹识别在实际操作中的难点包括:①对于国家机构来说,获取声纹是很容易的,如公安具有最全的声纹库。但对于企业而言,所有的声纹数据需要他们自行采集,这是具有相当难度的任务,在数据不全面的情形下,声纹特征的提取和建立会受到阻碍,声纹识别的机器学习算法也难以得到充分训练,提高识别准确率也就无从谈起。②在外部环境中,声音是通过录音设备进行采集的,不同型号的录音设备对语音会造成一定程度上的畸变,同时由于背景环境和传输信道等的差异,也会对语音信息造成不同程度的损伤。声纹识别要经过语音信号处理、声纹特征提取、声纹建模、声纹比对和判别决策等一系列流程,语音获取的好坏直接影响到声纹识别的优劣,而降噪、去混响方面依然是需要改善的问题。因此,目前声纹识别主要还是被用于一些对于身份安全性要求并不太高的场景当中。

9.3.4 指纹识别

由于具有终身不变性、唯一性和方便性,指纹已几乎成为生物特征识别的代名词。指纹是指人的手指末端正面皮肤上凸凹不平产生的纹线。纹线有规律地排列形成不同的纹型,纹线的起点、终点、结合点和分叉点,称为指纹的细节特征点。指纹识别示意图如图9.7所示。

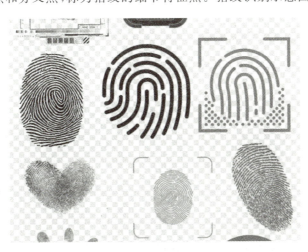

图9.7 指纹识别示意图

指纹识别技术进行了三代的更替,第一代是光学指纹识别系统。大多数笔记本电脑上都拥有第一代光学指纹识别系统,在感受先进技术的同时,人们也意识到了第一代指纹识别系统的不便:一是识别率不高。这主要是由于光不能穿透皮肤表层,只能够扫描手指皮肤的表面,或者扫描到死性皮肤层,但不能深入真皮层。在这种情况下,手指表面的干净程度,直接影响到识别的效果。如果用户手指上粘了较多的灰尘,可能会出现识别出错的情况。二是安全系数不高且稳定性差,如果人们按照手指做一个指纹手模,也可能通过识别系统。这两大硬伤致使第一代光学指纹识别系统的应用十分受限。

第二代是电容式指纹传感器。电容传感器技术采用了交替命令的并排列和传感器电板,交替板的形式是两个电容板,指纹的山谷和山脊成为板之间的电介质。它采用两者之间的恒量电介质的传感器检测变化来生成指纹图像。电容式指纹传感器的技术深度看似比光学识别更靠谱,但仍然有缺点:传感器表面使用硅材料,容易损坏,导致使用寿命短,且对脏手指、湿手指识别困难。

第三代射频指纹识别技术。射频传感器技术是通过传感器本身发射出微量射频信号,穿透手指的表皮层去控测里层的纹路,来获得最佳的指纹图像。因此,对干手指、汗手指、湿手指等,识别率可高达99%,防伪指纹能力强。同时,指纹敏感器的识别原理只对人的真皮皮肤有反应,从根本上杜绝了人造指纹的问题。此外,射频识别技术具有宽温区特性,适合特别寒冷或特别酷热的地区。因为射频传感器产生高质量的图像,因此射频技术是目前最可靠、最有力的解决方案。除此之外,高质量图像还允许减小传感器,无须牺牲认证的可靠性,从而降低成本。射频指纹识别是最新一代的指纹识别系统,现今大多数的指纹识别生产商都在用此项技术,其技术优越性不言而喻,识别率高、对识别对象要求低、环境适应性强等,诸多优点使其受到生产商和集成商的青睐。

9.3.5 静脉识别

静脉识别系统首先通过静脉识别仪取得个人静脉分布图,从静脉分布图中依据专用比对算法提取特征值,通过红外线 CCD 摄像头获取手指、手掌、手背静脉的图像,将静脉的数字图像存储在计算机系统中,并将特征值存储。静脉比对时,实时采取静脉图,提取特征值,运用先进的滤波、图像二值化、细化手段提取数字图像特征,同存储在主机中的静脉特征值进行比对,采用复杂的匹配算法对静脉特征进行匹配,从而对个人进行身份鉴定,确认身份。静脉识别示意图如图 9.8 所示。

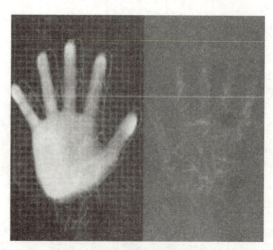

图 9.8 静脉识别示意图

静脉识别的优点包括：①属于内生理特征，不会磨损，较难伪造，具有很高的安全性；②血管特征通常更明显，容易辨识，抗干扰性好；③可实现非接触式测量，卫生性好，易于为用户接受；④不易受手表面伤痕或油污的影响。

静脉识别的缺点包括：①手背静脉仍可能随着年龄和生理的变化而发生变化，永久性尚未得到证实；②虽然可能性较小，但仍然存在无法成功注册登记的可能；③由于采集方式受自身特点的限制，产品难以小型化；④采集设备有特殊要求，设计相对复杂，制造成本高。

9.3 生物识别在金融中的应用

随着时代的发展，金融市场场景化应用愈加多样化和复杂化，单纯的金融网点已不能满足客户需求，提供随时随地、随心随需的金融服务才能立于不败之地。为实现降本增效，新兴互联网金融机构与传统金融机构纷纷布局生物识别技术，以保障在多种金融服务渠道下，精准、快捷实现用户身份认证，提升业务办理的安全性、时效性。

9.3.1 生物识别赋能金融

生物识别技术主要从三个方面赋能金融，具体如下：

一是降低金融欺诈所造成的成本，提升金融运营效率。商业银行在开户环节引入生物识别技术，可降低银行人力投入，也把冒名开户比例从过去的万分之五降至近乎0。声纹识别系统可帮助保险公司准确识别投保人。信托公司利用生物识别技术开展现场及远程双录、签署交易文件，可准确识别委托人，满足合规要求，节省人力成本。

二是扩展金融行业线上业务的半径，优化客户体验。多家机构已实现线上个人小额贷款自动审批，借助远程身份识别简化了操作流程，解决了传统风控手段成本和效益不匹配的痛点。例如，某保险公司在注册认证、刷脸登录、投保申请、理赔申请等环节中成功运用人脸识别，活体检测识别率超过99%，客户从保单贷款申请到审核业务办理时长从原来的2天缩短到2分钟。

三是丰富线下场景的数据维度，提升客户运营能力。在金融机构的营业场所，可通过人脸识别实现对客户的精准营销，并分析营业场所客流、人群画像，提升金融机构的客户获取和服务能力。

近年来，金融与科技的深度融合不断加速。在不同的应用场景下，需要的生物识别技术也不尽相同。单一的生物识别难以满足未来多样化的需求，多模态生物识别将成为金融科技未来发展趋势。

9.3.2 生物识别在金融中的应用场景

1. 远程开户

随着直销银行发展和互联网银行的出现，以及银行账户分类实施，不依赖实体卡的Ⅱ类和Ⅲ类账户也得到了大力发展，且商业银行依靠生物识别技术为客户远程开户，对身份进行识别和鉴定，免去了客户去网点的奔波。生物识别技术已被广泛应用在银行和证券行业的远程开户过程中，主要是运用人脸识别和静脉识别对用户身份进行鉴定。例如，英国Atom银行应用人脸识别技术验证客户身份、为客户开户，新韩银行的新用户可在无人网点内使用静脉识别技术作为认证手段自助开户。证券业也早就开始应用人脸识别和静脉识别技术为客户进行远程开户。例如,浦发银行在远程开户、风险评估等辅助业务中启用了人脸识别,并投放远程视频柜员机,全渠道应用人脸识别技术;华泰证券、长城证券等均推出人脸识别远程开户功能。基于生物识别技术的远程开户示意图如图9.9所示。

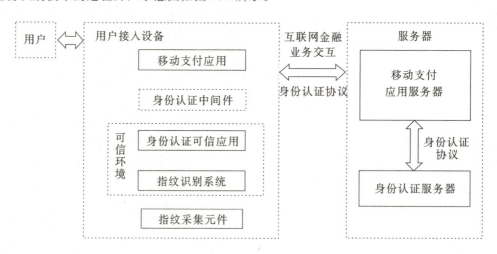

图9.9 基于生物识别技术的远程开户示意图

2. 转账取款

传统银行大额转账要去银行柜台办理,采用生物识别技术可方便实现远程自助转账。例如,招商银行应用人脸识别技术,客户使用手机可随时随地实现大额自助转账;中信银行推出了远程视频柜员机,并实现刷脸取款落地;农业银行掌上银行应用程序推出人脸识别、智能语音服务,该业务基于大数据的风险监控系统实现语音导航、"刷脸"转账等新型交互体验;攀枝花市商业银行推出了刷"掌静脉"办理存取款的业务。2014年9月,蚂蚁金服推出基于指纹识别的免密支付方案,并联合产业各方成立了互联网金融身份认证联盟(Internet Finance Authentication Alliance,IFAA),共同研究和推广基于生物特征识别技术的新型身份认证安全解决方案。

3. 支付结算

生物识别支付与传统支付的最大区别在于,生物识别支付省去了银行卡、手机、现金等硬件环境,直接通过生物特征与账户进行关联。在支付时直接扫描生物特征,与云端注册的生物特征进行匹配,确认身份后完成支付。例如,日本国际信用卡公司成功推出静脉识别支付的功能,用户只需事先将手掌静脉信息和卡的信息进行绑定,在结算时就可以通过手掌的静脉部分进行认证,实现"无卡支付"。万事达卡推出新一代生物识别银行卡,采用指纹扫描技术,持卡人可以凭借指纹实现面对面的付款。支付结算领域创新最活跃,商业银行、支付机构、科技巨头和银行卡清算机构都在努力应用生物识别技术。在新零售理念的引领下,无人值守、"刷脸付款"已在国内许多大型超市、连锁店陆续推出,这种自助结账的原理就是通过人体生物特征与支付账户进行关联,不必使用银行卡、手机等硬件,与云端生物特征匹配确认身份信息后完成支付。例如,支付宝在全国线下商超推出的刷脸支付,建行深圳分行2018年初宣布商用刷脸付款,小米推出的"看一眼便可解锁"眼纹识别手机也能用于支付。

4. 核保核赔

传统的保险理赔需要保险公司实地调查,费时费力,成本高。基于生物识别技术的保险理赔通过互联网保险平台采用电子材料上传的方式,机器深度学习在线核保,大大改善了客户理赔体验。生物识别结合图像识别技术已应用到保险理赔领域,客户可通过系统自动识别理赔凭证(图片)、生物验证身份(核身),再加上理赔报案人的信用记录,快速完成保险理赔,减少了人为干涉活动,降低了保险公司的人工成本。运用图像识别技术,客户可通过智能化理赔系统完成生物特征身份验证,并结合客户信用记录,实现快速自助完成理赔。弘康人寿首次引入人脸识别技术,将保险服务智能化,平安保险、泰康在线、富德生命人寿等多家保险企业也将人脸识别技术应用到了投保业务中。青海省已启动养老保险薪金领取的生物识别认证系统应用试点工作,系统通过人脸自动生物识别和指静脉识别技术,建立统一的人脸模板数据库,方便企业职工养老保险薪金领取和城乡居民进行自助资格认证。

9.3.3 生物识别支付应用实践与前景

1. 人脸支付:打通消费场景支付的重要渠道

在应用于移动支付之前,人脸识别技术最早应用的领域是动态安检和考勤,相比传统卡基支付和条码支付,以人脸支付为代表的支付黑科技对解决不同支付场景的身份验证问题有重要意义。一方面,可以有效打通电子支付与传统卡基支付的边界,提高移动支付效率;另一方面,帮助消费者摆脱智能手机的束缚,降低消费场景门槛,释放更多场景的消费需求。现阶段,我国在零售、餐饮、商超、医疗、酒店旅游等支付场景的人脸支付技术和应用,位居全球首位。但近年来,SnapPay、Google等海外互联网科技公司也在加速推出人脸支付系统,为B端消费场景支付提供更多可能。在此,介绍加拿大人脸支付服务商SnapPay的人脸支付应用。

(1)应用实践。2019年10月,SnapPay宣布向北美商家提供面部识别支付系统,用于零售支付场景。面部识别是SnapPay支付平台的一项新功能:消费者在结账过程中使用合格的数字快照进行数字支付;有助于商家节省结账时间,为打造更多自助结账渠道提供可能,帮助商家自主选择人脸支付方式。

(2)技术特点。一是在硬件上应用红外双目摄像头或3D结构光/TOF相机进行人脸图像采集;二是在通信设施上使用4G乃至5G网络作为云服务基础;三是将采集的人脸图像特征与数据库中的特征模板进行搜索匹配;四是当匹配度超过预先设置的阈值,则匹配成功,完成转账支付全流程。SnaPay人脸支付流程如图9.10所示。

(3)竞争优势。一是SnapPay与全球知名ERP系统供应商SAP和JD Edwards合作紧密,SnapPay通过与其ERP系统无缝对接,可以有效提高企业运营效率;二是SnapPay运用区块链技术加密用户信息,搭建起完善的安全保障系统;三是SnapPay刷脸支付系统通过对敏感数据的通证化(tokenized)和加密化(encrypted),其安全技术也通过了PCI PA-DSS认证,有效保障支付安全性。

(4)监管背景。加拿大是全球第三方支付平台监管最严格的国家之一,政府对于第三方支付平台制定了严格的监管政策,包括针对金融科技公司的监管沙盒,即金融科技公司可以在

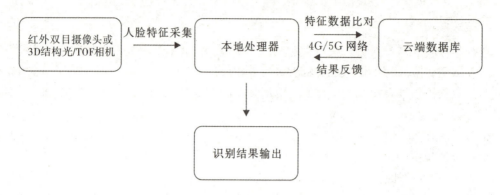

图 9.10 SnapPay 人脸支付流程示意图

"安全空间"内测试创新型金融产品。此类监管科技可以有效保障金融科技在合规环境下保留更多创新空间,同时也防止风险外溢现象的发生。

2. 指纹支付:使用最为广泛的支付认证方式之一

与传统密码相比,指纹特征更难被破译。因此,指纹识别逐渐发展成为使用最为广泛的安全认证方式之一,也是移动支付领域应用最为广泛的技术之一。从技术角度来说,指纹识别主要分为三种:光学式、电容式和射频式。目前,手机所搭载的指纹识别芯片大多数是电容式指纹传感器,通过采集的指纹与指纹库中的样本进行比对后,最终确定信息进行支付。在此,介绍指纹支付服务商 Nuggets 的指纹支付应用。

(1)应用实践。Nuggets 打造了一个基于区块链技术将数据归还给用户的电商支付和身份验证平台;对个人信息加密后存储于用户设备本地,消费者只需通过验证其生物特征(如指纹)进行身份验证。目前,Nuggets 指纹识别产品已与英国金融行为监管局完成测试,在英国、中国、印度三个国家同步推广。

(2)技术特点。Nuggets 通过区块链技术,将由用户个人的生物特征所构建而成的数字身份存储在只属于个人的数据云中,其他人(包括 Nuggets)均无权访问,电商不再需要建立中心数据库储存用户的加密信息。Nuggets 指纹支付流程如图 9.11 所示。

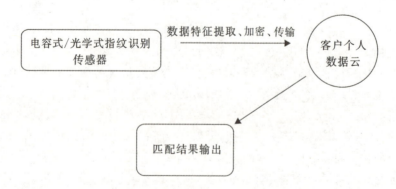

图 9.11 Nuggets 指纹支付流程示意图

(3)竞争优势。Nuggets 将指纹支付与区块链结合,实现数据去中心化。一方面,可以真正实现个人用户无缝的网购体验;另一方面,可以减少企业用户建立、维护数据库的成本。Nuggets运用区块链技术取代传统数据库,真正实现了对用户隐私的保护,增强了支付安全性。

3. 声纹支付:安全性争议最大的支付黑科技

现阶段声纹识别技术在支付领域的应用,主要基于声纹的无光线依赖、无接触、不易仿冒、侵犯性较低等优势,但其应用比较少见,主要应用于对身份安全性要求并不太高的场景。这是因为:一是声纹识别系统受用户发声时状态影响较大,如人的身体状态、情绪波动等,都会影响声纹识别的准确性;二是声纹识别系统容易受环境干扰,环境的嘈杂程度、采音传音设备都会在一定程度上对识别系统进行干扰。在此,介绍全球最大语音识别技术研发公司Nuance的声纹支付应用,其支付流程如图9.12所示。

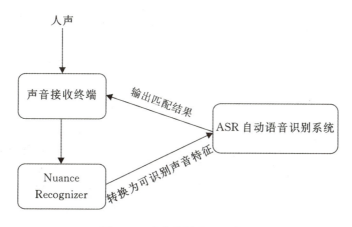

图9.12 声纹支付流程示意图

(1)应用实践。2015年,荷兰国际集团借助Nuance实现声纹验证技术支付,主要通过声纹验证替代PIN码及密码提供移动银行使用体验。

(2)技术特点。Nuance拥有独特的自动语音识别技术,其Nuance Recognizer技术具有业界最高的识别准确率。此外,Nuance Recognizer技术支持Voicexm l、EMMA、SRGS、SISR、NLSML和MRCPv2等公认的标准。

(3)竞争优势。全球80%以上的语音识别都用过Nuance识别引擎技术,Nuance为苹果、亚马逊、三星等科技巨头提供语音技术解决方案,支持全球50种语言,拥有近20亿用户。

(4)支付安全。目前,声纹支付的安全性存在很大争议。一方面,相比面部识别、指纹识别,声纹识别具有动态性强的优势,每个人的说话习惯和发音方式难以被模仿。另一方面,声纹识别对于硬件要求较高,需要较为精密的收音、传音设备,安全性优势门槛较高,难以同时兼顾安全性和便捷性。

4. 静脉支付:与指纹结合打造双保险

静脉识别技术的应用,主要通过扫描手掌和手指中的静脉血管纹路进行身份验证,是目前精确度最高的一项成熟生物识别技术,静脉识别将与指纹识别一同成为支付身份认证的重要方式。在此,介绍身份识别技术开发商Sthaler的静脉识别支付应用。

(1)应用实践。Sthaler于2012年在英国成立,2017年开发了一款运用静脉识别技术的支付产品 FingoPay。FingoPay 在英国伦敦布鲁内尔大学率先应用,目前也已与 Visa 及 Worldpay 绑定应用。

(2)技术特点。静脉支付终端是一个 FingoPay 传感器,用于扫描手指,此时位于手指下方的近红外光扫描仪就会开始采集用户手指的静脉,扫描区域大约为成年人食指下方的底部关节到手指尖,传感器通过扫描手指血管内的血红蛋白细胞构建可识别的静脉图像,并与数据库内的特征进行比对。静脉支付流程如图 9.13 所示。

图 9.13　静脉支付流程示意图

(3)支付安全。一是静脉支付技术自身安全性高,扫描器可识别活体,避免不法分子利用非活体进行转账支付;二是静脉识别可识别出用户是否满 18 岁,有助于监管未成年人购物。

5. 虹膜支付:有望成为最具安全性的生物特征密码支付

2014 年,虹膜支付技术的概念被提出,但目前国外较为成熟的虹膜技术尚未在支付领域有成功实践。考虑到虹膜技术的安全系数比指纹、钥匙、数字密码都高,未来将更加适用于风险系数较高的金融支付领域。如果将虹膜支付运用于支付领域,其准确性可以得到保证;如果将虹膜支付与区块链技术相结合,用户信息的安全存储也可以得到实现。

美国虹膜生物识别公司 Tascent 成立于 2015 年,提供以虹膜为主的多模态生物识别系统,被广泛应用于机场身份识别和公共安全领域,能够高速远程捕获准确、高质量的虹膜图像。目前,Tascent 公司虽然尚未将虹膜识别技术运用于第三方支付平台,但是根据虹膜识别的技术特性和 Tascent 公司的创新优势推断,Tascent 虹膜识别技术有望被运用于第三方支付平台。此外,对于虹膜技术的监管,Tascent 不仅受到美国各州的生物识别隐私监管法规的管理,同时还需要符合欧盟等国际标准。

虹膜支付流程如图 9.14 所示。

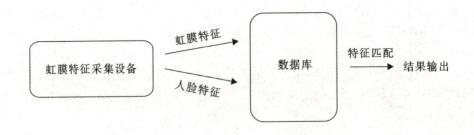

图 9.14　虹膜支付流程示意图

思考题

1. 什么是生物识别，主流生物识别技术有哪些？
2. 简述生物识别在全球和我国的发展现状。
3. 简述我国生物识别应用情况。
4. 简述生物识别应用未来发展趋势。
5. 简述影响生物识别技术推广应用的因素。
6. 简述虹膜识别技术的优点与缺点。
7. 简述人脸识别技术的优点与缺点。
8. 简述声纹识别技术的优点与缺点。
9. 简述指纹识别技术的优点与缺点。
10. 简述静脉识别技术的优点与缺点。
11. 生物识别技术主要在哪些方面赋能金融？
12. 简述生物识别技术在金融中的应用场景。

第 10 章　云计算

云计算是 IT 基础设施的新型交付与使用模式,以虚拟化技术为基础、以按需付费为商业模式,具备弹性扩展、动态分配、资源共享、随时获取等新型特点,是企业信息系统技术发展的方向。云计算在金融领域的应用有助于资源的内聚外联,创新产品、业务、商务模式的加速孵化,推动整个金融支付生态系统的良性发展。云计算作为推动信息资源实现按需供给的技术手段,与金融领域进行深度结合,有助于促进信息技术和金融数据资源的充分利用,是互联网时代下金融行业可持续发展的必然选择。

10.1　云计算概述

10.1.1　云计算的概念与产生背景

云计算是一种"新一代的信息技术服务模式",是整合了集群计算、网格计算、虚拟化、并行处理和分布式计算的新一代信息技术。目前关于云计算还没有统一的定义。美国加利福尼亚大学伯克利分校的 Armbrust 将其定义为:终端用户的硬件和软件等,通过网络以服务的形式由云提供商交付。麻省理工学院的 Krikos 把云计算称为:一种将软件、应用平台和基础设施,通过因特网按照自助服务和按需付费获取的新型 IT 服务模式。2012 年,美国国家标准与技术研究院(National Institute of Standards and Technology,NIST)结合业内各方观点,给出云计算的"模型说"定义:云计算是一种模型,用户可以方便地通过网络按需访问一个可配置计算资源(如网络、服务器、存储、应用和服务)的共享池,这些资源可以被迅速提供并发布,同时实现管理成本或服务供应商干预的最小化。

虽然不同的学者和组织对云计算有不同的定义,但是这些定义中都有一个共同点,即"云计算是一种基于网络的服务模式"。使用者将 IT 资源的"买"转换为"租",从而深刻地改变了人们使用 IT 的形式。相比传统信息技术,云计算也具有不同的技术特征,主要包括:

(1)泛在的网络接入。在任何时间、任何地点,只要有网络的地方,不需要复杂的软硬件设施而是用简单的可接入网络的设备,如手机、显示器等就可接入云,使用已有资源或者购买所需的新服务等。

(2)资源的共享。计算和存储资源集中汇聚在云端,再对用户进行分配,通过多租户模式服务多个消费者。在物理上,资源以分布式的共享方式存在,但最终在逻辑上以单一整体的形式呈现给用户,最终实现在云上资源分享和可重复使用,形成资源池。

(3)弹性。用户可以根据自己的需求,增减相应的 IT 资源(包括 CPU、存储、带宽和软件应用等),使得 IT 资源的规模可以动态伸缩,满足 IT 资源使用规模变化的需要。

(4)可扩展性。用户可以实现应用软件的快速部署,从而扩展原有业务和开展新业务。

(5)按需、付费。用户可以根据自身实际需求,通过网络方便地进行计算能力的申请、配置和调用,服务商可以及时进行资源的分配和回收,并且按照使用资源的情况进行服务收费。

云计算的出现并非偶然,早在20世纪60年代,John McCarthy就提出了把计算能力作为一种像水和电一样的公用事业提供给用户的理念,这成为云计算思想的起源。云计算是继个人计算机变革、互联网变革之后的第三次IT浪潮,如图10.1所示,是中国战略性新兴产业的重要组成部分。云计算将带来生活、生产方式和商业模式的根本性改变,是当前全社会关注的热点。

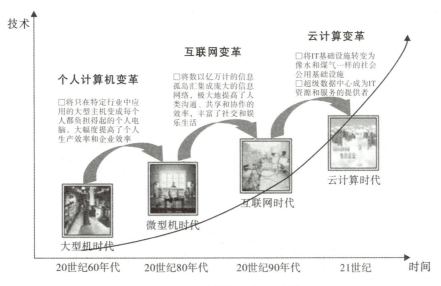

图 10.1 云计算与三次 IT 浪潮

云计算的产生是信息技术进步的必然产物,是分布式计算(distributed computing)、并行计算(parallel computing)、效用计算(utility computing)、网络存储(network storage technologies)、虚拟化(virtualization)、负载均衡(load balance)等传统计算机和网络技术发展融合后产生的"新一代的信息服务模式"。为方便理解云的思想,可从图10.2的类比来进行阐述和表

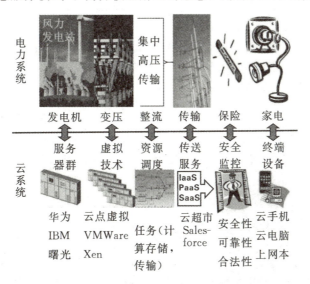

图 10.2 云计算类比于电力系统

达。"服务器群"类似于"发电机"提供"电力"资源;虚拟技术类似于"变压装置"使电压成倍增加或降低,从而实现弹性计算;资源调度类似于"整流装置",可以整合各个"发电站"的电力进行集中供电;服务管理器传送云服务,类似于"电力传输设备",可以统一提供和管理 IaaS(infrastructure as a service,基础设施即服务)、PaaS(platform as a service,平台即服务)和SaaS(software as a service,软件即服务)等一系列云服务;安全监控系统类似于"保险装置",可以保证传输过来的"电"安全可靠,不会由于异常情况(如短路)损害家电和造成人身安全问题;云电脑、云手机等终端设备类似于家电,可以通过它们获取"电"(云资源)。

10.1.2 云计算的服务模式

云计算的服务模式一直在不断进化,但目前业界普遍接受的分类方式是美国国家标准与技术研究院提出的三大服务模式:IaaS、PaaS、SaaS。

本地部署	IaaS	PaaS	SaaS
应用	应用	应用	应用
数据	数据	数据	数据
运行库	运行库	运行库	运行库
中间层	中间层	中间层	中间层
数据库	数据库	数据库	数据库
操作系统	操作系统	操作系统	操作系统
虚拟	虚拟	虚拟	虚拟
服务器	服务器	服务器	服务器
存储	存储	存储	存储
网络	网络	网络	网络

图 10.3 云计算的三大服务模式

1. IaaS

IaaS(基础设施即服务),即将计算、存储、网络等基础设施封装成服务交付给用户。在这种服务模型中,用户不用自己构建一个数据中心,而是通过租用的方式来使用基础设施服务,包括服务器、存储和网络等。在使用模式上,IaaS 与传统的主机托管有相似之处,但是在服务的灵活性、扩展性和成本等方面,IaaS 具有很强的优势。IaaS 提供了传统 IT 基础设施所没有的硬件能力,总结为三点:①无限按需获取的计算资源;②极小的初始投入;③可以满足短时计算能力剧增的需求,且成本较低。

2. PaaS

PaaS(平台即服务),即提供一个创建、托管和部署应用程序的环境,使开发人员专注于应用程序本身。PaaS 是云中完整的开发和部署环境,其资源使组织能够提供从简单的基于云的应用到复杂的支持云的企业应用程序的所有内容。资源是按照"即用即付"的方式从云服务提供商处购买的,并通过安全的 Internet 连接进行访问。传统的开发环境需要一整套的设备,如运营系统、数据库、中间件、服务器等,来共同构造开发环境,并且还需要专门的管理团队来保证设备的正常运行。PaaS 向开发者提供了软件开发全生命周期所需的服务器、安装部署和测试等服务,PaaS 使得开发者不用再担心底层开发环境,如硬件、数据库、网络服务器和其他一些软件之间的兼容性,并且可以使开发者更容易在线上实现合作。

3. SaaS

SaaS(软件即服务),即直接将应用以云服务的方式交付给用户。SaaS 平台供应商将应用软件统一部署在自己的服务器上,客户可以根据工作实际需求,通过互联网向厂商定购所需的应用软件服务,按定购的服务多少和时间长短向厂商支付费用,并通过互联网获得 SaaS 平台供应商提供的服务。图 10.4 描绘了云计算是怎样提供服务的,SaaS 的模式类似于传统应用服务供应商(application service provider,ASP)模式,服务商提供软件、基础设施以及工作人员来对客户实施个性化的 IT 解决方案。两者的共同点是:为终端用户免去烦琐的安装过程,提供一站式的服务。两者的不同点为:ASP 模式下,其 IT 基础设施和应用是专属于用户的;而在 SaaS 模式下,用户之间的应用和 IT 基础设施则是相互共享的。SaaS 可以看作为一种特殊形式的 ASP 模式,但是云计算不仅仅能提供 SaaS,还包括 PaaS 和 IaaS。

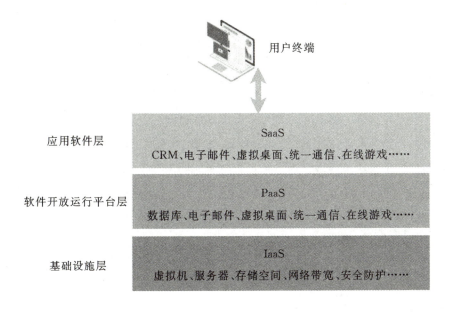

图 10.4　云计算的服务模式

另外,需要指出的是,虽然云计算具有三种服务模式,但是在使用过程中并不需要严格地对其进行区分。"底层"的基础服务、"高层"的平台和软件服务之间的界限并不绝对。随着技术的发展,在使用过程中,三种模式的服务并不是相互独立的。最底层(IaaS)的云服务商提供最基本的 IT 架构服务,SaaS 层和 PaaS 层的用户既是 IaaS 云服务商的用户,自身也是最终端用户的云服务提供者。同时,PaaS 层的用户同样也可能是 SaaS 层用户的云服务提供者。从 IaaS 到 PaaS 再到 SaaS,不同层的用户之间又互相支持,互为服务提供者,同时扮演多重角色。并且,企业根据不同的使用目的,同时采用云计算三层服务的情况也很常见。

10.1.3　云计算的部署模式

云计算拥有四大部署模式,分别是公有云、私有云、混合云和行业云,每一种都具备独特的功能,满足用户不同的要求。不同云计算的部署模式应用对比如表 10.1 所示。

表 10.1　云计算部署模式应用对比

云计算部署模式	服务对象	提供商	主要客户	供应商举例
公有云	所有用户	互联网企业、IT企业、电信运营商	中小型企业、开发者、个人消费者	AWS、阿里、腾讯、浪潮
私有云	某一企业内部用户	IT企业、电信运营商	大中型政企机构	VMware、华为
混合云	部署了私有云,同时对公有云有需求的企业用户	互联网企业、IT企业、电信运营商	高校、医院、政府、企业	IBM、ZStack、中国电信
行业云	行业内组织、企业用户、公众	IT企业、电信运营商	行业内起主导作用的企业/机构	阿里、腾讯、中国移动

1. 公有云

公有云是放在互联网上提供的云服务,大部分互联网公司提供的云服务都属于公有云。公有云是由第三方供应商通过互联网提供的云服务,云服务提供商拥有基础设施,将云计算服务通过互联网以根据使用情况付费的方式销售给企业或个人用户。公有云具有强大的可拓展性和规模共享的经济性。总体来讲,公有云还需要加强对客户数据安全性、访问性能以及对已有的系统集成等方面的能力。公有云的服务提供商通常需要超大型的IT基础设施,如大型的数据中心等,世界上著名的公有云服务有亚马逊的EC2、谷歌的Google Apps等,国内著名的公有云服务有阿里云、盛大云等。公有云通过规模经济性可以有效降低客户的风险和成本,尤其是对于资金相对缺乏中小企业。

2. 私有云

私有云通常是由企业或政府在自己的数据中心建立的,或是由运营商建设托管的,内部用户通过内部网络获得服务。私有云是将云基础设施部署在企业内部,从而使得企业可以一定程度上具有公有云的弹性计算等优势。私有云在数据的安全性上得到了保证,但由于私有云方案是为一个客户单独使用而构建的,因而企业的数据、应用软件等均是架构在企业内部的"云"上,其可拓展性、规模效益较公有云相比存在一定的劣势。例如,IBM、微软等均提供私有云服务。

3. 混合云

混合云是两种或两种以上的云计算模式的混合体,如公有云和私有云混合。它们相互独立,但在云的内部又相互结合,可以发挥出所混合的多种云计算模型各自的优势。混合云融合了公有云和私有云,是近年来云计算的主要模式和发展方向。私有云主要是面向企业用户,出于安全考虑,企业更愿意将数据存放在私有云中,但同时又希望可以获得公有云的计算资源,在这种情况下,混合云被越来越多地采用,它将公有云和私有云进行混合和匹配,以获得最佳的效果,这种个性化的解决方案,达到了既省钱又安全的目的。

4. 行业云

行业云通常由垂直行业内起主导作用的企业/机构建立和维护,以公开或半公开的方式向行业内企业或公众提供服务。例如,医疗云可以为不同的医疗机构提供病情数据和治疗方案等;智慧城市云可以为交通部门或市民提供 GIS 能力和实时交通信息等。行业云与公有云的主要区别在于数据来源及服务提供者的核心竞争力不同。公有云是可被公众所使用的云平台,一般为一个专门出售云服务的机构所拥有,其特点是数据来源是公开途径,通过独有的应用为利用公开数据的客户提供服务,其算法、业务系统是其核心竞争力;而行业云的数据主要来源于行业内部的核心组织,也有一部分来自行业内部的其他成员,绝大部分是私有数据,数据是其核心竞争力,因此,数据不可能提供给第三方却又同时具有对外服务的需求。如未来质检行业需要对外提供各类商品的信息查询服务,但是数据又不可能交给第三方处理,所以质检系统会建立一个质检行业云,整合整个系统的信息来对外提供该类服务,类似的行业还有交通、环保、卫星等。

10.2 云计算技术

云计算是一种以数据和处理能力为中心的密集型计算模式,它融合了多项信息通信技术,是传统技术"平滑演进"的产物。云计算的关键技术主要有(包括但不止于):分布式技术、虚拟化技术、并行编程技术、Web 2.0 和 HTML5 技术、容器技术、无服务器技术。

10.2.1 分布式技术

1. 分布式存储

云计算的一大优势就是能够快速、高效地处理海量数据。为了保证数据的高可靠性,云计算通常会采用分布式存储技术,将数据存储在不同的物理设备中。这种模式不仅摆脱了硬件设备的限制,同时扩展性更好,能够快速响应用户需求的变化。分布式存储与传统的网络存储并不完全一样,传统的网络存储系统采用集中的存储服务器存放所有数据,存储服务器成为系统性能的瓶颈,不能满足大规模存储应用的需要。分布式网络存储系统采用可扩展的系统结构,利用多台存储服务器分担存储负荷,利用位置服务器定位存储信息,它不仅提高了系统的可靠性、可用性和存取效率,而且易于扩展。在当前的云计算领域,Google 的 GFS 和 Hadoop 开发的开源系统 HDFS 是比较流行的两种云计算分布式存储系统。

2. 分布式资源管理技术

云计算采用了分布式存储技术存储数据,那么自然要引入分布式资源管理技术。在多节点的并发执行环境中,各个节点的状态需要同步,并且在单个节点出现故障时,系统需要有效的机制保证其他节点不受影响。而分布式资源管理系统恰恰是这样的技术,它是保证系统状态的关键。另外,云计算系统所处理的资源往往非常庞大,少则几百台服务器,多则上万台,同时可能跨越多个地域。且云平台中运行的应用也是数以千计,如何有效地管理这批资源,保证它们正常提供服务,这需要强大的技术支撑。因此,分布式资源管理技术的重要性可想而知。全球各大云计算方案/服务提供商们都在积极开展相关技术的研发工作,其中 Google 内部使用的 Borg 技术很受业内称道。另外,微软、IBM、Oracle/Sun 等云计算巨头也都提出了相应的解决方案。

3. 分布式计算技术

与传统的关系数据库类似,云计算也包含了分布式文件系统(如 Google 的文件系统 GFS)和分布式表格系统(如 Google 的 Bigtable)两个部分,其中,分布式文件系统实现可靠、高效的数据存储和处理,分布式表格系统在分布式文件系统的基础上实现表的各种处理逻辑,如查询、修改、扫描等。鉴于开发和调试分布式程序有比较大的难度,实现高效的分布式程序挑战更大,因而云计算还有一个分布式计算系统(MapReduce),通过它,云计算上的分布式程序开发变得易如反掌,运行效率大大提升。MapReduce 既可以运行在分布式表格系统上,也可以直接运行在分布式文件系统上,可以达到很高的并行度,能获得很好的效果。

10.2.2 虚拟化技术

虚拟化(virtualization)技术是云计算系统的核心组成部分之一,是将各种计算及存储资源充分整合和高效利用的关键技术。所谓虚拟化是为某些对象创造的虚拟(相对于真实)版本,比如操作系统、计算机系统、存储设备和网络资源等。它是表示计算机资源的抽象方法,通过虚拟化可以用与访问抽象前资源一致的方法访问抽象后的资源,可以为一组类似资源提供一个通用的抽象接口集,从而隐藏属性和操作之间的差异,并允许通过一种通用的方式来查看和维护资源。

1. 服务器虚拟化

服务器虚拟化技术可以使一个物理服务器虚拟成若干个服务器使用(如图 10.5 所示)。服务器虚拟化是基础设施即服务(IaaS)的基础。服务器虚拟化具备以下功能和技术:

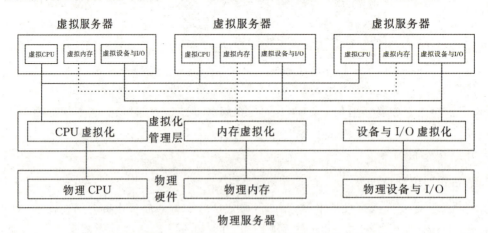

图 10.5 服务器虚拟化

(1)多实例:在一个物理服务器上可以运行多个虚拟服务器。

(2)隔离性:在多实例的服务器虚拟化中,一个虚拟机与其他虚拟机完全隔离,以保证良好的可靠性及安全性。

(3)CPU虚拟化:把物理CPU抽象成虚拟CPU。无论任何时间,一个物理CPU只能运行一个虚拟CPU的指令,而多个虚拟机同时提供服务将会大大提高物理CPU的利用率。

(4)内存虚拟化:统一管理物理内存,将其包装成多个虚拟的物理内存分别供给若干个虚拟机使用,使得每个虚拟机拥有各自独立的内存空间,互不干扰。

(5)设备与I/O虚拟化:统一管理物理机的真实设备,将其包装成多个虚拟设备给若干个虚拟机使用,响应每个虚拟机的设备访问请求和I/O请求。

(6)无知觉故障恢复:运用虚拟机之间的快速热迁移技术,可以使一个故障虚拟机上的用户在没有明显感觉的情况下迅速转移到另一个新开的正常虚拟机上。

(7)负载均衡:利用调度和分配技术,平衡各个虚拟机和物理机之间的利用率。

(8)统一管理:由多个物理服务器支持的多个虚拟机的动态实时生成、启动、停止、迁移、调度、负荷、监控等,应当有一个方便易用的统一管理界面。

(9)快速部署:整个系统要有一套快速部署机制,对多个虚拟机及上面的不同操作系统和应用进行高效部署、更新和升级。

2. 存储虚拟化

存储虚拟化的方式是将整个云系统的存储资源进行统一整合管理,为用户提供一个统一的存储空间(如图10.6所示)。存储虚拟化具有以下功能和特点:

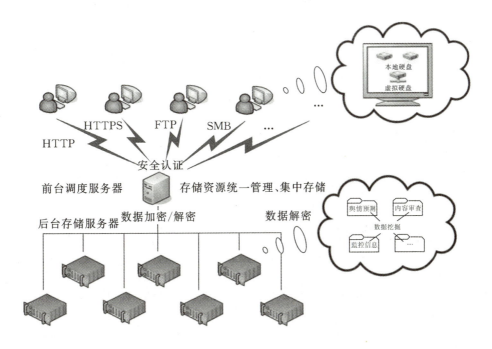

图 10.6 存储虚拟化

(1) 集中存储：存储资源统一整合管理，集中存储，形成数据中心模式。

(2) 分布式扩展：存储介质易于扩展，由多个异构存储服务器实现分布式存储，以统一模式访问虚拟化后的用户接口。

(3) 节能减排：服务器和硬盘的耗电量巨大，为提供全时段数据访问服务，存储服务器及硬盘不可以停机。但为了节能减排，需要利用更合理的协议和存储模式，尽可能减少开启服务器和硬盘的次数。

(4) 虚拟本地硬盘：存储虚拟化应当便于用户使用，最方便的形式是将云存储系统虚拟成用户本地硬盘，使用方法与本地硬盘相同。

(5) 安全认证：新建用户加入云存储系统前，必须经过安全认证并获得证书。

(6) 数据加密：为保证用户数据的私密性，将数据存到云存储系统时必须加密。加密后的数据除被授权的特殊用户外，其他人一概无法解密。

(7) 级层管理：支持级层管理模式，即上级可以监控下级的存储数据，而下级无法查看上级或平级的数据。

3. 应用虚拟化

应用虚拟化是把应用对底层系统和硬件的依赖抽象出来，从而解除应用与操作系统和硬件的耦合关系。应用程序运行在本地应用虚拟化环境中时，这个环境为应用程序屏蔽了底层可能与其他应用产生冲突的内容。应用虚拟化是 SaaS 的基础。应用虚拟化具备以下功能和特点：

(1) 解耦合：利用屏蔽底层异构性的技术解除虚拟应用与操作系统和硬件的耦合关系。

(2) 共享性：应用虚拟化可以使一个真实应用运行在任何共享的计算资源上。

(3) 虚拟环境：应用虚拟化为应用程序提供了一个虚拟的运行环境，不仅拥有应用程序的可执行文件，还包括所需的运行环境。

(4) 兼容性：虚拟应用应屏蔽底层可能与其他应用产生冲突的内容，从而使其具有良好的兼容性。

(5) 快速升级更新：真实应用可以快速升级更新，通过流的方式将相对应的虚拟应用及环境快速发布到客户端。

(6) 用户自定义：用户可以选择自己喜欢的虚拟应用的特点以及所支持的虚拟环境。

4. 平台虚拟化

平台虚拟化是集成各种开发资源虚拟出的一个面向开发人员的统一接口，软件开发人员可以方便地在这个虚拟平台中开发各种应用并嵌入云计算系统中，使其成为新的云服务供用户使用（如图10.7所示）。平台虚拟化具备以下功能和特点：

(1) 通用接口：支持各种通用的开发工具和由其开发的软件，包括 C、C++、Java、C#、Delphi、Basic 等。

(2) 内容审核：各种开发软件（服务）在接入平台前都将被严格审核，包括上传人的身份认证，以保证软件及服务非盗版、无病毒及合法性。

(3) 测试环境：一项服务在正式推出之前必须在一定的测试环境中经过完整的测试才行。

(4) 服务计费：完整合理的计费系统可以保证服务提供人获得准确的收入，而虚拟平台也

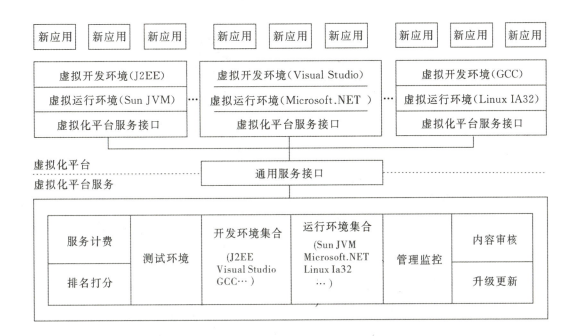

图 10.7 平台虚拟化

可以得到一定比例的管理费。

(5)排名打分:有一整套完整合理的打分机制对各种服务进行排名打分。排名需要给用户客观的指导性意见,严禁有误导用户的行为。

(6)升级更新:允许服务提供者不断完善自己的服务,平台要提供完善的升级更新机制。

(7)管理监控:整个平台需要有一个完善的管理监控体系,以防出现非法行为。

5. 桌面虚拟化

桌面虚拟化具有如下功能和接入标准:

(1)集中管理维护:集中在服务器端管理和配置的 PC 环境及其他客户端需要的软件可以对企业数据、应用和系统进行集中管理、维护和控制,以减少现场支持工作量。

(2)使用连续性:确保终端用户下次在另一个虚拟机上登录时,依然可以继续以前的配置和存储文件内容,让其使用具有连续性。

(3)故障恢复:桌面虚拟化是用户的桌面环境被保存为一个个虚拟机,通过对虚拟机进行快照和备份,可以快速恢复用户的故障桌面,并实时迁移到另一个虚拟机上继续进行工作。

(4)用户自定义:用户可以选择自己喜欢的桌面操作系统、显示风格、默认环境,以及其他各种自定义功能。

桌面虚拟化如图 10.8 所示。

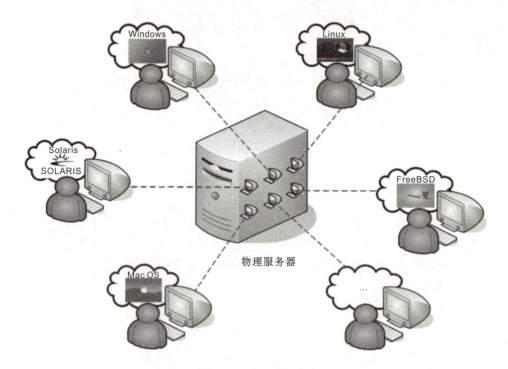

图 10.8　桌面虚拟化

10.2.3　并行编程技术

并行计算编程模型一直是并行计算研究领域中的重点内容,它和并行计算机体系结构紧密相关。并行计算编程模型一般包括两类:一类是在原有串行编程语言基础上,引入并行控制机制,提供并行 API、运行库或者并行编译指令,这类模型包括 OpenMP、MPI 以及大家广为熟悉的 MapReduce;另一类则是并行编程语言,其语言本身就是基于并行算法的,相对影响比较大的主要有 Erlang。

　　OpenMP　　　　　　MPI

1. MapReduce

MapReduce 是一种编程模型,用于大规模数据集(大于 1 TB)的并行运算。概念"Map(映射)"和"Reduce(归约)",是它的主要思想,是从函数式编程语言以及从矢量编程语言里借来的特性。它极大地方便了编程人员在不会分布式并行编程的情况下,将自己的程序运行在分布式系统上。当前的软件实现是指定一个 Map(映射)函数,用来把一组键值对映射成一组新的键值对;指定并发的 Reduce(归约)函数,用来保证所有映射的键值对中的每一个共享相同的键组。

MapReduce 是面向大数据并行处理的计算模型、框架和平台，它隐含了以下三层含义：一是 MapReduce 是一个基于集群的高性能并行计算平台（cluster infrastructure）。它允许用市场上普通的商用服务器构成一个包含数十、数百至数千个节点的分布和并行计算集群。二是 MapReduce 是一个并行计算与运行软件框架（software framework）。它提供了一个庞大但设计精良的并行计算软件框架，能自动完成计算任务的并行化处理，自动划分计算数据和计算任务，在集群节点上自动分配和执行任务以及收集计算结果，将数据分布存储、数据通信、容错处理等并行计算涉及的很多系统底层的复杂细节交由系统负责处理，大大减少了软件开发人员的负担。三是 MapReduce 是一个并行程序设计模型与方法（programming model & methodology）。它借助于函数式程序设计语言 Lisp 的设计思想，提供了一种简便的并行程序设计方法，用 Map 和 Reduce 两个函数编程实现基本的并行计算任务，提供了抽象的操作和并行编程接口，以简单方便地完成大规模数据的编程和计算处理。

MapReduce 基本原理如图 10.9 所示。

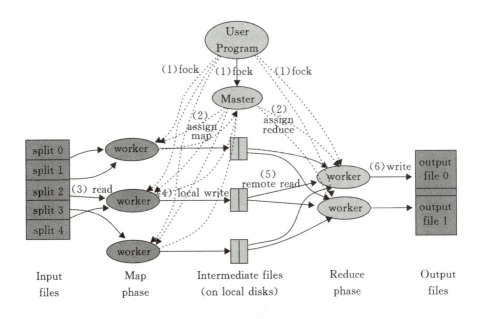

图 10.9　MapReduce 基本原理

2. Erlang

Erlang 首先是一种类似于函数的编程语言，这种语言天生就是为并行计算而设计的。本来这种比 Java 还古老的语言，一直无人问津，但是主机的多处理器、多核的发展趋势，特别是云计算的兴起，给 Erlang 又带来了生机。Erlang 不仅是程序设计语言，还是一个包括类似于 Java 的虚拟机在内的完整的平台。通过虚拟机，Erlang 独立于硬件平台和操作系统，在这个平台上实现了网络通信、内存管理、进程调度、并发机制和分布式计算等功能。Erlang 最初是由爱立信专门为通信应用设计的，因此非常适合于构建分布式、实时并行计算的系统。

Erlang 能够创建和管理大量的进程（不是操作系统级别的）。这些进程在不同的操作系统上有同样的行为,可以被垃圾回收,对运行地点透明,不会破坏其他进程的运行。同时,任意两个进程间完全独立,不共享任何状态,一切交流通过消息来传递,当然也就无须上锁。这样的设计思想造就了适合解决如下问题的 Erlang:①系统高度并发,Erlang 具有优秀的并行性能,特别适合高度并发操作;②实时处理,在并行情况下,Erlang 响应迅速,性能优良;③计算高度分布,Erlang 适合集群节点间的并行,也就是基于网络的分布式并行;④系统要求高度可靠,每年的脱机时间以分钟算,甚至永不宕机;⑤可靠性高,极大地提高了系统的容错性,进而提高了系统的可靠性。

对于经常需要更新、升级的系统,Erlang 能够在线更新,无须中断系统运行,新旧代码可以同时运行。可见,Erlang 非常适合于电信领域的应用,只是它是个小众产品和方案,熟悉它的人太少。其实,我们应该高度重视 Erlang,并进行深入研究,根据研究结果引入支撑系统的开发当中。

10.2.4　Web 2.0 和 HTML5 技术

1. Web 2.0 技术

Web 2.0 是为了区别于过往的以门户为代表的 Web 1.0 的称呼,Web 2.0 只是一个符号,它表明的是正在变化中的互联网,这些变化相辅相成,彼此联系在一起,它让社会性、用户、参与和创作这些元素浮出水面,成为互联网文化的中坚力量。Web 2.0 的最大特点是个人化、去中心化,同时强调社会化,强调开放、共享,强调参与、创造。基本上,Web 2.0 的绝大部分服务都存在一个个人标识明确的页面。Web 2.0 的最大改变就是普通人开始改变、创造网络,草根性质的或者更准确的说法是非专业、业余性质的参与。需要说明的是,草根并不是社会底层。Web 2.0 要凸现每个用户的价值,每个人在互联网上都可以创造自己的价值。

总之,Web 2.0 是以 Flickr、Craigslist、Linkedin、Tribes、Ryze、Friendster、Del.icio.us、43Things.com 等网站为代表,以 Blog、Tag、SNS、RSS、Wiki 等应用为核心,依据六度分隔、XML、Ajax 等新理论和技术实现的互联网新一代模式。

Web 2.0 主要技术

2. HTML5 技术

HTML 的全称是 hyper text markup language,即超文本标记语言,它是互联网上应用最广泛的标记语言。HTML 不需要进行编译,直接由浏览器执行。简单地说,HTML 文件就是普通文本＋HTML 标记(HTML 标签),不同的标记能表示不同的效果。HTML5 解决了HTML4 等之前规范中的很多问题,增加了许多新特性,如嵌入音频、视频和图片的函数以及客户端存储数据、交互式文档等,同时通过制定如何处理所有 HTML 元素以及如何从错误中恢复的精确规则,HTML5 进一步增强了互动性,并有效减少了开发成本。

广义的 HTML5 是指包括 HTML、CSS 和 JavaScript 在内的一套技术组合。其主要作用是减少网页浏览器对于需要插件的丰富性网络应用服务,如 Adobe Flash、Microsoft Silverlight 与 Oracle JavaFX 的需求,并且提供更多能有效加强网络应用的标准集。通过对 HTML5 的定义,我们可以了解到 HTML5 具有独特的优势:网络标准、多设备跨平台、自适应网页设计。这对于程序员来说是绝对的福音,因为你只需掌握 HTML5 就能即时更新自己的页面、适应多个浏览器。

对于互联网领域来说,HTML5 不再只是一种标记语言,它为下一代 Web 提供了全新的框架和平台,包括提供免插件的视频、图像动画、本体存储以及更多酷炫而且重要的功能,并使这些应用标准化,从而使 Web 能够轻松实现类似桌面的应用体验。对于编程人员来说,HTML5 的特点是具有革命性的,特别是其丰富的标签体系,类似于内置了很多快捷键,将取代那些完成比较简单任务的插件,可以降低应用开发的技术门槛。对于搜索引擎优化(search engine optimization,SEO)来说,HTML5 有利于搜索引擎抓取和索引网站内容,能够提供更多的功能和更好的用户体验,有助于提高网站的可用性和互动性。对于企业来说,HTML5 能够改变企业网络广告的模式与分布,助力传统企业 IT 应用移动化,帮助企业构建应用平台。

10.2.5 容器技术

虚拟化技术与容器技术在服务供给方式上有着相同的特点,容器可作为轻量化的虚拟机。虚拟机将多余资源虚拟化,而容器技术是对操作系统层进行虚拟化。容器技术类比于集装箱理论,将所需运行的应用程序或者库进行封装,可实现容器内部程序的直接运行。容器称作轻量级的虚拟机,突出了容器小型化的优势。随着实际需求的提升,需要同时创建几百或者几千个虚拟机并运行,会造成资源大量消耗并降低运行效率。而容器技术的出现使虚拟机的问题得到解决,因为容器是对操作系统进行虚拟化实现,共享同一个操作系统而无须重新构建,极大地提高了整体性能。

图 10.10 显示,容器可直接对物理资源层进行访问,这个优势让容器能够快速启动。容器

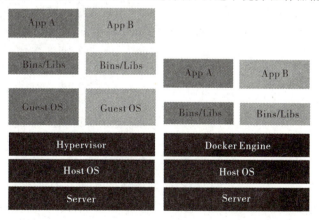

图 10.10 虚拟机架构与容器架构

所需镜像小且标准化统一,直接在运行环境上面进行简单高效地部署。容器技术仅需要对 Bins/Libs 进行打包,所占资源量极小,轻量化特性极强,并且具备虚拟机相互隔离、资源分配的优势。容器的性能以及效率接近物理机,其微服务化特性极大地提升了资源利用率。容器可实现不同平台之间的相互迁移,可移植性强,实现在不同平台的无差别运行。

在容器的发展当中,Docker 容器发展较快并且技术也较成熟,可作为容器的代名词。除了 Docker 容器外,还有 Mesos 容器和 CoreOS 容器。Docker 容器用 Go 语言实现,通过 Linux 内核提供容器技术服务。而在容器平台技术当中,将容器资源编排分为 Mesos、Kubernetes、Docker 三类引擎。

Mesos 引擎是由容器的集群资源调度和应用管理框架构成的,可直接管理数据中心的资源并进行资源分化,提高不同应用的开发效率,并实现在 Mesos 资源池中资源共享,提升资源的利用率。Kubernetes 引擎是用于资源分配调度的轻量级引擎,可以实现应用的管理编排,所构成的集群架构自成体系,进行应用程序的自动化安装、部署与运行。Docker 引擎为用户提供容器集群服务,由 Docker 开发实现容器资源管理;通过 Docker link 连接容器构建网络,根据不同的功能将容器集群划分成组并相互隔离;利用 Swarm 这个在 Docker 容器的基础之上建立的编排引擎,将容器组整合起来实现所有容器的全网络管理。

10.2.6 无服务器技术

从概念来看,无服务器计算是在无须最终用户管理的基础设施上托管应用程序的新方式,是 IaaS(基础设施即服务)演进的下一个阶段。它将底层基础架构从开发人员中分离出来,基本上虚拟化了运行时(虚拟机的一种,一般指进程级别的虚拟机)和运营管理,也就是我们通常说的 FaaS(功能即服务)。无服务器架构允许执行给定的任务而不必担心服务器、虚拟机或底层计算资源。

简单理解,无服务器计算像云服务一样,按需使用。当然,无服务器不是用户不需要服务器,而是不用去管服务器,底层的服务器管理工作由 AWS、Azure 或谷歌云等云服务提供商来做。无服务器计算能够快速发展,最具标志性的事件是 2014 年亚马逊推出的 AWS Lambda 服务,使无服务器技术成为主流趋势。无服务器计算被称为是一种健壮的开发方式,用户只有在需要的时候,才会用计算能力替代虚拟机,使用结束后便可即刻移走。比如,有企业需要进行服务器扩容,它可以通过 API 请求或文件上传的方式,进入事件配置,触发无服务器功能。一旦事件完成,服务器将进入空闲状态,等待下一个动作。

无服务器计算的优势:一是敏捷。由于开发人员在使用服务器时不部署、管理或扩展服务器,因此组织可以放弃基础设施管理,这极大地减少了操作开销。无服务器与微服务架构高度兼容,这也带来了显著的敏捷性好处。二是具有可伸缩性。无服务器升级和添加计算资源不再依赖于运维团队。没有服务器的应用程序可以快速、无缝地自动扩展,以适应流量峰值;反之,当并发用户数量减少时,这些应用程序也会自动缩小规模。三是计费模式灵活。在使用无服务器平台时,只需为需要的计算资源付费。无服务器架构引入了真正的按次付费模式,即客户只在执行某个功能时才付费。无服务器的计费模式使其成为具有较小负载要求的微服务器和具有"spikey"流量模式的应用程序的理想选择。与传统环境不同的是,它不需要为经常闲置的虚拟机或容器付费。四是安全。无服务器架构提供了安全保障。由于该组织不再管理服务器,因此分布式拒绝服务攻击的威胁性要小得多,而且无服务器功能的自动扩展功能有助于降低此类攻击的风险。

云计算技术发展趋势

10.3 云计算在金融中的应用

随着近几年云计算产业快速发展,云计算逐步向以金融行业为代表的传统行业加速渗透。同时,"互联网+金融"时代对金融行业的技术架构提出了新的要求,产品迭代越来越快、交易量峰值无法预测等挑战,要求金融行业必须尽快利用云计算技术提升信息化水平。

10.3.1 云计算在金融领域的应用价值

第一,云计算能有效降低金融机构 IT 成本。在性能上,云计算通过虚拟化技术将物理 IT 设备虚拟成 IT 能力资源池,以整个资源池的能力来满足金融机构算力和存储的需求。在物理设备上,云计算采用 X86 服务器和磁盘阵列作为基础设施。此外,通过云操作系统可以实现 IT 设备的负载均衡,提高单位 IT 设备的使用效率,降低单位信息化成本。因此,在 IT 性能相同的情况下,云计算架构的性价比远高于以大型机和小型机作为基础设施的传统金融架构。

第二,云计算具有高可靠性和高可扩展性。传统金融架构强调稳定性,扩展能力相对较差。在基础资源上,大型机或小型机只能纵向扩展提升能力(scale-up),不能实现更加灵活的横向扩展(scale-out)。因此,随着业务需求增加,服务器越来越大,且交付时间越来越长。传统应用架构强调单体应用,数据库强调数据强一致性,可扩展性差。在可靠性上,云计算可以通过数据多副本容错、计算节点同构可互换等措施,有效保障金融企业服务的可靠性。在可扩展性上,云计算支持通过添加服务器和存储等 IT 设备实现性能提升,快速满足金融企业应用规模上升和用户高速增长的需求。

第三,云计算的运维自动化程度较高。目前,主流的云计算操作系统都设有监控模块。云计算操作系统通过统一的平台管理金融企业内服务器、存储和网络设备。通过设备的集中管控,可以显著提升企业对 IT 设备的管理能力,有助于实现精益管理。此外,通过标签技术可以精准定位出现故障的物理设备,通过现场设备更换可以快速实现故障排除。而在传统金融架构下,若设备发生故障,基本每次都需要联系厂家进行维修,缺少自主维护能力。

第四,云计算是大数据和人工智能的支撑技术。云计算技术可以帮助金融机构通过统一平台,承载或管理内部所有的信息系统,消除信息孤岛。此外,信息系统的联通可以将保存在各系统的数据集中到一起,形成"数据仓库",从而实现内部数据的集中化管理。如果说大数据是金矿,金融云则可被看作是矿井。矿井的安全性、可靠性直接决定了金矿的开采效率。此外,云计算还为大数据和人工智能技术提供便利且可扩展的算力和存储能力。

10.3.2　云计算在金融领域大规模应用的障碍

虽然云计算已成为金融行业发展的助推器,但目前其在金融领域并没有得到大规模、深度应用,主要原因如下:

一是存在数据安全风险。金融行业涉及客户大量敏感信息,对信息安全及隐私保护非常重视。目前,大部分的金融数据都是各个机构保存在自己的系统之中,因此相对来说是安全的。而将业务数据迁移至云上,意味着云服务商需要对数据的安全性负责。从主观来看,由于云服务提供者具有访问用户数据的特权,当它是独立于金融机构的第三方时,存在利用特权收集、使用业务数据的风险;从客观来看,作为信息科技公司的云提供者存在倒闭的可能性,一旦云公司倒闭,使用其服务的金融机构直接面临业务中断和数据丢失的风险。

二是金融机构运营管理的控制权被削弱。金融机构作为云用户,无权管理控制云底层基础设施,对云上的某些应用程序仅具备有限的管理控制权,若云提供者不遵守其服务协议,将严重影响金融机构部署于云上的解决方案的质量。此外,云提供者与金融机构间一般存在较为遥远的物理距离,金融机构需要经由网络接入云环境,当网络出现延迟、波动等异常情况时,将影响金融机构相关业务的正常运营,较之机构内部管理控制IT资源的传统模式,金融机构对IT资源的管理控制权被削弱。

三是迁移成本巨大。金融行业是较早应用IT技术服务于自身业务、管理、决策的行业,现有的设备一般都是大型机,且运行平稳,除设备以外,相应的软硬件的投资成本也非常高。如果将这些能继续平稳使用的资源全部迁到"云"上,成本巨大且看起来并不是那么紧迫。因此,目前金融行业在云计算方面的操作都谨小慎微。

10.3.3　云计算在银行业中的应用

1. 各类商业银行探索云计算的共同出发点

我国各类商业银行根据自身的资源能力及特点,对云计算服务的应用有不同的出发点。综合我国各类商业银行云计算应用的战略需求,以下几个方面是其探索云计算的共同出发点:

(1)以云计算作为基础,淡化基础设施建设影响,节约IT投入成本。随着云计算技术的到来,IT基础设施对商业银行的影响开始逐渐减弱。从网上银行到移动银行,银行服务逐渐转移到新型电子化的平台上,新型的银行业服务模式冲击着传统服务模式,动摇着IT基础设施在银行业中的重要地位。云计算服务为商业银行电子化服务模式的快速发展,提供快速、有效、低成本技术支持。一方面,云计算缩短了技术部署的周期,加快了业务创新的速度;另一方面,云计算服务使银行不再需要顾虑某项新业务的硬软件及网络等IT资源的前期投入成本,大幅削减了开销。

(2)利用云计算快速且便捷的技术管理能力,增强内部技术和业务的支持水平。除了在

IT基础设施方面的优势外,云计算在软件支持、成本控制等方面也有显著的优势。随着信息技术的发展,商业银行需要快速获取新技术从而赶上产品和服务的创新步伐,这就意味着更多的IT成本投入,由此会影响业务方面的资源投入及发展。然而,云计算低成本、低维护、管理简洁方便的技术支持优势,使得商业银行可以改变业务和管理层面中技术支持不足的局面,在最大程度上将工作重心放到产品和服务的创新中,从而形成竞争优势。

(3)利用云计算快速部署和资源共享的特点,加快产品和服务的部署、开发、发布及创新。银行业发展的关键归根到底在于金融业务本身,产品和服务的创新则是银行业得以发展的首要任务。信息技术作为一种辅助手段,为产品和服务的创新提供了更可靠的多元化服务平台,通过提高产品和服务的质量及广度,为商业银行获得更多的经济利益。一方面,商业银行必须在创新业务方面占据领先地位,扩大在行业里的影响力和市场认可度;另一方面,以新业务作为切入点,拓展客户群,在新业务与传统业务互相结合的基础上,加快提升传统业务。而云计算技术的快速部署和资源共享特点,正好为金融业务产品创新提供了一个低成本的信息化平台,可以大力推动金融产品和服务的创新进程。

2. 大型银行宜用"私有云"

对于大型银行而言,资金不是问题,关键是必须能确保系统的安全稳定运行。银行业数据高度集中,数据量每年翻几倍,如果云计算服务商泄露银行数据,不仅会给银行造成经济损失,而且会影响其发展前景。大型银行可以通过搭建"私有云"来确保数据传输的安全,规避数据和应用环境脱离可控范围的风险,自行控制数据和软硬件资源。同"公有云"相比,"私有云"数据存放在银行内部网络的云端,对银行来说是完全透明的,而对互联网来说是完全物理隔离的。

依据我国目前的信息化发展水平,大中型银行都已经或者即将完成适合本行的"数据大集中",其中国有大型银行基本完成了区域性的数据集中建设,所有业务都通过一个或者几个数据中心来完成,实现了业务数据和应用的集中处理,为其之后采用"私有云"的云计算方式奠定了硬件基础。

3. 中小型银行可采用"公有云"

近年来,地方特色金融产业和服务的需求不断增强,金融监管体系日益完善。因此,中小银行纷纷建立,为地方经济建设的发展提供了强有力的金融支持。但是,同财力、人力雄厚的国有银行、各大股份制银行相比,少人缺钱的中小银行在信息化的建设上常常力不从心。我国的中小银行一直以来都有一个尴尬的现实——虽然规模小,业务却大而全。因此,中小银行对IT系统的要求,与大型银行几乎差别不大。但是从资源和实力上来讲,中小银行却与大银行相差甚远。"规模小、快速灵活"的中小型银行,很难在IT系统建设上一次性投入大笔资金。在此情况下,小型银行可以采用"公有云",将部分或者全部业务外包,既无须一次性投入巨资建设IT系统,也不用维护复杂的应用系统,只需找一家信得过的服务商,将这些应用交由云计算服务商提供,从而节约资金和人力成本,使中小型银行专注于存贷款业务以及金融服务产品创新。

对中小银行来说,采用"公有云"计算服务的意义主要在于以下几个方面:①从技术方面来看，中小银行无须再配备IT方面的专业人员就能获得最先进的应用技术，满足其对信息管理的需求。②从投资方面来看，中小银行只需以相对低廉的"月租服务费"方式投资，不用一次性投资大笔资金，不占用过多的营运资金，缓解了中小银行资金不足的压力。同时也不用考虑折旧问题，并能及时获得最新硬件平台、最新软件以及最佳解决方案。③从维护和管理方面来看，中小银行采取租用的方式使用IT系统，不需要专门的运维人员，不需要为其支付额外费用，从最大限度上减轻了中小银行在财力、人力上的压力，从而使其可以集中资金对核心业务进行有效开展和创新。④从时间方面来看，中小银行不再需要漫长的开发周期来完善其IT系统，只要从云计算服务商那里就可以获得最先进的应用技术和服务支持，加快了中小银行信息化建设的步伐。

思考题

1. 简述云计算的概念及其技术特征。
2. 简述云计算的服务模式。
3. 简述云计算的部署模式。
4. 简述云计算涉及的主要关键技术。
5. 简述云计算涉及的虚拟化技术。
6. 简述云计算的并行编程技术。
7. 简述容器技术与无服务器技术的区别与联系。
8. 简述云计算技术的发展趋势。
9. 简述云计算在金融领域的应用价值及其遇到的障碍。
10. 以银行业为例，谈一谈应当如何在该领域应用云计算技术。

第 11 章　区块链

区块链已成为近年来技术创新的热点名词和市场追捧的热门对象。从最初应用于数字货币到如今在多领域的广泛应用,区块链作为一种全新的信息存储、传播和管理机制,实现了数据和价值的可靠转移。作为网络时代的新一轮变革力量,在与现有技术结合催生新业态、新模式的同时,区块链技术的发展和深入应用仍需要漫长的整合过程,其核心机制、应用场景中存在的潜在风险也给技术应用和现有网络安全监管政策带来了新的挑战。

11.1　区块链概述

11.1.1　区块链的概念、特征与分类

1. 区块链的概念

关于区块链的定义有很多,但基本都是从技术与价值两个角度出发来阐述的。根据工信部信息中心发布的《中国区块链技术和应用发展白皮书》,区块链的定义可以分为狭义和广义两种。狭义区块链是一种按照时间顺序经数据区块以顺序相连的方式组合成的一种链式数据结构,并以密码学方式保证的不可篡改和不可伪造的分布式账本。广义区块链是利用块链式数据结构来验证和存储数据、利用分布式节点共识算法来生成和更新数据、利用密码学的方式来保证数据传输和访问的安全、利用由自动化脚本代码组成的智能合约来编程和操作数据的一种全新的分布式基础架构与计算范式。

通过以下四个角度理解区块链的概念,有利于更全面了解区块链技术:①从纯数学角度看,区块链是一项计算范式的高阶发展产物,其本质是一个分布式的、可共同维护的、去中心化的共享数据库。②从技术角度看,区块链是一个巨大的后台数据库,维护着可公开的分布式记账账簿。③从商业角度看,区块链是一个庞大的交易网络,能够在不需要中介的情形下实现个人之间的交易、价值和资产的转移。④从法律意义上看,区块链正在取代传统的信用实体,用于交易确认。

2. 区块链的特征

(1) 去中心化(decentralized)——分布式存储与对账。各节点记账并储存,每个节点都遵循同一记账交易规则,该规则基于密码算法而非信用,同时每笔交易需要网络内其他用户的批准(相当于验算),不需要第三方中介机构或信任机构背书。在传统的中心化网络中,对一个中心节点(如支付中介第三方)实行有效攻击即可破坏整个系统,而在一个去中心化的区块链的网络中,攻击单个节点无法控制或破坏整个网络。区块链的核心是去中心化,实现了架构、治理和逻辑上的去中心化,但去中心不等于消灭了中心,只是弱化了中心。区块链技术使用分布式核算和存储,不存在中心化的硬件或管理机构,任意节点的权利和义务都是均等的,系统中

的数据由整个系统中所有具有维护功能的节点来共同维护。同时,任一节点停止工作都不会影响系统整体的运作。中心式与分布式的示意图如图 11.1 所示。

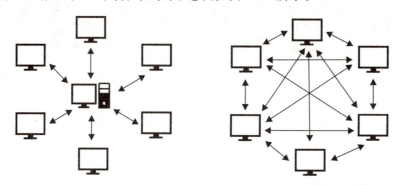

图 11.1　中心式与分布式

（2）去信任（trustless）——交易技术性执行。参与整个系统中的每个节点之间进行数据交换是无须互相信任的,整个系统的运作规则是公开透明的,系统内交易批准取决于所有节点共识性原则,规则对于所有节点公平且强制。所有的数据内容也是公开的,因此在系统指定的规则范围和时间范围内,节点之间不能也无法欺骗其他节点。

（3）集体维护（collectively maintain）。系统中的数据由整个系统中所有具有维护功能的节点来共同维护,而这些具有维护功能的节点是任何人都可以参与的。

（4）可靠数据库（reliable database）。整个系统将通过分数据库的形式,让每个参与节点都能获得一份完整数据库的拷贝。除非能够同时控制整个系统中超过 51% 的节点,否则单个节点上对数据库的修改是无效的,也无法影响其他节点上的数据内容。因此,参与系统中的节点越多和计算能力越强,该系统中数据的安全性越高。

（5）高度透明（open source）。由于整个系统的运作规则必须是公开透明的,所以对于程序而言,整个系统必定会是开源的。

（6）匿名隐私保护（anonymity）。由于节点和节点之间是无须互相信任的,因此节点和节点之间无须公开身份,在系统中每个参与的节点的隐私都是受到保护的。

3. 区块链的分类

（1）按照区块链的节点分布情况分类。按照网络范围（区块链的节点分布情况）,区块链可分为三种类型：公有链、联盟链和私有链。①公有链：节点不需要任何的身份验证机制,只需要遵守同样的协议,即可获取全部区块链上的数据,并且参与到区块链的共识机制中。②联盟链：针对特定的某些组织机构开放的区块链系统。③私有链：完全被某个组织机构控制并使用的区块链系统。表 11.1 对不同类型区块链进行了对比。

表 11.1　公有链、联盟链及私有链对比分析

属性	公有链	联盟链	私有链
参与者	任何人自由进出	联盟成员	个体或公司内部
共识机制	POW/POS/DPOS	分布式一致性算法	分布式一致性算法
记账人	所有参与者	联盟成员协商确定	自定义

续表

属性	公有链	联盟链	私有链
激励机制	需要	可选	不需要
中心化程度	去中心化	多中心化	（多）中心化
突出特点	信用的自建立	效率和成本优化	透明和可追溯
承载能力	3～20笔/秒	1000～10000笔/秒	1000～100000笔/秒
典型场景	虚拟货币	支付、结算	企业内部审计等

(2)根据对接类型分类。根据对接类型，区块链可分为单链、侧链和互联链三类。例如，比特币的主链和侧链、以太坊的主链和侧链、超级账本项目中的Fabric搭建的联盟链等。单链指能够单独运行的区块链系统，这些区块链系统拥有完备的组件模块，自成一个体系。侧链属于一种区块链系统的跨链技术，指遵守侧链协议的所有区块链，该词是相对比特币主链来说的。侧链协议是指可以让比特币安全地从比特币主链转移到其他区块链，又可以从其他的区块链安全地返回比特币主链的一种协议。互联链是通过跨链技术连接不同区块链设施，包括数据结构和通信协议，互联互通所形成的一个更大的生态区块链。例如，电商平台公有链＋物流公有链＋物流联盟链＋银行联盟链＋……，它们之间的相互协作、通信、共识就是一个典型的互联链。

(3)根据生态的应用范围分类。根据生态的应用范围，区块链可分为基础链和行业链两类。基础链是提供底层且通用的各类开发协议和工具，方便开发者在上面快速开发出各种分散式的应用程序(decentralized application，DAPP)的一种区块链，一般以公有链为主，典型案例如ETH、EOS等。行业链的底层技术不如基础链，但却是为某些行业特别定制的基础协议和工具。如果基础链是通用性公链，那么行业链可理解为专用性公链，典型案例如BTM、GXS、SEER等。

11.1.2 区块链的技术架构

各类区块链虽然在具体实现上各有不同，但其整体架构却存在共性，可划分为基础设施、基础组件、账本、共识、智能合约、接口、应用、操作运维和系统管理9部分，如图11.2所示。

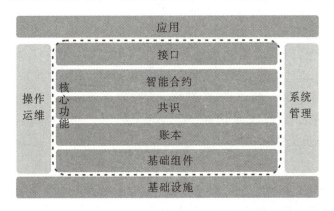

图11.2 区块链技术架构图

1. 基础设施

基础设施层提供区块链系统正常运行所需的操作环境和硬件设施(物理机、云等),具体包括网络资源(网卡、交换机、路由器等)、存储资源(硬盘和云盘等)和计算资源(CPU、GPU、ASIC等)。基础设施层为上层提供物理资源和驱动,是区块链系统的基础支持。

2. 基础组件

基础组件层可以实现区块链系统网络中信息的记录、验证和传播。在基础组件层中,区块链是建立在传播机制、验证机制和存储机制基础上的一个分布式系统,整个网络没有中心化的硬件或管理机构,任何节点都有机会参与总账的记录和验证,将计算结果广播发送给其他节点,且任一节点的损坏或者退出都不会影响整个系统的运作。具体而言,主要包含网络发现、数据收发、密码库、数据存储和消息通知五大模块。

3. 账本

账本层负责区块链系统的信息存储,包括收集交易数据、生成数据区块、对本地数据进行合法性校验,以及将校验通过的区块加到链上。账本层将上一个区块的签名嵌入下一个区块中组成块链式数据结构,使数据完整性和真实性得到保障,这正是区块链系统防篡改、可追溯特性的来源。典型的区块链系统数据账本设计,采用了一种按时间顺序存储的块链式数据结构。

账本层有两种数据记录方式,分别是基于资产和基于账户的数据模型。基于资产的数据模型中,首先以资产为核心进行建模,然后记录资产的所有权,即所有权是资产的一个字段。基于账户的数据模型中,建立账户作为资产和交易的对象,资产是账户下的一个字段。基于账户的数据模型可以更方便地记录、查询账户相关信息,基于资产的数据模型可以更好地适应并发环境。为了获取高并发的处理性能,及时查询到账户的状态信息,多个区块链平台正向两种数据模型的混合模式发展。

4. 共识

共识层负责协调保证全网各节点数据记录一致性。区块链系统中的数据由所有节点独立存储,在共识机制的协调下,共识层同步各节点的账本,从而实现节点选举、数据一致性验证和数据同步控制等功能。数据同步和一致性协调使区块链系统具有信息透明、数据共享的特性。

区块链有两类现行的共识机制,根据数据写入的先后顺序判定。从业务应用的需求看,共识算法的实现应综合考虑应用环境、性能等诸多要求。一般来说,许可链采用节点投票的共识机制,以降低安全为代价,提升系统性能。非许可链采用基于工作量、权益证明等的共识机制,主要强调系统安全性,但性能较差。为了鼓励各节点共同参与进来,维护区块链系统的安全运行,非许可链采用发行 Token 的方式,作为参与方的酬劳和激励机制,即通过经济平衡的手段,来防止对总账本内容进行篡改。因此,根据运行环境和信任分级,选择适用的共识机制是区块链应用落地应当考虑的重要因素之一。

5. 智能合约

智能合约层负责将区块链系统的业务逻辑以代码的形式实现、编译并部署,完成既定规则的条件触发和自动执行,最大限度地减少人工干预。智能合约的操作对象大多为数字资产,数据上链后难以修改、触发条件强等特性决定了智能合约的使用具有高价值和高风险,如何规避风险并发挥价值是当前智能合约大范围应用的难点。智能合约根据图灵完备与否可以分为两类,即图灵完备和图灵不完备智能合约。影响实现图灵完备的常见原因包括:循环或递归受限、无法实现数组或更复杂的数据结构等。图灵完备的智能合约有较强适应性,可以对逻辑较复杂的业务操作进行编程,但有陷入死循环的可能。对比而言,图灵不完备的智能合约虽然不能进行复杂逻辑操作,但更加简单、高效和安全。

当前智能合约的应用仍处于比较初级的阶段,智能合约成为区块链安全的"重灾区"。目前,提升智能合约安全性一般有几个思路:一是形式化验证。通过严密的数学证明来确保合约代码所表达的逻辑符合意图。此法逻辑严密,但难度较大,一般需要委托第三方专业机构进行审计。二是智能合约加密。智能合约不能被第三方明文读取,以此减少智能合约因逻辑上的安全漏洞而被攻击。此法成本较低,但无法用于开源应用。三是严格规范合约语言的语法格式。总结智能合约优秀模式,开发标准智能合约模板,以一定标准规范智能合约的编写,可以提高智能合约质量,提高智能合约安全性。

6. 系统管理

系统管理层负责对区块链体系结构中其他部分进行管理,主要包含权限管理和节点管理两类功能。权限管理是区块链技术的关键部分,尤其对于对数据访问有更多要求的许可链而言。权限管理可以通过以下几种方式实现:①将权限列表提交给账本层,并实现分散权限控制;②使用访问控制列表实现访问控制;③使用权限控制,如评分/子区域。通过权限管理,可以确保数据和函数调用只能由相应的操作员操作。

节点管理的核心是节点标识的识别,通常使用以下技术实现:①CA[①]认证,集中式颁发CA证书给系统中的各种应用程序,身份和权限管理由这些证书进行认证和确认。②PKI[②]认证,身份由基于PKI的地址确认。③第三方身份验证,身份由第三方提供的认证信息确认。由于各种区块链具有不同的应用场景,因此节点管理具有更多差异。节点管理现有的业务扩展可以与现有的身份验证和权限管理进行交互。

7. 接口

接口层主要用于完成功能模块的封装,为应用层提供简洁的调用方式。应用层通过调用RPC[③]接口与其他节点进行通信,通过调用SDK[④]对本地账本数据进行访问、写入等操作。同时,RPC和SDK应遵守以下规则:一是功能齐全,能够完成交易和维护分布式账本,有完善的干预策略和权限管理机制。二是可移植性好,可以用于多种环境中的多种应用,而不仅限于某些绝对的软件或硬件平台。三是可扩展和兼容,应尽可能向前和向后兼容,并在设计中考虑可扩展性。四是易于使用,应使用结构化设计和良好的命名方法方便开发人员使用。

8. 应用

应用层作为最终呈现给用户的部分,主要作用是调用智能合约层的接口,适配区块链的各类应用场景,为用户提供各种服务和应用。由于区块链具有数据确权属性以及价值网络特征,故目前产品应用中很多工作都可以交由底层的区块链平台处理。在开发区块链应用的过程

---

① 认证中心(certificate authority,CA)。
② 公钥基础设施(public key infrastructure,PKI)。
③ 远程过程调用(remote procedure call,RPC)。
④ 软件开发工具包(software development kit,SDK)。

中，前期工作须非常慎重，应当合理选择去中心化的公有链、高效的联盟链或安全的私有链作为底层架构，以确保在设计阶段核心算法无致命错误问题。因此，合理封装底层区块链技术，并提供一站式区块链开发平台将是应用层发展的必然趋势。

根据实现方式和作用目的的不同，当前基于区块链技术的应用可以划分为三类场景：一是价值转移类，数字资产在不同账户之间转移，如跨境支付；二是存证类，将信息记录到区块链上，但无资产转移，如电子合同；三是授权管理类，利用智能合约控制数据访问，如数据共享。此外，随着应用需求的不断升级，还存在多类型融合的场景。

9. 操作运维

操作运维层负责区块链系统的日常运维工作，包含日志库、监视库、管理库和扩展库等。在统一的架构下，各主流平台根据自身需求及定位不同，其区块链体系中存储模块、数据模型、数据结构、编辑语言、沙盒环境的选择存在差异，给区块链平台的操作运维带来了较大的挑战。

11.1.3 区块链的发展历程

区块链被称为"第二代互联网"，主要是因为其可以实现从信息互联网到价值互联网、从消费互联网到工业互联网、从公开互联网到加密互联网、从中心化互联网到分布式互联网的转变。加密技术、分布式网络技术快速发展为区块链的诞生奠定了强大的技术支撑。区块链的发展大致经历了1.0的数字货币时代、2.0的智能合约时代，将进入3.0的大规模信用社会时代。

1. 第一阶段：区块链1.0——数字货币

区块链是利用密码学方法相关联产生的数据块，用于验证信息有效性或防伪，并生成下一个区块。在区块链1.0阶段，以比特币为代表的数字货币和支付行为是最典型的应用。继2008年中本聪提出比特币设想后，2009年比特币正式上线运行。随着比特币在世界范围内的运用，人们开始意识到作为比特币底层技术的区块链具有去中心化的优良性质。区块链采用纯数学方法而不是中心机构建立信任关系，使得互不信任或弱信任的参与者之间能够维系不可篡改的账本记录。

具体而言，区块链1.0具有如下功能：①分布式账本（distributed ledger）。分布式账本是在网络成员之间共享、复制和同步的数据库，记录网络参与者之间的交易，部分国家的银行将分布式账本作为一项节约成本的措施和降低操作风险的方法。②块链式数据（linked data storage）。区块链采用带有时间戳的链式区块结构存储数据，从而为数据增加了时间维度，具有极强的可验证性和可追溯性。③梅克尔树（Merkle trees）。梅克尔树是区块链的重要数据结构，能够快速归纳和校验区块数据的存在性和完整性。④工作量证明（proof of work，PoW）。通过引入分布式节点的算力竞争保证数据的一致性和共识的安全性。

2. 第二阶段：区块链2.0——智能合约

区块链2.0进入可编程金融阶段。在这一阶段，区块链系统渗入经济、金融与资本市场，形成股票、债券、期货、贷款、抵押、产权、智能财产的智能合约。除了构建货币体系之外，区块链在泛金融领域也有众多应用案例。例如，智能合约的核心是利用程序算法替代人执行合同，这些合约包含三个基本要素：要约、承诺、价值交换。可以实现资产、过程、系统的自动化组合与相互协调。

区块链 2.0 具有如下功能：①智能合约（smart contract）。智能合约是一种旨在以信息化方式传播、验证或执行合同的计算机协议，能够在没有第三方的情况下进行可信交易。智能合约是已编码的、可自动运行的业务逻辑，通常有自己的代币和专用开发语言。②虚拟机（virtual machine）。虚拟机指通过软件模拟地运行在一个完全隔离环境中的完整计算机系统。在区块链技术中，虚拟机用于执行智能合约编译后的代码。③去中心化应用（decentralized application，DApp）。去中心化应用是运行在分布式网络上、参与者的信息被安全保护（也可能是匿名的）、通过网络节点进行去中心化操作的应用，包含用户界面的应用，包括但不限于各种加密货币，如以太坊（Ethereum）的去中心化区块链及其原生数字货币以太币（Ether）。

3. 第三阶段：区块链 3.0——信用社会

区块链 3.0 阶段是构建一个完全去中心化的社会网络，意味着可以极低的成本形成社会信任关系，从而使整个社会运行成本大幅下降。区块链 3.0 之下可以实现自动化采购、智能化物联网应用、虚拟资产的兑换和转移、信息存证等应用，可以在艺术、法律、房地产、医院、人力资源等各行各业发挥作用；将不再局限于经济领域，可用于实现全球范围内日趋自动化的物理资源和人力资产的分配，促进科学、健康、教育等领域的大规模协作。区块链技术可以击垮所有造成中间成本的私有信用机构，让价值交换双方直接挂钩，将重构整个社会。

11.2 区块链技术

区块链是一种由多方共同维护，使用密码学保证传输和访问安全，能够实现数据一致存储、难以篡改、防止抵赖的记账技术。典型的区块链以块-链结构存储数据，作为一种在不可信的竞争环境中低成本建立信任的新型计算范式和协作模式，区块链凭借其独有的信任建立机制，正在改变诸多行业的应用场景和运行规则，是未来发展数字经济、构建新型信任体系不可或缺的技术之一。

11.2.1 核心结构：区块+链

1. 区块（block）

在区块链技术中，数据以电子记录的形式被永久储存下来。存放这些电子记录的文件就称为"区块"。区块是按时间顺序一个一个先后生成的，每一个区块记录下它在被创建期间发生的所有价值交换活动，所有区块汇总起来形成一个记录合集。表现在数据库的形式上，区块呈现出来的形式就是一个个记录下交易流水或其他信息的文件，按时间先后顺序存储在数据库中。如果把整个区块链数据库想象成一本全世界流通的超级账本的话，那么一个个区块就是账本上单独的一页页纸，这些纸按时间先后顺序记录下了在规定的时间内世界上发生的所有价值交换活动。区块的生成时间由系统设定，通常平均每几分钟就会生成一个区块。

2. 区块结构（block structure）

区块中会记录下区块生成时间段内的交易数据，区块主体实际上就是交易信息的合集。每一种区块链的结构设计可能不完全相同，但大结构上分为块头（head）和块身（body）两部分。块头用于链接到前面的块，为区块链数据库提供完整性的保证；块身则包含了经过验证的、块创建过程中发生的价值交换的所有记录。具体而言，块头包含了与前一个区块有联系的引用（即前一个区块中所有价值交换信息经过算法压缩后形成的一个字符串）、本区块的相关情况（块大小、块生成时间）等信息，而块身包含了区块内发生的价值交换信息（交换数量、每一笔价值交换的详细情况等）。

区块结构如图11.3所示。

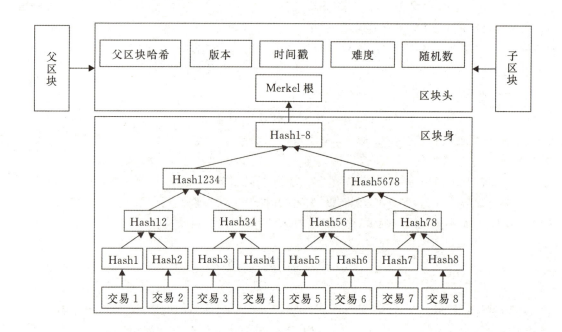

图11.3　区块结构

区块结构有两个非常重要的特点：一是每一个区块上记录的交易是上一个区块形成之后、该区块被创建前发生的所有价值交换活动，这个特点保证了数据库的完整性。二是在绝大多数情况下，一旦新区块完成后被加入区块链的最后，则此区块的数据记录就再也不能改变或删除，这个特点保证了数据库的严谨性，即无法被篡改。

3. 区块链（block chain）

顾名思义，区块链就是区块以链的方式组合在一起，以这种方式形成的数据库称为区块链数据库。区块链是系统内所有节点共享的交易数据库，这些节点基于价值交换协议参与区块链的网络。区块链将一个个区块像链条一样连接起来，环环相扣，囊括了这个价值交换系统中的所有交易数据，因此它记录了每一笔曾在此系统中发生过的交易，而没有发生过的交易、虚假的交易则不会被记录在册。只要进入区块链数据库，人们可以随时找到系统内任何时候、任何人支付或收到的价值交换活动的详细情况。

根据区块链的这个原理，要改变一个已经在区块链中存在一段时间的区块，从技术上来说几乎是不可行的。因为如果这个区块被改变，那它之后的每一个区块必须随之改变，因此试图篡改数据的人必须在同一时间入侵全球所有参与记录的节点并篡改数据（这样节点参与者才会相信虚假数据的真实性，从而在虚假数据的基础上生成新区块），但这样的入侵从技术上来说几乎是不可能的。

对于新生成的区块而言,任何区块都只有一条通向创世区块的路径。然而,从创世区块出发往下记录,却有可能产生区块分叉的问题。当两个以上的区块几乎同时产生时,就有可能在数据库的结构上生成包含多个区块的分叉路径。如果两个节点同时为一个区块盖上了时间戳,两者相互不知的话,就会产生分叉问题。区块链的设计如何来解决这个问题呢?当分叉情况出现时,参与记录的节点会根据收到区块的时间,在先收到区块(时间戳在前的区块)的基础上记录价值交换活动。哪个分叉区块的后续区块先出现,在这个后续区块中参与记录的节点就越多、块链就越长,这个区块就会被包括进主链。区块链网络会在一段短时间内消除这些分叉,仅让"最长"块链作为有效链而存活。块链是区块链技术最亮眼的创新,解决了之前困扰科学家们很久的网络交换中的"双花问题"。

4. 区块链的基本结构

可以用一句话总结区块链的基本结构:人们把一段时间内生成的信息(包括数据或代码)打包成一个区块,盖上时间戳,与上一个区块衔接在一起,每下一个区块的页首都包含了上一个区块的索引数据,然后再在本页中写入新的信息,从而形成新的区块,区块首尾相连,最终形成了区块链。区块链结构如图11.4所示。

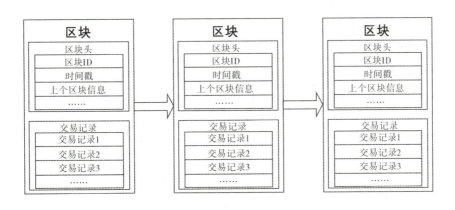

图 11.4 区块链结构

"区块+链"的结构为我们提供了一个数据库的完整历史。从第一个区块开始,到最新产生的区块为止,区块链上存储了系统全部的历史数据。区块链为我们提供了数据库内每一笔数据的查找功能。区块链上的每一条交易数据,都可以通过"区块链"的结构追本溯源,一笔一笔进行验证。

区块(完整历史)+链(完全验证)=时间戳,是区块链数据库的最大创新点。时间戳服务器是一款基于公钥基础设施(public key infrastructure,PKI)技术的时间戳权威系统,对外提供精确可信的时间戳服务。它采用精确的时间源、高强度高标准的安全机制,以确认系统处理数据在某一时间的存在性和相关操作的相对时间顺序,为信息系统中的时间防抵赖提供基础服务。

区块链数据库让全网的记录者在每一个区块中都盖上一个时间戳来记账,表示这个信息是这个时间写入的,形成了一个不可篡改、不可伪造的数据库。我们认为,时间戳是区块链中一项伟大的技术创新。①时间戳可以证明一个活动/一项发明的最先提出者/创作者是谁,只要先驱者的活动/发明在区块链中盖上时间戳再发布,则所有在其后发表的均为转载;②时间戳可以证明某人某天确实做过某件事情,由于信息记录和时间戳的存在,这个"存在性"的证明就变得十分简单了。

11.2.2　记录与存储:分布式结构

有了区块+链的数据之后,接下来就要考虑记录和存储的问题了。关于如何存储下"区块链"这套严谨数据库的问题,区块链的办法是构建一个分布式结构的网络系统,让数据库中的所有数据都实时更新并存放于所有参与记录的网络节点中。这样即使部分节点损坏或被黑客攻击,也不会影响整个数据库的数据记录与信息更新。区块链根据系统确定的开源的、去中心化的协议,构建了一个分布式的结构体系,让价值交换的信息通过分布式传播发送给全网,通过分布式记账确定信息数据内容,盖上时间戳后生成区块数据,再通过分布式传播发送给各个节点,实现分布式存储。

1. 分布式记账——会计责任的分散化

从硬件的角度讲,区块链的背后是大量的信息记录储存器(如电脑等)组成的网络,这一网络如何记录发生在网络中的所有价值交换活动呢?区块链设计者没有为专业的会计记录者预留一个特定的位置,而是希望通过自愿原则来建立一套人人都可以参与记录信息的分布式记账体系,从而将会计责任分散化,由整个网络的所有参与者来共同记录。如果每个参与的节点都记录价值交换活动的信息,那么谁的记录是正确的呢?区块链技术构建了一个规则,某个节点要想使自己记录的信息进入区块链数据库,成为全网统一的数据库中最新的一个区块,就必须使该节点记录的信息被所有其他节点批准。换句话说,每个节点既参与交换活动的记录,又参与账本记录信息的验证工作。只有满足这个条件,节点所生成的区块才被视为正确,从而加入区块链数据库中去,这个加入数据的正确性由全网的每一个节点来共同参与保证。每个节点都在参与记账,这些节点的运作共同构成了一个整体验证式的数据库记账机制。

2. 分布式传播——每一次交换都传播到网络中的所有节点

区块链中每一笔新交易的传播都采用分布式的结构,根据 P2P 网络层协议,消息由单个节点被直接发送给全网其他所有的节点。这种完全分布式的消息传播方式具有以下特点:①完全去除了中心化机构的"归集—分散"信息处理功能,所有交易信息在区块链数据库中都是个人直接对接个人;②区块链技术采用非对称加密的数学原理,虽然交易信息能发给全网的每一个节点,但只有拥有信息私钥的所有者才可以打开信息读取内容。以上两个特点保证了区块链数据库的"路径安全":信息拦截者无法通过特定信息传播路径来拦截想要截获的信息,因为每个节点都收到了信息。全球区块链节点分布的示意图如图 11.5 所示。

3. 分布式存储——数据信息的可容错性极高

区块链技术让数据库中的所有数据均存储于系统所有电脑节点中,并实时更新。完全去中心化的结构设置使数据能实时记录,并在每一个参与数据存储的网络节点中更新,这就极大地提高了数据库的安全性。即使个别节点发生故障(如数据丢失等),整个数据库系统也不会受到任何影响,因为其他节点存储的数据依然可用。分布式存储的思维完全去除了中心化存储时的中心点,保证了数据存储的安全性。

通过分布式记账、分布式传播、分布式存储这三大"分布"我们可以发现,没有人,没有组

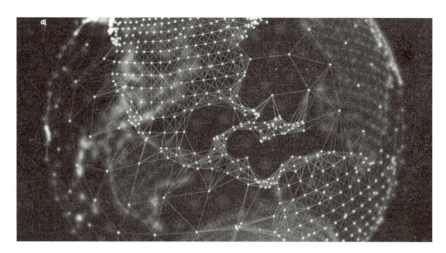

图 11.5　全球区块链节点分布示意图

织,甚至没有哪个国家能够控制这个系统,系统内的数据存储、交易验证、信息传输过程全部都是去中心化的。可以说,这是人类历史上第一次构建了一个真正意义上的去中心化体系。甚至可以说,区块链技术构建了一套永生不灭的系统——只要不是网络中的所有参与节点在同一时间集体崩溃,数据库系统就可以一直运转下去。

11.2.3　加密技术:非对称加密

什么是非对称加密？简单来说,它让我们在"加密"和"解密"的过程使用两个密码,两个密码具有非对称的特点:①加密时的密码(在区块链中被称为"公钥")是公开的、全网可见的,所有人都可以用自己的公钥来加密一段信息(信息的真实性);②解密时的密码(在区块链中被称为"私钥")只有信息拥有者才知道,被加密过的信息只有拥有相应私钥的人才能够解密(信息的安全性)。

如何才能做到这一点呢？这就要用到非对称加密数学了。在以非对称加密数学为基础的交易中,A 把价值转移给 B 时,必须用 B 的公钥来对交易信息加密,并将加密后的交易信息向全网广播,而这一加密信息只有拥有相应私钥的人才能解开。因此,B 如果用自己的私钥解开了这条加密信息,别人就能确信他的确是拥有私钥的人,B 就可以支配 A 转移给他的价值了。在这一过程中,全网络的任何人都在参与验证,只有当解密人 B 通过私钥解密证明自己是解密人时,这一次价值交换才会得到全网的传播和确认。为什么解密成功就能证明信息的所有权呢？因为在非对称加密下,题目的"求解"过程和"验证"过程具有不对称性。在求解过程中,椭圆曲线离散对数的加密算法保证了加密的过程非常安全,不拥有私钥而破解数学难题的可能性几乎为 0。在验证过程中,代入验证的难度级别远远低于没有私钥情况下的求解难度级别,因此一旦某人解开了数学难题,所有人都能很快地验证这一解答是否正确。

区块链系统内,所有权验证机制的基础是非对称加密算法。常见的非对称加密算法包括RSA、ElGamal、Diffie-Hellman、ECC(椭圆曲线加密算法)等。在非对称加密算法中,如果一个"密钥对"中的两个密钥满足以下两个条件:①对信息用其中一个密钥加密后,只有用另一个密钥才能解开;②其中一个密钥公开后,根据公开的密钥别人也无法算出另一个,那么我们就称这个密钥对为非对称密钥对,公开的密钥称为公钥,不公开的密钥称为私钥。在区块链系统的交易中,非对称密钥的基本使用场景有两种:①公钥对交易信息加密,私钥对交易信息解密。私钥持有人解密后,可以使用收到的价值。②私钥对信息签名,公钥验证签名。通过公钥签名验证的信息确认为私钥持有人发出。

11.2.4 智能合约:脚本

脚本可以理解为一种可编程的智能合约。如果区块链技术只是为了适应某种特定的交易,那脚本的嵌入就没有必要了,系统可以直接定义完成价值交换活动需要满足的条件。然而,在一个去中心化的环境下,所有的协议都需要提前取得共识,那脚本的引入就显得不可或缺了。有了脚本之后,区块链技术就会使系统有机会去处理一些无法预见到的交易模式,保证了这一技术在未来的应用中不会过时,增加了技术的实用性。

脚本与 Forth 类似,是一种简单的、基于栈的、从左向右处理的编译语言,它是图灵不完整的,且没有 LOOP 语句。我们在此不做过多技术上的解释,只呈现脚本系统的最后嵌入效果。一个脚本本质上是众多指令的列表,这些指令记录在每一次的价值交换活动中,价值交换活动的接收者(价值的持有人)如何获得这些价值,以及花费掉自己曾收到的留存价值需要满足哪些附加条件。通常,发送价值到目标地址的脚本,要求价值的持有人提供以下两个条件,才能使用自己之前收到的价值:一个公钥以及一个签名(证明价值的持有者拥有与上述公钥相对应的私钥)。脚本的神奇之处在于,它具有可编程性:①它可以灵活改变花费掉留存价值的条件,如脚本系统可能会同时要求两个私钥,或几个私钥,或无须任何私钥等。②它可以灵活地在发送价值时附加一些价值再转移的条件,例如,脚本系统可以约定这一笔发送出去的价值以后只能用于支付中信证券的手续费或支付给政府等。

11.2.5 区块链的技术瓶颈

1. 高耗能问题

国际金融理论中存在所谓的"不可能三角",而数字货币经济学中也存在"不可能三角",即不可能同时达到去中心化、低能耗、安全这三个要求。目前,中心化的体系解决了低能耗与安全问题,但中心化的问题无法解决;而区块链技术成功解决了去中心化与安全问题,但却带来了高能耗的问题。我们要维持区块链数据的安全性与可靠性,就必须保证全球多个节点同时参与记账,多个节点的数据共享过程实际上也是一个高耗能的过程。区块链是否在节约中心化成本问题的同时,又过度使用了电子能耗成本呢?技术的应用要考虑其系统的整体性,也许区块链技术的应用过程,就是一个权衡成本收益后让技术效用最大化的过程。

2. 存储空间问题

区块链数据库记录了从创建开始发生的每一笔交易,因此每一个想参与进来的节点都必须下载存储并实时更新一份从创世区块开始延续至今的数据包。如果每一个节点的数据都完全同步,那区块链数据的存储空间容量要求就可能成为一个制约其发展的关键问题。针对这个问题,目前市场中提出了两种解决方法:①创建一个"轻数据库"供非专业使用节点下载,这些"轻数据库"剔除了早期的无意义交易数据,为整个数据包减负;②互联网世界的存储技术也在高速发展,也许存储技术的发展会让数据库存储空间问题变得无足轻重。

3. 抗压能力问题

目前的区块链技术还没有真正处理过全世界所有人都共同参与的大规模交易。目前,已投入使用的区块链系统中的节点总数规模仍然很小,一旦将区块链技术推广到大规模交易环境下,区块链记录数据的抗压能力就可能无法得到保证。对于区块链的交易处理速度问题,目前市场中有两种解决办法:一是通过技术创新(如"超导交易"、清算型区块链等)加快区块链处理交易的速度;二是寄希望于区块链技术的摩尔定律能成立,区块链的可扩展性能得到加强。

4. 安全性问题

目前的区块链技术基于非对称密码学的原理,但随着数学研究和量子计算机技术的进一步发展,这些非对称加密的算法能否被破解呢?也许在未来,基于数学原理基础上的算法安全性会变得越来越脆弱,那时的区块链技术就失去了信任这一最根本的基石。对于这个问题,目前市场中正在整合更强的加密原理。

区块链技术发展趋势

11.3 区块链在金融中的应用

金融体系包含货币发行流通、金融工具、金融市场、金融中介、制度和调控机制等构成要素。从这几个核心构成要素来看,基于区块链在金融资产权益证明发放与流通中的应用,区块链将通过"一升一降三创新",为金融体系带来潜在积极的影响(如图11.6所示)。

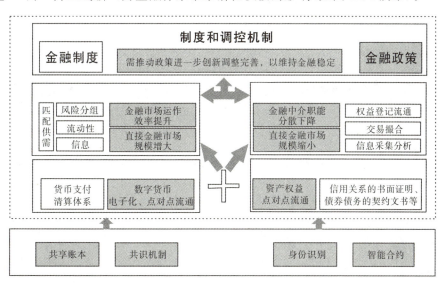

图11.6 区块链为金融体系带来潜在的积极影响

一升:基于区块链对加密数字代币以及金融资产权益实现电子化、点对点流通的创新应用,能增强金融过程中的投资者与借款者之间的点对点关联,继而使金融市场的运作效率会整体提升,使得直接金融市场的规模增大。

一降:区块链可能带来金融中介职能的下降、聚焦和转变,今后金融中介职能主要会针对实现投资者与借款者的交易撮合、信息采集分析等最重要的功能。

第一个创新:区块链对金融市场与金融中介带来一升一降的影响,继而可能推动金融制度与调控机制的创新调整与完善,从而在这一大机遇的背景下维持货币稳定与金融稳定。

第二个创新:以比特币为代表的加密数字代币基于区块链创新地实现了资产权益的远程点对点流通,逐步激发人们对区块链在货币发行流通中应用的探讨。

第三个创新:金融资产是作为储蓄者与借款者进行资金转移的重要手段,区块链可创新地实现金融资产权益的高效点对点登记流通。

11.3.1 数字货币

近年来,随着以比特币为代表的一系列加密数字代币价格不断高涨,区块链"造币"的浪潮愈演愈烈。与此同时,世界各国货币当局纷纷关注法定数字货币的实现技术并进行积极探索,数字货币成为区块链在金融领域应用的重要阵地。广义的数字货币,从发行机制上可分为两类:不以国家信用为背书发行的加密数字代币,以国家信用为背书发行的法定数字货币。

1. 加密数字代币

以比特币为代表的加密数字代币具有三个典型特点:一是无中央发行机构,算法自动产生数字代币;二是采用区块链实现远程点对点流通;三是供求决定价格,代币本身无内在价值。持续高强度的价格波动,使得比特币等加密数字代币更多被人们视为投机资产持有和交易,而非交易媒介。去中心化的加密数字代币体系,以区块链技术为基础,缺少内在价值及政府信用背书,其价格极易受市场预期影响,波动率极高,市场流动性难以得到保证,存在交易匿名、资金可跨国自由流动以及交易不可逆、防篡改等特征,可能给市场参与者及整个金融体系带来多种风险。

一是洗钱及恐怖主义融资风险。加密数字代币体系中服务提供商和用户均为匿名,模糊的交易链使得不法分子易于掩盖其资金来源和投向,这为洗钱、恐怖融资及逃避制裁提供了便利。国际货币基金组织、国际清算银行、经合组织等国际组织,以及英格兰银行、澳大利亚央行、新加坡金融管理局等监管机构都对加密数字代币相关的洗钱及恐怖主义融资风险表示了高度关注。

二是金融稳定相关风险。各大国际组织和各国监管机构普遍认为,目前加密数字代币市场价值及交易额较小,且金融机构极少参与,并未对金融稳定造成系统性威胁。随着加密数字代币使用范围和规模的扩大,单个加密数字代币体系风险演变为系统性风险的概率也将提升。此外,加密数字代币体系不具备稳定货币机制的特征,加密数字代币近乎刚性的供给规则可能造成结构性通货紧缩,且加密数字代币体系中没有可以承担最后贷款人角色的公共机构,缺乏最后贷款人为货币稳定提供保障,一旦出现风险事件,加密数字代币兑换商很容易遭到挤兑,对金融稳定造成冲击。

三是消费者权益保护面临的风险。加密数字代币流动性管理难度高,兑换商流动性管理出现问题时,消费者可能无法将加密数字代币兑换为法定货币。加密数字代币价格出现大幅波动时,持有者很可能遭受资金损失,投资风险极高。加密数字代币体系中的市场参与者几乎不受监管,用户资金安全缺乏保障。由于交易不透明,诈骗者建立虚假的电子商务交易网站,将收集的加密数字代币兑换为任意国家货币而不留任何交易痕迹。不仅如此,去中心化的加密数字代币体系中交易不可逆,且无法律框架明确交易各方之间的权利和义务关系,发生诈骗、盗窃、造假等事件时难以确定哪一方应当为事件负责,消费者权益缺乏保障。

2. 首次代币发行(ICO)

首次代币发行(initial crypto-token offering,ICO)指的是 ICO 项目方通过出售发行加密代币筹集资金,资金用于项目方启动资金或实现项目由概念设计向现实转化。区块链创业公司不以公司股票或债券为融资工具,而是发行自己的加密代币,通过众筹的方式,交换比特币、以太币等主流数字货币,以达到融资创业目的。加密代币可分为应用代币、权益代币和资产代币三类,其中,应用代币赋予投资者参与区块链项目活动的权利;权益代币用于持有区块链应用的股份,享有收益分红、投票权等;资产代币由现实中的真实资产作为支撑。

作为区块链创业企业前期融资的一种方式,ICO 融资方式日渐活跃。据 CB Insights 数据显示,仅 2017 年全球 ICO 融资金额超过 50 亿美元,而同期区块链领域的风险投资(venture capital,VC)融资规模约为 7.16 亿美元。相对于 VC 融资方式,ICO 具有门槛低、退出周期短等特点,但这些特点同时也使得 ICO 项目极具风险。由于 ICO 投融资门槛低,创业者成本极低,不受监管,因此广泛吸引了风险承担能力较低的普通投资者加入 ICO 大潮。

此外,ICO 项目存在较大的法律风险。2017 年 9 月 4 日,中国人民银行、中央网信办等七部委联合发布了《关于防范代币发行融资风险的公告》,公告指出代币发行融资本质上是一种未经批准非法公开融资的行为,涉嫌非法发售代币票券、非法发行证券以及非法集资、金融诈骗、传销等违法犯罪活动。与此同时,区块链领域的相关创业项目也屡屡遭受质疑。但在"9.4 禁令"发布之后,又陆续出现了首次分叉发行(initial fork offerings,IFO)、通讯的公开发行(initial token offerings,ITO)、专属设备挖矿(initial miner offerings)等模式,需引起业界和投资者的高度警惕。

3. 法定数字货币

法定数字货币在履行货币职能的同时,相关的支付清算系统有可能成为新一代金融基础设施,并对银行间清算结算、电子支付体系产生深远影响。英格兰银行早在 2015 年 2 月就发布研究报告,开始考虑发行官方数字货币,并与伦敦大学合作开发出央行控制的数字货币 RSCoin 代码并进行测试。相比于全球其他央行,我国央行对待数字货币的态度一直较为前瞻主动。2016 年 1 月 20 日,人民银行在召开的数字货币研讨会上首次对外公开发行数字货币目标,同年 11 月,中国人民银行印制科学技术研究所公开招聘相关专业人员,从事数字货币研究与开发工作。随后,央行数字票据交易平台原型系统测试成功。2017 年 7 月,央行数字货币研究所正式成立。2020 年 8 月,商务部发文将在京津冀、长三角、粤港澳大湾区及中西部具备条件的试点地区,开展数字人民币试点。

法定数字货币的发行与流通,除技术体系与发行环境外,仍有很多方面的限制因素需要逐一克服。首先,法定数字货币必须解决安全方面的隐患。迄今为止,安全性一直是制约数字货币发展的最重要的瓶颈因素之一。数字货币的使用者一般将其储存在移动设备、计算机或在线钱包中。如果其设备丢失或损坏,用户就会丢失其拥有的数字货币。此外,存放在在线钱包中也有可能被黑客攻击而窃取。目前,公有链系统存在51%攻击隐患,对于国家法定货币来说,这样的安全威胁是不能容忍的。其次,法定数字货币在个人隐私保护和信息公开方面需要进一步权衡利弊。数字货币以纯数字化形式存储,以身份信息代码和私钥作为确定所有权归属的重要依据,并主要以信息传输方式实现所有权转移的特征,使得数字货币比传统货币面临更为严峻的个人信息保护问题——一旦个人信息泄露,不仅可能侵犯个人隐私,而且还可能导致个人丧失对数字货币本身的控制,进而侵犯其财产权益。

11.3.2 支付清算

支付清算系统是经济金融活动的基础性支撑,是用以实现债权债务清偿及资金转移的一种金融安排。支付清算是区块链应用热度及成熟度仅次于数字货币的金融领域,其中尤其以跨境支付领域为典型代表。支付清算流程是一种典型的多中心场景,与区块链特性匹配度较高。当前,国内外市场主体开始尝试将区块链技术应用于跨境支付场景,同时部分中央银行对区块链技术作为大额支付系统的备选技术方案开展了测试。

1. 跨境支付业务与区块链

跨境支付业务发展现状

1)区块链在跨境支付领域的优势

一是效率更高。传统跨境支付模式中,银行会在日终对支付交易进行批量处理,银行间需要进行人工对账,通常一笔跨境支付需要至少24小时才能完成。而基于区块链的跨境支付接近于实时,它可以7×24小时不间断服务。汇款方可以很快知道收款方是否已经收到款,从而了解这笔支付是否出现了延迟或者其他问题。全球第一笔基于区块链的银行间跨境汇款在传统支付模式中需要2到6个工作日,而使用Ripple的技术,8秒之内即完成了交易。

二是成本更低。有研究显示,区块链技术在B2B跨境支付与结算业务中的应用将使每笔交易成本从约26美元下降到15美元,其中约75%为中转银行的支付网络维护费用,25%为合规、差错调查以及外汇汇兑成本。有研究指出,基于区块链的跨境支付应用能将支付处理成本降低81%,通过更少的流动性成本和更低的交易对手风险将财务运营成本降低23%,通过即时确认和实时进行流动性监控将对账成本降低60%。

三是降低了跨境支付参与方的门槛。传统跨境支付模式中,并不是所有银行都能加入环球银行金融电信协会(Society for Worldwide Interbank Financial Telecommunications,SWIFT),而且加入SWIFT的经济性有待商榷。而基于区块链的支付模式则更为平等,无论银行大小、金融机构大小，都能成为平等交易的主体，这种平等对接的实现所仰仗的是所有使用区块链技术的机构对区块链技术的信任。

2）应用探索

Ripple 是跨境支付区块链应用最早也是最成熟的解决方案。RippleNet 作为 Ripple 的核心，是一个共享的公开数据库，数据库中记录着账号和结余的总账，任何用户都可以阅读这些总账，也可读取 RippleNet 中的所有交易活动记录。RippleNet 中所有节点通过共识机制修改总账，且可以在几秒之内达成共识。Ripple 的用户进行交易转账时有两种模式可供选择，即网关模式与瑞波币（XRP）模式，XRP 是 Ripple 在 RippleNet 中发行流通的数字货币。

Visa 和 Chain 共同开发基于区块链的 Visa B2B Connect。Visa B2B 可以实现企业之间的数额巨大且过程复杂的跨境支付，资金实时转移，加快了交易速度，减少了在付款失败的情况下所需的复杂法律协议的环节。该系统可能最终会和区块链初创公司（如 R3 和 Ripple）开发的产品展开竞争，同时也可能会与部分银行内部的跨境支付项目展开竞争。Visa 已经在数千家银行安装了网络，并在全球 10 个国家的 30 家银行运营了 B2B Connect 原型。

2. 大额支付系统与区块链

1）区块链在大额支付系统中的应用优势

当前，许多国家和地区正着手对本国或地区的实时全额支付系统（real time gross settlement，RTGS）等金融市场基础设施进行升级和优化，区块链技术成为系统改造过程中的备选技术方案。区块链在大额支付系统中的应用优势如下：

一是提高支付清算效率。从理论层面来看，依托区块链技术特性，网络中的节点对于重要信息的维护达成一致意见，无须额外的人工对账操作，交易处理速度得以加快。此外，通过智能合约的应用，能够减少人为干预因素，进一步提高合同的执行效率，由此带来支付清算整体效率的提升。

二是提升业务流程透明度。区块链系统中的信息可以实时同步给参与者，在提升交易记录透明度的同时，有效降低逻辑冲突产生的概率。与传统中心化维护和控制模式不同，相关系统参与者在数据添加进账本之前，具有一定的话语权。这种分布式系统治理模式，在一定程度上使得系统中的信任机制得到强化。区块链网络中的全部历史交易记录公开、透明、可追溯，具备权限的系统参与者能够审查到交易信息创建的具体时点，动态掌握交易全貌。

三是强化系统弹性及稳健性。由于大额支付系统对稳健性的要求极高，提高系统操作弹性是区块链技术最具吸引力的优势。区块链系统中每个节点维护的账本是相同的，因而可以有效降低数据存储环节中"单点失败"导致的风险。在对区块链系统进行攻击时，需要取得多数参与者的一致同意，加大了成功实施网络攻击的难度。此外，系统参与者通过加密技术和电子签名，验证身份和交易的真实性，行使账本读写的权利，也有助于提升区块链系统的稳健性。

2）应用探索

从 2016 年开始，加拿大银行、英格兰银行、日本银行、欧洲中央银行、新加坡金融管理局等纷纷启动概念验证项目，围绕区块链技术（DLT 技术）在大额支付系统中的应用开展研究，对该技术作为实时全额支付系统底层技术的可行性进行论证。例如，加拿大开展 Project Jasper 项目，英格兰银行针对新一代实时全额支付系统开展调研项目，欧洲中央银行与日本银行联合开展 Stella 项目等。

在上述各国央行开展的区块链实验项目中,区块链技术的探索仍处于概念验证阶段,欧洲中央银行、英格兰银行和加拿大银行已公开表示,鉴于现阶段技术尚未足够成熟,本国(地区)的新一代实时全额支付系统暂时不会以区块链技术为底层技术基础。因此,区块链技术对大额支付系统所能产生的潜在效益,仍停留在理论层面。传统的实时全额支付系统多以中心化技术架构为基础,区块链技术模式是否具备中心化系统所提供的功能和优势,还需要市场主体通过持续深入的测试和实验加以印证。

11.3.3 供应链金融

供应链金融主要是由供应链上下游的全量业务数据驱动进行风险评估,数据流的透明度与流畅性是供应链金融发挥作用的重要基础。供应链金融有三种主要的融资模式:应收账款融资模式、预付款融资模式和动产质押融资模式。应收账款融资是指在供应链核心企业承诺支付的前提下,供应链上下游的中小型企业可用未到期的应收账款向金融机构进行贷款的一种融资模式。预付款融资是指企业通过未来货权向金融机构贷款的融资模式。动产质押融资是指企业以存货作为质押,经过专业的第三方物流企业的评估和证明后,金融机构向其进行授信的一种融资模式。在供应链金融业务实际运行过程中,往往存在数据信息不对称、交易信息伪造、业务操作风险和融资成本高等问题。

在基于区块链的解决方案中,可以以节点可控的方式建立一种联盟链的网络,涵盖供应链上下游企业、财务公司、金融机构、银行等贸易融资参与主体。然后,将各个节点贸易数据上链,通过区块链记录贸易主体资质、多频次交易、商品流转等信息。上链目的就是为了让各个节点保持同步,金融机构可获取二、三级中小型企业贸易的真实情况。有融资需求的企业将合同、债权等证明上链登记,可保证这些资产权益数字化以后不可篡改,也不可复制。最后,在联盟当中流转这些资产权益证明,实现点对点的连通,进一步提升数字资产证明流动性。基于区块链的供应链金融解决方案,可深度融合物流、资金流、信息流,构建行业数据业务真实性验证的统一方法,缓解信息不对称的问题,并基于智能合约属性使供应链金融业务顺利开展。

第一,区块链技术自带的时间戳与数据不可篡改性,可从一定程度上解决贸易背景真实性的问题。从供应商、核心企业、分销商到物流企业、仓储监管公司、金融机构等其他参与者,均可运用区块链技术,形成并共享各自在该供应链各环节中的各种交易——每个交易形成网络节点,节点信息通过全网认定,物流信息通过货物的地理位置信息体现,资金信息通过回款信息的更新及时通知收款方与金融机构,应收账款信息与应付账款信息及时准确更新给交易双方以及金融机构,仓储监管信息通过数字化信息及时提供给企业以及提供给动产质押融资的金融机构。各方从源头上获取了第一手真实有效的数据,构建了全新可靠的供应链信用体系,从而缓解了供应链金融服务中的信用风险问题。

第二,区块链技术可提升供应链金融业务中各主体的信用资质,重塑信用体系。在传统的供应链金融模式中,始终存在对核心企业的依赖,这是中心化的模式。而区块链技术具有去中心化的显著特征,能够保证链条中各个主体之间的信息完整和通畅,提升各个主体整体的信用资质,建立分布式的信用体系。通过区块链技术,有望将传统的 1+N 模式的供应链金融扩展到 M+N 模式的供应链金融,让核心企业不需要专门为供应链金融而做供应链金融,而是通过区块链技术在供应链业务中,自然获得供应链金融服务。

第三,区块链的智能合约属性可融入供应链金融业务中,提升全链的运营效率和风控等级。智能合约可提供项目立项、尽职调查、业务审批、保理协议/合同签约、账款登记及转让、贸易融资(贷款发放)、贷后管理、账款清算等保理业务全过程的应用服务,助力保理企业构建及完善互联网+金融的经营模式,从而更为有效地提高其获客、展业、风险识别与控制的能力,为供应链上下游企业提供更优质的金融服务,进而形成完整的供应链金融生态圈。

11.3.4 证券交易

自 20 世纪 70 年代起,信息技术助力证券业逐渐实现电子化、网络化的交易结算体系,有力地推动了多层次资本市场的快速发展和市场各参与主体的信息化建设。近年来,证券业务逐步向移动互联网方向转移,进一步降低了证券机构的运营成本,提高了运行效率。而传统的证券行业在证券登记时,一般采用第三方公信力机构和纸质文件,但纸质证券管理存在过程烦琐、规范性较差等问题。

当前证券体系结构最大的特点是有中心化的第三方信用或信息中介机构作为担保,帮助人们实现价值交换。作为一种信息技术的新型模式,区块链技术具有共识机制、不可篡改等特性,能够实现互联网从中心化信任到弱中心化的转变,这给证券行业带来了新的可能。私募股权管理、公募证券发行交易可以通过区块链技术被重新设计和优化,如图 11.7 所示。

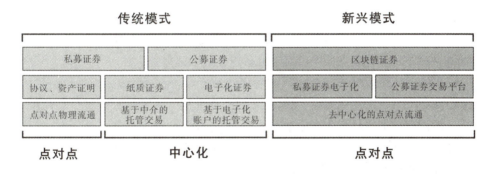

图 11.7 证券资产形式与流通方式的变迁

1. 私募证券的电子化

未上市公司的股权,目前往往是通过协议(工商部门等第三方登记)、资产证明(如股东名册、股权证等)或者纸质证券来证明资产的所有权。针对这一点,区块链可以在不改变私募证券流通规则的基础上,替代纸质文件作为证券资产的自制电子化载体,实现私募证券的登记和流通。私募证券的电子化是未来发展趋势,区块链可以采用分布式账本记录股权信息,作为股权登记的电子凭证,在不依赖第三方公信机构的情况下实现证券登记的无纸化。同时,充分利用区块链账本的安全透明、不可篡改、易于跟踪等特点,记录公司股权及其变更历史,使股权登记证明更加高效可信,具有重要意义。

一是具有合规性。无论是《中华人民共和国公司法》还是其他法律法规,均没有对公司自行维护的股东名册的表现形式做出任何特定限制。公司可以自己选择采取任何有成文纪录的形式来创建并维护股东名册,因此采用区块链实现股东名册的电子化具有合规性。

二是更易实现规范化。公司证券通过区块链实现电子化之后,除了股东名册信息,公司股权私募、股权众筹、员工持股等多种股权关系也可以记录在区块链分布式账本中,同样具有不易篡改、可追溯的特点,可作为股权关系的唯一凭证,使公司证券管理更具完备性、规范性。

三是体现了公司自治精神。区块链对私募证券登记管理在本质上削弱了提供公信力的第三方主体的功能,证券登记、交易不必经过特定的第三方主体,而是靠参与者全体来共同维护一套登记系统。从所实现的功能上来看,区块链一方面将记录的权利交给了公司自己,体现了自治的精神;另一方面也能确保信息纪录的公开、透明及真实性,使权利争议最小化。

2. 公募证券发行交易平台

与私募证券不同,公募证券登记、发行、交易、清结算业务发展比较成熟。但相关方在清结算环节存在多方对账的效率问题,区块链作为一种分布式账本技术,可以提供一种证券清结算的解决方案。在区块链分布式记账模式中,每个市场参与者都有一份完整的市场账本,共识机制保证证券登记在整个市场中同步更新,保证内容的真实性和一致性,在没有中央证券存管机构的情况下,实现交易结算。

一是货银对付,降低违约风险。证券交割和资金交收被包含在一个不可分割的操作指令中,交易同时成功或失败,实现货银对付并降低因一方违约另一方受损的风险,违约风险的减少也会降低其他风险出现的可能。

二是增强分布式账本保障系统的安全性。证券结算不再完全依赖中央登记结算机构等中央对手方,每个结算参与人都有一份完整账单,任何交易可在短时间内传送至全网,分布式账本保证了系统安全性,可有效降低中央对手方单点失败的风险。

三是减少中介、简化结算流程。区块链技术将减少中介、简化结算流程,实现"交易即结算"模式。现有证券结算制度业务流程长,冗长的结算流程导致更久的资金占用和更多的风险敞口,而基于区块链技术的分布式登记结算系统,可降低系统风险和成本,提高结算效率。

四是智能合约将证券变成智能资产。股票的分红派息、股东投票、禁售限制等可以程序化、自动化实现,尽最大可能地减少人工操作。

区块链技术除了金融领域的上述应用之外,在保险和征信等领域也有广泛的应用。

区块链技术在保险中的应用

区块链技术在征信中的应用

1. 什么是区块链,区块链具有哪些特征?

2. 简述区块链的技术架构。
3. 简述"区块+链"结构的工作原理。
4. 简述区块链分布式记录和存储原理。
5. 简述非对称加密的特点及其在区块链中的应用场景。
6. 简述区块链智能合约发展方向。
7. 简述区块链技术在发展中遇到的瓶颈问题。
8. 简述加密数字代币的特点及面临的风险。
9. 根据区块链技术特点,谈一谈区块链技术在跨境支付领域的应用优势。
10. 传统供应链金融存在哪些问题,区块链技术可以提供哪些解决方案?
11. 区块链技术能对传统证券领域带来哪些变革?

场景篇

金融行业是人工智能重要的应用场景，人工智能在金融行业的应用改变了金融服务行业的规则。传统金融机构与科技公司共同参与，构建了更大范围的高性能动态生态系统，参与者需要与外部各方广泛互动，获取各自所需要的资源。因此，在智能金融生态系统中，金融机构与科技公司之间将形成一种深层次的信任与合作关系，从而提升金融公司的商业效能。人工智能技术以其强大的数据处理能力以及自我学习能力，使其应用在金融领域的各个环节中。与传统人工处理业务相比较，人工智能在金融领域中的应用有诸多独特优势。金融领域数据复杂多变、易受外部环境影响，而数据为各种政策的制定实施提供了强有力的理论支持，因此实时掌握最新的金融数据，把握经济动态走向显得尤为重要。人工智能在金融领域的重要特点，决定了其在金融领域的重要地位，并应用到多种场景当中。按照金融机构业务流程的前台、中台、后台三大模块及相应的场景，本篇重点介绍智能金融应用场景情况。

第 12 章　金融机构业务前台应用场景

目前,人工智能技术在银行、理财、投研、信贷、保险、风控、支付等领域得到了实践,并呈现出向各个领域渗透的趋势。围绕着金融行业支付、客服、投顾、理赔、营销、开户等前台业务,已经衍生出智能支付、智能客服、智能投顾、智能理赔、智能营销、智能开户等智能应用场景。

12.1　智能支付

支付是发生在购买者和销售者之间的金融交换,是社会经济活动所引起的货币债权转移的过程。随着人类文明的不断演进,支付方式也在悄无声息地发生着变化。

12.1.1　智能支付的概念

智能支付的概念是在互联网支付和移动支付的基础上,伴随着人工智能技术的发展而兴起的,目前尚未有统一的定义。我们暂且将其定义为以人工智能等技术为载体,进行资金转移。

在海量消费数据累积与多元化消费场景叠加影响下,手环支付、扫码支付、近场通信(near field communication,NFC)支付等数字化支付手段已无法满足现实消费需求,以人脸识别、指纹识别、虹膜识别、语音识别等生物识别载体为主要手段的智能支付逐渐兴起,同时科技公司纷纷针对商户和企业提供多样化的场景解决方案,全方位提高商家的收单效率,并减少顾客的等待时间。智能支付作为承载线上和线下服务的有效连接,结合智能终端、物联网以及数据中心,能够将结算支付、会员权益、场景服务等功能多角度呈现给消费者,同时可以将支付数据与消费行为及时反馈至后台,为商户进行账目核对、会员营销管理、经营数据分析等工作提供支持。未来,以无感支付为代表的新型技术将提供无停顿、无操作的支付体验,全面应用于停车收费、超市购物、休闲娱乐等生活场景。智能支付关键实现流程如图 12.1 所示。

科技和互联产业的进步让中国民众获得巨大的"获得感"。有调查显示,在科技领域对国人"获得感"的贡献率中,信息技术占比高达 61%,超过其他四个领域贡献率的总和。其中,移动支付以 26.91% 的比率排名第一,从侧面说明了正在改变人们日常生活的移动支付对老百姓来说"感知度"较高。移动支付的发展不仅在支付方式上带来了便捷,也促进了网络购物、共享单车等领域的快速发展。移动支付、远程认证、生物识别等技术正在改变中国人的消费和生活习惯,给民众带来了实实在在的"获得感"。

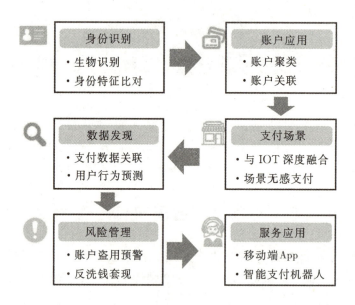

图 12.1　智能支付关键实现流程

12.1.2　人工智能在支付领域的创新

未来金融科技需要推进更多的创新,而这些创新背后是对于基础技术能力的夯实。支付产业要想在新的市场环境中占据有利位置,需要借助人工智能技术,提高以下三种基础能力:

一是应对海量交易的智能并行计算能力。计算平台首要的能力是智能管理成千上万台服务器,提升计算效率,降低计算成本,提供更为多样的计算能力。这里解决的关键问题是如何在分布式下解决交易的一致性、可靠性、安全性问题。

二是提供智能决策的算法能力。金融场景中的信用、风控、定价、营销,都是对一个用户行为或者需求的洞察,背后基础能力就是实时决策引擎。决策引擎做得最关键的事情就是有效地组合规则、算法模型,高效即时处理海量、多维的非结构化信息,抽取知识,并在尊重金融规律的基础上,为各种金融业务提供决策支持。

三是数据管理和智能分析能力。如何采用更为安全可靠的方式去管理数据也是支付行业需要解决的问题。在未来,数据隐私保护是非常关键的金融科技能力。同时,采用神经网络、深度学习等先进算法,对数据进行智能分析、洞察也是未来支付公司必须具备的能力。

目前,通过人工智能创新支付业务主要表现在以下几个方面:

一是人工智能创新支付服务方式。以人工智能为代表的人脸识别、语音识别、指纹识别技术正在改变传统支付方式,促使银行、非银行支付机构创新智能支付服务。

二是人工智能提升用户支付体验。通过"智能语音"服务、生物识别身份认证、智能投资顾问等方式为客户带来更快捷、更便利、更智能的操控体验,进一步提升了客户服务水平,节约了人工运营成本。

三是人工智能提高支付运营效能。通过现实人脸图像与联网核查图像、客户身份证图像交叉比对,由人工智能算法引擎完成身份认证,改善了金融服务供给,提升了金融服务效率,提高了支付运营效能。

12.1.3 智能支付领域的应用实践

1. 无人商店

2018年7月,首家苏宁无人小店在南京试营业。继社区店、CBD店、大客流店后,无人店作为小店的第四种店面模型登陆便利店行业市场,让消费者能亲身体验智慧零售的魅力。很多人对无人商店的理解可能还停留在自助扫码、移动支付上,而苏宁无人小店的机械臂可以为消费者提供简单的餐饮服务。消费者只需点击屏幕上的产品下单后,场内的多支机械臂就会得到指令,为消费者准备食品。自助结账区是指顾客买好商品后,无须一件件扫码,只要一次性把选购的商品放进扫码区就可以了,机器会自动识别RFID码,给出商品总价。

2. 公交车刷脸支付

2019年1月,金华公交成了全国首个支持"刷脸乘车"的试点,"刷脸乘车"运用人脸识别技术,只需要建立乘客出行人像信息库,利用摄像头动态获取客流信息,便可利用识别技术进行人脸精确对比。乘客走进金华市公交集团营运二公司的8路、9路公交车时,无须任何操作,车上的车载机瞬间截取乘客的人脸照片,然后发出"通过"的声音。通过"刷脸乘车"系统,还能实现客流流向大数据分析、班车及驾驶员管理、乘车实名制、公共安全管理等技术。

3. 智能音箱支付

亚马逊推出了一款全新概念的智能音箱——Echo。这款产品最大的亮点是将智能语音交互技术植入传统音箱中,从而赋予了音箱人工智能的属性。这款产品不但能播放音乐、新闻,还可以通过语音网购下单、叫车、订外卖等。

12.2 智能客服

近几年,随着人工智能技术的深入发展及其在各行各业加快落地化部署,客服行业已逐渐成了人工智能技术众多落地应用中的重点应用场景。智能客服可以为企业解决大量重复的、可自动化的工作内容,客服自动化普及将成为企业未来人工智能变革的主要方向,也是提高企业运作效率、推动企业和社会生产力发展的有效手段。

12.2.1 智能客服的概念

在银行、保险、互联网金融等领域的售前,电话销售、售后客户咨询及反馈服务频次较高,对呼叫中心的产品效率、质量把控以及数据安全提出了严格要求。智能客服是基于大规模知识管理系统,面向金融行业构建企业级的客户接待、管理及服务智能化解决方案。

在与客户问答交互过程中,智能客服系统可以实现"应用—数据—训练"闭环,形成流程指引与问题决策方案,并通过运维服务层以文本、语音及机器人反馈动作等方式向客户传递。此外,智能客服系统还可以针对客户提问进行统计,对相关内容进行信息抽取、业务分类及情感分析,了解服务动向并把握客户需求,为企业的舆情监控及业务分析提供支撑。智能客服系统服务体系架构及主要功能如图12.2所示。据不完全统计,目前金融领域的智能客服系统渗透率已达到20%~30%,可以解决85%以上的客户常见问题。针对高频次、高重复率的问题解答,智能客服的优势更加明显,可以缓解企业运营压力并合理控制成本。从本质上而言,智能客服依然以客户为中心,从目前发展情况来看,智能客服还有很长的路要走。

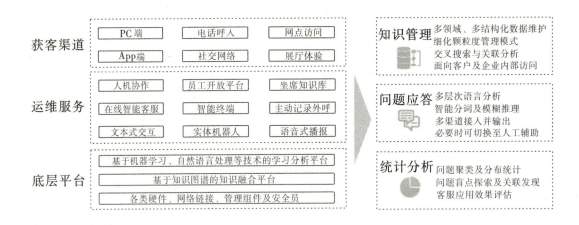

图 12.2　智能客服系统服务体系架构及主要功能

一方面,目前的人工智能技术水平还不能让智能客服取代人工客服。智能客服常用于对用户意图的理解和预测上,对一些复杂、特殊问题的解决能力有限。当下最常见的还是"智能＋人工"模式,即普通常见的问题由智能客服进行解决,复杂、特殊问题转接人工客服。而且从用户习惯来讲,相对于使用机械式答案回复的智能客服,大多数人还是喜欢充满"人情味"的人工客服。

另一方面,则是"主动"与"被动"的问题,即智能客服能否主动与客户进行沟通,提高满意度,增加交易的成功率?智能客服只能被动地等待提问然后回答吗?针对B端客户,使用相关产品除了节约人力劳动成本之外,是否还能为其带来附加值?这些都是未来智能客服要解决的问题。

综合来看,客服的出现是为了方便企业与用户进行有效的沟通,或者辅助用户在企业所提供的服务中有一个良好的消费体验。无论是智能客服还是人工客服,在追逐风口发展的同时都不能忘记初心,不能忽略其"以客户为中心,实现用户服务体验的升级"的本质。

12.2.2　人工智能在智能客服领域的创新

1. 智能客服能够大量节约成本

智能客服在国内金融领域的应用呈蓬勃发展之势,很多银行和金融机构已拥有或正在开发自己的智能客服系统。应用较早的如招商银行信用卡中心2013年率先在微信推出智能"微客服"平台,实现即时交互服务。交通银行也于2013年在微信推出"交通银行微银行",并于2015年推出国内第一个智能客服机器人——"交交",在25个省市的交行营业厅正式"上岗"。2014年以来,各大银行、证券、保险、基金等金融机构纷纷推出智能客户服务,以至于到2016年,银行业客服人数连续三年下降,智能客服成为趋势。在互联网金融范围,智能客服的典型应用如蚂蚁金服,其95%的远程客户服务已经由大数据智能机器人完成,同时实现了100%的自动语音识别,蚂蚁金服客户中心整体服务量超过500万人次。

目前传统客服行业普遍存在三个短板:一是客服体验不友好,二是顾客等待时间长,三是没有从根本上解决顾客关心的服务问题。同时,传统客服系统无法解决多渠道的有效沟通、成本高、效率低等问题。

首先,从智能客服的角度看,它实现客服的自动化,可以大大减少人工客服的工作量,节约80%的人工成本。其次,智能客服可以方便地实现多平台多渠道的沟通。再次,智能客服响应时间快,不知疲倦,服务态度不受感情影响,可以改善客户体验。此外,人工客服职位容易受到顾客情绪的影响,作为团队管理者需要兼顾员工的情绪,但是智能客服就不存在管理员工情绪的问题,企业管理层的情绪管控成本也可以进一步降低。

然而,目前智能客服仍然存在很大的困难和挑战,主要表现在:如何根据上下文有效理解用户意图,如何根据常识进行推理,如何模拟人类感情在对话中与用户互动等。总而言之,从使用效果上看,智能客服离模拟真人智能还有一些距离,但已给许多企业的客服部门带来了很大的实际效益。

2. 智能客服能够提升用户体验

除了节省成本外,企业往往还会忽略跟用户建立良好、忠诚的关系——良好的用户体验——所带来的间接但长期的收益。一份来自Gartner的统计显示,89%的企业现在都认为竞争建立在用户体验之上,而几年前这个数值为36%。

对多数企业来说,只要留住了用户,用户会源源不断地产生收益。例如,在金融行业,用在用户留存上5%的投入,能带来25%的收益。因为忠诚客户会不断在企业继续购买,而企业需要为他付出的边际成本越来越低。更重要的是,这种客户还会向身边的人推荐他所使用的产品。一旦这种忠诚关系建立,用户不会轻易再去尝试其他不熟悉的同类产品。

3. 用户对智能客服的全新期望

(1)移动性。截至2020年6月,我国手机网民规模达9.32亿,网民使用手机上网的比例达99.2%;手机网络支付用户规模达8.02亿,占手机网民的86.1%。移动端应用已逐渐渗透进大众生活,自带设备(bring your own device,BYOD)成为大势所趋,移动办公的浪潮已经到来,同时,企业客服人员也不仅仅通过PC的方式来服务客户,还可以通过手机来回复客服问题。在5G网络发展、移动互联网普及的双重作用下,客户更愿意使用手机与客服接触,这使得培养客户使用电子渠道的习惯变得轻而易举。

(2)即时性。移动互联网时代,服务的即时性也对管理的即时性提出了很高的要求。传统人工客服情况下,由于咨询客户较多,往往存在排队等待客服的情况,导致客户体验较差。而智能客服能够对一些常见、重复性问题做出解答,能在最短时间对客户需求做出响应。特别是在移动互联时代,即时客服要求有即时的信息管理能力。

(3)社交性。移动互联网时代的营销除了普通的宣传、引导、试用、免费等传统方式外,更多地具有社交化属性,用户体验变得尤其重要,而即时通信所具有的实时性、互动社交性让移动电商更具活力。很多商家甚至搭建了基于兴趣社交的板块辅助电商平台,通过社区导购来降低用户的购买决策成本,在非标品等方面与传统大电商平台竞争,以获取优势,实现弯道超车。

(4)多渠道化。随着移动互联网与智能手机的不断普及,社交渠道多元化和应用软件功能的不断丰富,传统企业客服更需要面临大量增加的整体服务需求和更为碎片、多元化的客户服务场景。这对金融机构来说意味着什么呢?金融机构必须尽可能地打通所有客户服务和售后支持渠道,建立一体化的客户服务方式。

12.2.3　智能客服领域的应用实践

在实践应用方面,目前国有银行和全国性股份制商业银行已全部上线智能客服,部分城市商业银行的智能客服系统也相继上线。例如,中国工商银行早在2016年就推出智能客服"工小智",通过不断增强自然语义理解及上下文交互等技术水平,目前"工小智"识别率已达到98%,可以精准理解、快速识别并高效解决用户提出的问题。

中信银行在2018年初与腾讯云推出智能语音服务产品,帮助视障用户体验无障碍移动金融服务。普通用户只需打开手机银行App,按住语音服务键,通过语音指令直达所需服务,并根据语音提示操作,完成转账、查询、理财等日常金融交易。

光大银行在2018年举行的手机银行媒体开放日上,展示了视频客服等功能,其新增的"智能文字服务",反应速度在毫秒级,回答准确率达90%以上,并在同业中率先实现"移动端人工视频服务"。

互联网巨头旗下的金融机构在智能客服方面也表现出色。例如,当用户通过支付宝客户端进入"我的客服"后,人工智能就开始发挥作用,"我的客服"会自动"猜"出用户可能会有疑问的几个点以供选择,这里一部分是所有用户常见的问题,另一部分是基于用户使用的服务、时长、行为等变量抽取出的个性化疑问点。在交流中,人工智能客服通过深度学习和语义分析等方式给出自动回答。同时,问题识别模型的回答准确率在过去的时间里大幅提升,在花呗等业务上,机器人问答准确率从67%提升到超过85%。

腾讯旗下的微众银行联合腾讯云推出了智能云客服"微金小云"。在使用效果上,一个智能机器人可替代400位人工客服,98%的客服服务均由智能云客服完成,这不仅有效支撑了海量客户需求,提升了服务效率,而且极大地节约了人工成本。

12.3　智能投顾

智能投顾起源于金融危机后的美国,Betterment、Wealthfront等初创公司拉开了智能投顾的大幕。近几年传统金融机构也纷纷开始涉足智能投顾服务,且正处在向大众普及的阶段。

12.3.1　智能投顾的概念

智能投顾,即智能投资顾问,是robo-advisor一词的通俗翻译,也有的翻译为机器人投资顾问。美国金融业管理局(The Financial Industry Regulatory Authority,FINRA)并没有对robo-advisor做过官方定义,但在其一份报告中提出了一个概念——digital investment(数字化投资),并且指出这个概念包括客户分析、大类资产配置、投资组合选择、交易执行、投资组合再平衡、税收规划、投资组合分析等功能。尽管没有明确定义robo-advisor,但美国金融业管理局在报告中指出,拥有上述功能、面向普通客户的数字化投资,通常被称为robo-advisor。也就是说,美国金融业管理局用了描述而非定义的方式,给出了robo-advisor的解释。

据美国金融业管理局的观点和美国的行业实践,robo-advisor具有以下特征:以马科维茨现代投资组合理论及其后续修正模型（CAPM、B-L 模型等）为理论基础；通过大类资产配置追求市场增长的 β 收益，而不是配置个股追求 α 收益；通常使用以交易型开放式指数基金（exchange traded fund，ETF）为代表的标准化产品，而不是股票或其他非标理财产品；无论在美国金融业管理局的报告还是美国的实践中，都强调算法和模型的重要性，但不强调是否使用机器学习或者 AI 技术；强调对于客户分析的重要性，组合设计和再平衡要做到千人千面，而不能千人一面，这也是 robo-advisor 跟私募或者基金中的基金（fund of funds，FOF）的重要区别。

市场上有两种收益：一种是市场的增长，叫 β 收益；另一种是超过市场整体的收益，叫 α 收益。α 收益是零和的，有人挣就有人亏；β 收益是非零和的，跟着市场一起成长。同时，α 收益是转瞬即逝的，只可能是少数人获得；而 β 收益是可以长期存在的，并为大众所获得。智能投资顾问的关键就是要抓住正在成长的大类资产市场。

智能投顾基于的金融理论是诺贝尔经济学奖得主马科维茨在 1952 年提出的现代投资组合理论（modern portfolio theory，MPT）。它的理论非常简单，可以用图 12.3 来表示，图上每一个点都是一种可能的资产配置组合，市场上有很多种产品，资产配置的任务就是你有 100% 的资产，如何把这 100% 的资产分散到不同的产品里边去。

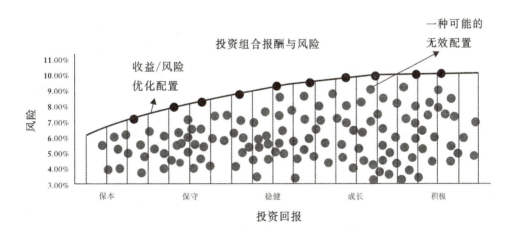

图 12.3　投资组合的有效前沿

马科维茨从数学上证明了所有的资产配置的可能性组成了一个平面，最上面的这条向上凸的曲线，称为有效前沿线，有效前沿线上的每一个点都是一个最优资产配置点。从纵向的角度看，它是在某一个确定风险上你能够取得的回报最好的一个资产配置组合。从横向的角度来看，它是在某一个你希望得到的回报上，能够给予风险最小的资产配置组合。智能投顾的一个目标就是在我得知你的风险的时候，我能够帮助你决定你的最优配置点对应的资产配置以及如何达成这个最优组合。

从原理上看，智能投资顾问是根据现代资产组合理论构建数据模型，其资产配置的过程完全依靠互联网来完成。第一步，智能投资顾问会结合投资者的年龄、风险偏好、家庭状况以及投资时间长短等因素，帮助用户确认其投资目标。第二步，智能投资顾问会分析市场上不同类型金融资产的收益特征、风险特征、周期性特征等因素，生成各个类型的投资策略，为资产配置服务提供数据支撑。第三步，智能投资顾问会将投资策略与用户的投资目标相匹配，通过技术平台交互为用户提供专属的资产配置方案。此外，智能投资顾问还会结合各类型的市场状况，为用户提供再平衡策略，规避市场剧烈变化所带来的风险。

智能投资顾问基于资产配置理论，而资产配置理论是一种 β 回报理论，它有两个特点：一是策略容量非常大；二是有效期可以非常长，对时效的敏感度不高。这两个特点决定了智能投资顾问可以为大部分人而不是一小群人服务，克服了 α 策略很难用大众型的服务来解决的问题。

12.3.2 人工智能在智能投顾领域的创新

智能投顾发展的技术基础层面是云计算、大数据和人工智能。云计算为智能优化资产配置提供了强大的计算能力，是发展智能投顾的基础设施。大数据和人工智能则是智能投顾的核心技术。基于用户行为数据精准描绘用户画像，基于机器学习等人工智能技术构建资产配置、交易优化等算法，基于金融大数据迭代提升算法有效性，这三方面技术构成了智能投顾平台的核心竞争力。智能投顾在技术应用层面则表现为两大核心技术：一是自动化挖掘客户金融需求技术，财富管理科技要做的就是帮助投资顾问更深入地挖掘客户的金融需求，使产品设计更智能化、与客户的个性化需求更贴近，弥补投资顾问在深度了解客户方面的不足；二是投资引擎技术，在了解客户金融需求之后，利用投资引擎为客户提供金融规划和资产配置方案，设计更具智能化、定制化的理财产品。智能投顾相比传统的投资顾问，优势主要体现在三个方面：技术增效、降低门槛、降低道德风险。

（1）技术增效。智能投顾专业高效，理性客观。技术上，智能投顾通过分散化的标的选择降低风险，依托海量数据实时调整策略，提高效率，并克服情绪化交易弊端，最优化投资方案，从而不断提升投资的专业性和有效性。

（2）降低门槛，有效覆盖长尾客户。智能投顾以其技术上的高效、便捷，有效降低了投顾成本和资金门槛，从而能够有效覆盖中低端长尾客户。

（3）增强透明性，降低道德风险。传统投顾服务往往收费项目繁多且极不透明，而智能投顾平台可将投资过程、费用交割等信息实时公开，且采用单一费率模式，其他各项交易费用客户自行承担，有效增加了服务的透明性。智能投顾平台收费模式透明，为了保持平台竞争力，通常总费率低于1‰。智能投顾平台为了提高收入（咨询管理费用），有望进一步帮助客户压缩包括交易费用在内的其他费用成本。

12.3.3 智能投顾领域的应用实践

美国作为智能投顾的起源地，其智能投顾管理资产规模较大，也渐趋成熟。在美国，多家公司已具有成熟的智能投顾产品和稳定的盈利模式。除了独立型公司 Betterment、Wealthfront 等以外，大的券商如嘉信理财、先锋基金、ETrade 等，以及绝大多数的知名投行如高盛瑞银、花旗、摩根大通、德意志银行等，都纷纷进入这个领域。

在中国，多方参与的财富管理市场竞争日趋激烈，快速变化的客户群体及其需求、新兴的数字技术、趋严的监管政策正在重塑原有的财富管理模式。虽然智能投顾在中国起步较晚，但是其发展速度惊人。当前，独立的第三方财富管理机构、传统金融机构和互联网巨头是智能投顾市场的三大主体，演化出了四种本地化的业务模式：独立建议型、综合理财型、配置咨询型和类智投模式。总体来看,中国智能投顾行业刚刚起步,参与主体众多,整体智能化程度低。

1. 机器导向模式

机器导向模式是指整个资产管理过程全由智能投顾进行操作的模式。一旦投资者建立好资产配置组合,智能投顾就会对该组合进行追踪,随时改变资产配置组合,并进行红利再投资以及税收损失收割。这些操作全都由智能投顾完成,投资者不需要进行管理。下面以 WealthFront 公司为例介绍这种模式。

Wealthfront 公司创立于 2011 年,目前管理资产超过 30 亿美元,是典型的用计算机算法和标准的投资模型为投资者管理资产组合的公司,也是美国较大的智能投顾公司之一。Wealthfront 提供税收损失收割服务,会自动为投资者卖出亏损的证券,同时买入另一只类似的证券,将资本亏损部分用于抵消资本增值以降低投资者的收入税。税收损失收割服务可以分为每日税收损失收割服务和税收优化直接指数化服务,两者的区别在于收期标的不同。

此外,Wealthfront 还为投资者提供单只股票分散投资服务。Wealthfront 的投资种类包含 11 种交易型开放式指数基金(ETF):美股、海外股票、新兴市场股票、股利股票、美国国债、新兴市场债券、美国通胀指数化证券、自然资源、房产、公司债券、市政债券。多种类的 ETF,一方面有利于分散化投资,降低风险;另一方面有助于满足不同风险偏好类型投资者的需求。

2. 个人导向模式

个人导向模式是指资产配置组合由投资者创建,而智能投顾提供创建的工具以及分享的平台。下面以 Motif Investing 公司为例介绍这种模式。Motif Investing 是一个以主题为导向的投资平台,平台上的投资组合被称为 Motif,包含不超过 30 只具有相似主题的股票或 ETF。投资者可以根据自己兴趣,直接使用平台上已有的 Motif,也可以修改 Motif 中股票和 ETF 的组成和比重后再使用,还可以创建全新的 Motif。

Motif Investing 提供强大的自助式投资组合设计工具,投资者可非常方便地修改、创建和评估 Motif。此外,平台引入社交机制,投资者可以选择把自己的 Motif 分享给好友,大家共同对 Motif 进行讨论和优化。同时,Motif Investing 受到美国金融行业监管部门的监管。如果公司倒闭或消费者账户内股票、现金被盗,美国证券行业保护公司会提供最高 50 万美元的保护。此外,Motif 还有额外的私人保险公司保障。

3. 人机结合模式

人机结合模式是指在平台上既有智能投顾为投资者提供投资服务,又有传统投顾为投资者提供资产配置组合建议。Personal Capital 公司采用的就是这种模式,Personal Capital 是一家在线资产管理及投资理财顾问服务公司,如今已有 100 多万注册用户,平台上跟踪的资金超过 2260 亿美元。

Personal Capital 主要提供两方面的服务:免费的分析工具和收费的传统投顾服务。免费的分析工具,是指该平台通过自动化算法为投资者分析资产配置情况、现金流量情况以及投资费用,帮助投资者对自身的财务状况有更加清晰的了解,找出投资者资产配置组合中的潜在风险和不合理的投资费用,使投资者能够建立更加合适的投资组合。在此基础上,Personal Capital 针对注册用户中资产规模较大的投资者推出了收费的传统投顾服务,即通过组建专业的传统投顾团队,根据投资者的资产状况以及风险偏好程度,结合相关的资产管理模型,为投资者提供高质量的投资咨询服务,满足投资者不同的投资需求。

12.4 智能理赔

保险作为一种保障机制,可用来规避风险,提供稳妥且可靠的保障。但保险理赔手续烦琐且不及时,有时会让效果大打折扣。传统理赔过程好比是人海战术,往往需要经过多道人工流程才能完成,既耗费大量时间,也需要投入许多成本。

12.4.1 智能理赔的概念

智能理赔主要是利用人工智能等相关技术代替传统的劳动密集型作业方式,明显简化理赔处理过程。保险公司基于图片识别、生物识别、情绪识别等人工智能技术,使风险管控更加智能化。同时,风险预警和风险管理的方法手段,逐步由"纯人工"向"智能规则"演变,且机器学习和深度学习的深入应用,使风险识别的精准度更高、更有效。

以车险智能理赔为例,通过综合运用声纹识别、图像识别、机器学习等核心技术,经过快速核身、精准识别、一键定损、自动定价、科学推荐、智能支付六个主要环节,实现车险理赔的快速处理,克服了以往理赔过程中出现的欺诈骗保、理赔时间长、赔付纠纷多等问题。根据统计,智能理赔可以为整个车险行业带来40%以上的运营效能提升,减少50%查勘定损人员工作量,将理赔时效从过去的3天缩短至30分钟,明显提升用户满意度。以车险为例的智能理赔主要流程如图12.4所示。

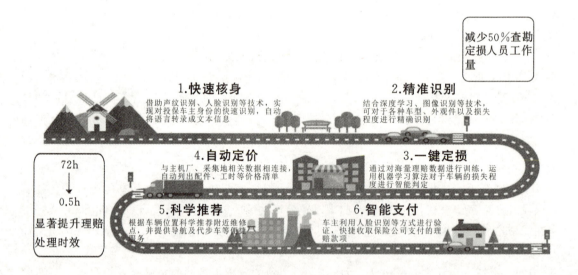

图12.4 智能理赔主要流程示意图(以车险为例)

12.4.2 人工智能在智能理赔领域的创新

近年来,保险公司积极运用大数据、云计算、物联网、人工智能和区块链等技术在理赔服务端开展尝试。

(1)图像识别技术提高理赔效率。可以通过人脸识别、证件识别(还包声纹识别)等图像识别方式进行身份认证。更重要的,图像识别还可以处理非结构类数据,比如将笔迹、扫描、拍照单据转换成文字,对视频、现场照片进行分类处理等。在理赔环节,基于图像识别技术,能快速查勘、核损、定损和反欺诈识别,比传统的人工核损流程节省时间,能明显提升理赔效率,降低骗保概率。采用智能理赔风险输入、加工和预警输出,能够根据所定义的风控规则进行筛查,完善理赔风险闭环管理机制。

(2)精准高风险识别。通过大数据,能提高信息搜索、流转效率与准确度,自动识别场景中的风险,对保险操作风险进行积极管理,提升服务时效和服务质量。同时,基于人工智能建模技术的开发,相比传统的智能风控技术,模型拥有强大的自学习能力。

12.4.3 智能理赔领域的应用实践

理赔流程与人工智能的结合正成为一股浪潮。从2016年开始,中国人保打造"心服务·芯理赔"的一站式服务及智能理赔一体化处理模式;紧接着,中国平安实现"智能认证"和"智能理赔"服务;泰康在线推出的"一键闪购"和"一键闪赔"的智能"双闪"服务……可以看出,人工智能技术对查勘定损、欺诈识别及协助理赔等索赔管理程序进行自动化处理,提高了理赔处理效率,在保险理赔的各个方面得到了越来越广泛的应用。

2018年7月,蚂蚁金服宣布:利用人工智能就可以实现快速理赔,而且是在无人操作和干预的情况下。这不仅仅是国内首创,也是全球保险行业的首创,给整个保险行业和用户带来了很大的便利。蚂蚁金服表示,这种人工智能理赔,和我们以往保险理赔最大的区别就是时效特别快,用户只需要上传自己的相关票据,通过智能手机的识别、后台的审核,就可以马上收到赔付款。以前这样的操作流程特别烦琐,大约需要两天以上的时间才能拿到赔付款,而现在分分钟就可以搞定,可以说钱款秒到账。支付宝推出的由蚂蚁保险提供的"多收多保"是专门针对线下小商家的,商家只要使用支付宝收钱码收款,就可以获得门诊保险,而且商家用支付宝收到的款越多,那么保额就越高,且平时在医院里的费用都可以报销,包括一些日常的感冒发烧、磕磕碰碰都可以报销。

对于用户来说,最重要的就是产生医疗费用后,会不会给报销,以及需要多长时间,报销款才能打到自己的支付宝上。实际上很多用户表示,从上传相关凭证到审核到拿到赔付款都不超过2个小时,赔付款会直接打到用户的支付宝上。由于加入了人工智能技术,用户只需要进入索赔界面,拍照上传相关资料,人工智能就会自动判断资料是否符合相关的要求,并实时提醒和通知用户,同时还可以辅助用户调整拍摄的角度、清晰度。另外,对于用户上传的数据,人工智能会实时进行分类和整理。

令人称奇的是,负责整个蚂蚁保险的团队人数仅有20人,全部依靠人工智能、大数据、云计算,同时其准确率可以达到99.99%,错误率几乎为零。在上线时间只有7个月时,就已经有近3000万商家开通,平均每天有近一万人在支付宝里报销。同时,一些日常疾病、急诊、门诊都可以报销,单笔最高可以报销200元,报销次数不限,但报销的凭证和相关数据必须真实。

12.5 智能营销

营销是金融业保持长期发展并不断提升自身实力的基石,因此营销环节对于整个金融行业的发展来说至关重要。传统的金融营销渠道主要是以实体网点、电话短信推销、地推营销、会议沙龙等方式将金融相关产品销售给潜在客户,这些营销方式容易产生对于市场需求的把握不够精准、使得客户产生抵触情绪的问题。同时,标准化的产品以群发的方式进行推送,也无法满足不同人群的需求。

12.5.1 智能营销的概念

智能营销,也称为精准营销,是指通过人工智能技术,根据客户交易、消费、网络浏览等丰富的特征数据,构建用户多维画像,从而挖掘客户潜在需求。智能营销通过打通金融机构与渠道、人员、产品、客户等环节,使得金融产品和服务覆盖更多的用户群体,为消费者提供个性化与精准化服务。

相比于传统的营销方式,智能营销有以下几个特点:一是升级金融行业营销方式。除了提高效率,智能营销在精准触达、用户交互上也较传统营销更自然、更易接受,也更便捷。二是精确识别用户接受营销的方式,提高金融产品用户触达。智能营销可在用户群中准确识别目标用户,并通过定量分析遴选出这类用户的媒体和场景偏好,从而帮助金融机构在投放方式、场景及时间等方面做出最优选择,有效控制成本的同时提升营销效果。三是预测用户需求,全方位满足用户需要。智能营销通过对比相似用户的行为,推测客户不同时期的金融服务需求,并有针对性地提前布局金融营销手段,从而提前占据市场有利位置。

相对于传统营销,智能营销基于大数据技术、机器学习计算框架等技术,具有以下优势:①时效性强,准确把握客户的最高需求点,及时做出反应;②精准性高,有针对性投放广告,确保用户关注的广告有关联性;③关联性大,找出精准用户和市场定位;④性价比高,根据效果反馈做出调整,减少成本投入;⑤个性化强,针对同质性较强的群体投放同种类别广告。

传统营销与智能营销对比如图 12.5 所示。

图 12.5 传统营销与智能营销

智能营销的典型流程包括:①客户信息采集。通过社交网络浏览行为、产品购买行为、网点业务办理频次等进行多维度采集。②认知模型构建。运用深度学习、自然语言处理等相关技术进行建模。③营销精准触达。通过自有渠道或第三方渠道进行信息投放,实现个性化营销。

12.5.2 人工智能在智能营销领域的创新

智能营销通过客户分析、营销策划、营销执行和营销评估实现闭环管理流程,利用大数据技术精准刻画用户画像,并基于此策划营销方案,进行精准营销和个性化推荐,同时实时监测,一方面用于优化策略方案,另一方面将数据反馈给数据库系统用于接下来的客户分析。营销执行主要分为精准营销和个性化推荐,精准营销服务于企业的引流获客阶段,个性化推荐服务于企业的留存促活阶段。智能营销为金融企业降低了经营成本,提升了整体效益,未来在此领域仍需注意控制推送渠道,适度减少推送频率,进一步优化营销体验。

智能营销为银行等金融机构带来三大变革,未来将开启营销新模式:

一是营销体验变革。通过人工智能营销方案可以打造全新的零售银行客户营销体验,使客户满意度大幅提升,实现对客户需求的精准把握,提供千人千面、个性化服务,提升市场营销策略的精准性。同时,也可以实现对客户360度全覆盖,随时随地办理业务,整合客户多触点信息,为客户提供贴心的一致服务。

二是营销渠道变革。人工智能营销解决方案对传统银行的营销渠道进行了革命性的变革,打造未来银行无界营销模式。它改变了以线下网点为主的渠道模式,拓展了网点外的营销,实现网点内和网点外互联;创造线上社交营销和智能客服,实现线上线下互联;通过渠道全覆盖,显著提升存量睡眠客户触达率。

三是营销决策变革。打造智能化的客户数据管理及分析能力,建立以客户数据洞察为基础,以数据分析为渠道的营销决策体系。完善的客户数据管理及分析体系,完善的大数据客户画像,可以实现数据分析对营销各环节的支撑,为各个层级的营销管理人员提供决策支持。

12.5.3 智能营销领域的应用实践

在金融领域,特别是银行领域,人工智能通过收集用户社交、消费、信用、交易等行为数据,分析用户需求与偏好,建立精准营销解决方案,优化银行对客户的筛选与精准服务,应用于银行的存量客户激活、线上线下获客、产品交叉营销等场景。智能营销将银行海量存储数据变现为营销价值;通过用户画像、用户分层、用户定位实现银行营销的精准化、场景化、个性化,优化营销的质量与效果;降低人力成本,提高营销效率。

在利用人工智能为银行提供智能营销解决方案领域,平安壹账通走在了前列。2018年,平安银行金融壹账通发布了Gamma智能营销方案,该方案以人工智能为核心,将大数据、生物识别等先进技术与银行零售业务流程有机融合,通过全流程智能化改造,推动银行在存量客户激活、线上线下获客、产品交叉营销等方面的全方位能力提升,致力于为中小银行打造一个高度智能化的虚拟营销专员。壹账通提供了包含信贷产品设计、风控方案和Gamma人工智能整体营销方案咨询的一站式解决方案。

一是线下寻客。当前银行的业务主要还发生在线下,如何利用好银行现有的线下优势服务,服务好存量的客户,降低流失提升活跃,是所有银行都非常关注的课题。Gamma人工智能营销方案针对网点内、网点外不同的场景,综合运用1:N人脸识别、姿态识别、自然语言多轮对话、最新的智能文本阅读理解等先进技术,把客户的线下活动数据化、智能化、自动化,极大地提升了客户的服务体验,帮助银行更有效地在服务中转换营销商机,提升客户的黏度。

其中,智能销售助手受到中小银行广泛关注,这是因为其在Gamma人工智能营销方案中结合了新智能文本阅读理解技术。使用这一工具,客户可以针对任意一款金融产品的细节进行提问,智能销售助手都会实时给出专业标准的答案。当有任何新产品发布时,智能销售助手可以秒级读入产品文本,实时理解产品细节,可以立刻解答客户的各种提问。拥有一个真正的、可以实时读懂文本的、智能的虚拟营销专员,极大降低了银行营销人员的培训成本,告别了此前新产品上线,需要长时间训练对话机器人的传统人工智能模式,让服务做到即插即用,方便快捷。

Gamma 人工智能营销解决方案,还可提供放置在商场、车站等客流大的区域的设备,通过多样化的游戏交互等方式,实现 7×24 小时批量智能获客,其获客成本仅相当于传统模式的 30%,极大地提升了投入产出比。同时,结合智能寻客地图和智能二维码解决方案,可以快速实现银行客户经理的网格化管理,对于经营绩效和客户画像进行全面捕捉,从而实现传统线下营销的智能化和自动化。

二是线上拓客。当前越来越多的银行客户经理使用社交媒体来营销和服务客户。Gamma 人工智能营销解决方案以社交营销为核心,提供了完整的社交媒体营销解决方案,全面提升银行线上获客能力。其中,运用社交端小程序及银行公众号商城帮助客户经理实现线上客户批量管理的功能,使单个客户经理管户数可以从数十个跃升到千个以上,效率大大提升。所有这些系统最快 1 天即可上线,营销活动转发率较传统模式提高 10 倍以上。

Gamma 人工智能营销解决方案还配备了业内首个基于人工智能自然语义多轮问答技术的智能外呼系统,该系统具备强大的智能分析、筛选、匹配、分类、锁定功能,可以实现机器人与客户多轮次自动对话,在客户申请断点时主动外呼,断点召回比例提升 30%~60%,显著改善了客户体验,从而变服务为营销,利用虚拟营销专员帮助银行服务好每一个潜在客户。

三是全面智脑方案。上述的所有方案都离不开大数据的支持,Gamma 人工智能营销解决方案中的智能大数据平台,是帮助银行全面管理内外部大数据的数据中枢。它支持 100 余种数据格式的接入与管理,方便银行现有数据的接入与管理。同时,它还提供了非常丰富的外部数据接入与管理的工具,预置多项外部数据接入接口,帮助银行实现内外部数据的全面管理,做到内外部数据一周内快速接入,快速为未来智能营销提供丰富的客户画像标签。

此外,Gamma 人工智能营销解决方案的智能营销引擎,可实时采集各系统产生的丰富数据流,生成针对不同客户特点的千人千面的营销策略,且内置多个营销策略模板,实现营销活动的 1 小时配置上线,满足银行越来越丰富的营销需求。同时,Gamma 人工智能营销解决方案首创基于自然语义搜索的智能报表工具,采用 NLP 技术实现零代码、自然语义模糊数据查找,帮助用户一键洞见业务细节。

三大方案的发布,覆盖银行网点内外、线上线下及数字营销的全维度营销场景,全面提升客户体验,提供更优质服务,引领了零售银行营销变革。通过 Gamma 人工智能营销解决方案,打造银行客户新体验,客户活跃度提升 50% 以上,营销活动转发率提升 3 倍以上;显著提升营销效果,沉睡客户唤回率平均提升 3~5 倍以上,新客户获客量增加 2 倍以上;通过多渠道优化以及精准营销,显著降低获客成本,提升营销活动投入产出比。

12.6　智能开户

一直以来,客户开户时需要现场面签,这是影响金融机构客户服务体验的重要因素。随着人工智能的快速发展,金融服务行业也逐渐步入智能化时代。互联网时代的多层次支付方式,让远程开户成为可能。通过光学字符识别(optical character recognition,OCR)技术,对身份证信息进行快速采集、输出,可以让远程开户变得更加快捷、方便。

12.6.1 智能开户的概念

智能开户是指利用身份证识别、银行卡识别等高新技术,识别身份证件与银行卡,读取相关信息并自动填写,在客户确认无误后进入人脸识别环节,通过视频检测的人脸识别来确保开户人与身份证件持有人是同一人,以达到实名认证的目的,从而实现金融行业开户流程的网络化、安全化、多样化和智能化。在人工智能之风的带动下,未来无论是金融领域还是其他领域,无疑会出现更多便利的服务。目前,依托成熟智能识别技术的移动自助开户,已被广泛应用于银行卡自助开户、证券开户及信用卡自助申请等领域。与传统线下开户相比,智能开户具有以下优势。

(1)流程更为简便。与传统开户模式相比,智能开户更为简化、人性化和智能化。客户可以通过手机应用端实现一站式智能开户,不受地域、网点、营业时间限制,无须排队等候,无须填写大量表格,足不出户,自己开户。

(2)客户自主性和效率更高。随着智能科技日益成熟,移动自助系统将逐渐取代人工服务,减少服务环节中的人工干预,加强用户的自主性。金融服务行业采用移动自助开户系统取代网点柜台开户,节省了柜台开支,多渠道拓展业务,提高了开户效率。

(3)"远程人脸识别+身份证件核实"更加安全有效。人脸证件比对系统的原理是提取二代证件内的信息与现场拍摄到的二代证件使用者图像进行对比,快速地识别出证件与证件使用人是否一致。当用户拿着二代证件到银行开户时,机器会自动抓取人脸,和二代证件上的信息、公安系统内的身份信息进行比对、鉴别。即使持证人和证件上的照片很像,也会被识别,这就有效避免了一些利用假二代证件或者别人证件开户诈骗的情况。

12.6.2 人工智能在智能开户领域的创新

一是人脸识别技术的深度应用。人脸识别技术是以身份检索或校验为目标,通过从给定的静态或动态图像中提取人脸信息等手段,与数据库中已知身份人脸进行匹配的过程。由于受到光照、表情、遮挡、朝向等干扰因素的影响,与其他基于身份证、虹膜、掌纹、指纹等技术手段相比,人脸识别技术的准确率相对较低,但其采集方式最为友好,无须当事人配合,甚至在其意识不到的情况下,就完成了对人脸信息的采集与识别。因此,人脸识别技术在过去的几十年中一直是人工智能领域的热点研究课题,至今已逐渐走向成熟,被应用于反恐、安防、门禁等领域,近年来也开始向教育、金融等领域推广。

作为金融用户开户时的重要流程,面签不仅耗费客户时间,而且占用银行人力资源。通过用人脸识别替代传统的肉眼辨识工作,不仅可以节约时间和成本,完成从填写个人资料到面签开户再到激活的全流程操作,提升了用户体验,而且可以在全网范围内对客户身份及信用背景进行识别和关联,避免人工面签时受到心理、经验等因素的影响。此外,在客户通过手机银行或 App 进行远程登录时,可以通过人脸识别代替传统的密码输入操作,完成客户账户查询、交易等个人资金划转等功能,避免密码被盗或遗忘等现象。

二是身份证 OCR 技术的应用。通过 OCR 技术,对身份证信息进行快速采集、输出,可以让远程开户变得更加快捷、方便。远程智能开户是智能金融时代的创新之举。传统金融中,用户只能通过各地网点开通账户。远程开户极大促进了金融的快速发展,让开户流程变得更加快捷、简单、高效。通过集成身份证识别,无须再手动输入证件信息,轻轻扫一扫,就能快速完成识别过程。身份证 OCR 技术已广泛应用于互联网金融中,如京东金融、国美金融等。在提升用户体验和好感度方面,OCR 技术发挥着关键作用。OCR 技术有着数十年发展历史和经验累积,如今已经比较成熟和完善,其识别准确率和识别速度高。

身份证识别软件开发工具包(software development kit, SDK)拥有灵活的接口,方便二次开发,分为云端和移动端 SDK。无论是服务器端部署还是移动端部署,通过 OCR 技术,都能实现多场景下的身份证信息采集、录入。如远程身份认证,不仅速度快、准确,而且能减少用户输入成本。除此之外,还有电商商户身份证认证、视频主播身份证认证、电信实名制认证、移动警务、入户普查、二手车交易、车险移动查勘等应用场景。

12.6.3 智能开户领域的应用实践

在指尖方寸之间,没有了面对面的交流,如何确保"人证一致"呢?为了消除用户的后顾之忧,智能开户采用领先的 OCR、人脸识别、视频检测、语音对讲、手机验证等技术,从多个方面确保"实人实名实证"。即使没有面对面的确认,该有的审核流程也一样都不会少。系统要求用户提供真实的身份证件及其他基本信息,通过 OCR 技术一键识别,自动填写,提升信息录入效率。同时,系统可与官方权威数据库连接,进一步核查身份证件的真实性与有效性。此外,系统将通过人脸识别技术与动态监测技术采集用户脸部的实时动态图像,并将其与证件照片进行比对,判断是否是本人操作。此外,视频对讲与短信验证功能的大力辅助,也可让用户通过屏幕获得"面对面"的真实感。

在实践应用中,无论是银行个人开户、企业对公开户,还是证券公司开户领域,智能开户都已崭露头角。在对公开户方面,2018 年 2 月 1 日,中国工商银行在武汉正式发布对公客户服务的新成果——对公智能开户业务。该业务在工行"企业通"平台的基础上,将大数据和智能设备对接,进一步提升了营业网点服务中小企业的效率,客户仅需到网点一次,最快 30 分钟就可以办完对公账户开立等一系列业务。与传统柜面开户业务相比,智能化对公开户服务主要有以下优势:

一是服务更便捷。在风险可控的前提下,工行将现有对公开户业务受理流程进行梳理及整合,通过后台大数据的整合,可自动显示客户开户所需的工商注册信息,免去客户手工填写及多次往返银行的麻烦。

二是处理更高效。工行利用系统优势直接读取开户时的必要信息,不仅信息处理速度快,还大大降低了客户填写及操作人员录入的差错,实现了风险控制及处理效率的双提升。

三是操作更智能。该服务将银行对公服务由传统的柜面及网银端,进一步延伸至自助设备端,实现了客户端全程操作的自助办理及银行端全流程电子化的业务处理,成为国内银行业对公客户自助服务的新突破。

思考题

1. 简述人工智能在金融机构前台业务中的应用场景。

2. 人工智能在支付领域的应用中需要提升哪些基础能力?
3. 简述人工智能在智能客服领域的创新。
4. 智能客服领域的应用实践主要体现在哪几个方面?
5. 简述智能投顾的主要特征。
6. 智能投顾相比传统的投资顾问有哪些优势?
7. 以智能车险为例,简述智能理赔的概念及流程。
8. 简述智能营销的概念与典型流程。
9. 人工智能在智能营销领域的创新主要体现在哪些方面?
10. 简述平安银行金融壹账通的 Gamma 智能营销方案。
11. 简述智能开户的概念与优势。
12. 人工智能在智能开户领域的创新主要体现在哪些方面?

第 13 章　金融机构业务中台应用场景

在传统金融体系中，IT 系统往往由各业务部门依据业务线进行对口建设。目前，每个机构中存在诸多系统，形成了当前纵横交错的矩阵式 IT 系统现状。随着前端金融从销售型向服务型转变，各种高并发、大数据量、需要强一致性且横向扩展能力的业务场景越来越多，各机构越来越需要在安全可控的前提下提供更加个性化的产品，以寻求差异化经营的可行模式。同时，在强监管与统一风控的形势下，对 IT 设施的服务能力和运营能力要求也越来越高。金融机构在智能化转型中，智能中台成了实现全渠道、全链路敏捷业务能力的主要方案。

13.1　智能交易

自 2008 年金融危机结束以来，投资银行领域已减少数万个职位，如巴克莱（Barclays）、摩根士丹利（Morgan Stanle）和法国兴业银行等许多银行在交易部门大幅裁员。雪上加霜的是，交易行业在到处裁员的同时，还出现了自动交易化的趋势。自动交易模式减少了银行的用人需求，新一代量化交易员应运而生，这类交易员人数较少，他们主要根据数学模型来制定交易决策。人工智能主导的高频交易时代，离深度参与中国金融市场不再遥远，金融变革已经从资本端延伸到资产端。

13.1.1　智能交易的概念

关于什么是智能交易，目前产业界和学术界尚无统一的定义。我们暂且将其界定为：利用人工智能技术的算法优势和深度学习能力，一方面，对量化交易中所有的历史数据包括行情走势、经济指标的分析，做出大概率事件的交易模型，制定合适的交易策略；另一方面，根据市场新的变化，做出合理的调整及改变，通过适当的试错来分别适应单边、震荡不同的市场形态，再结合大数据的分析给出正确的判定。

人工智能进入金融交易市场，从 1930 年就已经开始孕育了，数学一直与金融同行。在计算机没有普及的时代，数学家就已经通过人工计算的方式参与了金融交易。计算机与互联网于 20 世纪 80 年代末期爆发，计算与传输都发生了质的飞跃，改变了交易者进行金融交易的方式。普通投资者只需要一台电脑就可以在家里交易证券产品，这在 20 世纪六七十年代则是无法想象的。如今，因为科技带来金融产品的不断创新与普惠，加速提升了市场交易的总量与频度，且市场流动性充足，吸引了大批工程或计算机专业人才进入金融交易领域，从而刺激了智能交易的快速发展。

这里需要区别的一个概念是外汇交易领域中常见的"EA 智能交易"，也叫程序交易系统或自动化交易程序。其本质是一个电脑程序，由程序员把交易员的思路写成计算机程序，以此通过行情走势进行程序运算,自动买进抛出,低买高抛,完成整个交易过程。EA智能交易虽有一定的智能化运行,但绝不是智能交易,在数据处理能力与运行算法上,EA智能交易要简单很多。EA智能交易仅仅处在根据简单的数据指标,做出一定运算执行的初级阶段,远远没有达到人工智能要求的"深度学习"与执行,不能根据市场的变化进行合理的调整及改变,因此称EA智能交易为智能交易是在概念上混淆视听。

与人工交易和EA智能交易相比,智能交易具有以下优点:首先,由于智能交易系统综合了众多外汇交易高手的智慧和经验,等于是站在了巨人的肩膀上,其交易的策略选择与行情判断、仓位控制与交易纪律、风险控制和赢利能力都会毫无疑问地大大高于人工的手动操作。其次,电脑自动下单可以保证下单更快,提高平仓速度,可以更敏感地感知价格变动和趋势变动;电脑可以克服人性中的弱点,该买则买,该卖则卖,不犹豫不贪心,赢则不狂妄,亏也不沮丧,避免了情绪化操作;电脑可以每天24小时不间断地监控行情,并在适当的时机和点位自动进出仓,完全不用人工的干预,可以让您在夜晚安枕入眠,在白天安心从事别的工作。最后,也是最重要的,就是盈利的保障。能赚钱才是硬道理,智能交易虽不敢保证百战百胜,但由于融合了众多外汇高手的智慧与经验,加上严格的止损和风险控制,以及仓位控制,所以绝无过量交易,绝无情绪化交易,绝无人工操盘中无法避免的贪婪与恐惧,使盈利得到保障。

13.1.2 智能交易的基础数量化

智能交易能以其强大的数据抓取能力、过目不忘的"记忆力"和极快的计算速度,通过深度学习等方式自行分析和挖掘市场规律,并据此自动生成交易策略。这既不同于脑力有限的人类操盘手,也不同于依赖既有交易策略的传统程序化交易系统。

自20世纪30年代开始,数学家们对金融数量化理论已有超过90年的研究。21世纪开始,部分高等院校将金融数学作为金融专业的重要课程。总之,金融数学理论的不断完善奠定了智能交易的基础。

相对于理论研究,数学在金融交易中的实际应用节奏要稍慢些。爱德华·索普(Edward Thorp)利用在麻省理工任教的便利条件,自学计算机编程语言,推演出"战胜庄家"的数学公式。使用这种量化投资策略投资股票权证市场,让爱德华·索普在华尔街名声大震,这套对股票价格的分析方式也是布莱克-斯科尔斯期权定价公式的理论基础。接着,爱德华·索普又出版了《战胜市场》一书,轰动了整个金融市场,该书被公认为数量化交易的起点,爱德华·索普也因此被人们称为"量化之父"。

量化交易是智能交易的原型,是将交易产品进行数量化分析,分析范畴包括投资胜率、获胜概率、仓位风控等必要参数。而当计算机与网络传输也加入金融交易市场时,量化交易则被计算机赋予自动化的能力,于是智能交易时代到来了。

13.2 智能征信

目前各国广泛应用的征信体系主要有三种,分别是以美国、英国为代表的市场主导型,以法国、德国为代表的政府主导型和以日本为主导的会员制型。中国征信体系刚开始建立,是综合了市场主导型和政府主导型的征信体系。

13.2.1 智能征信的概念

征信是指依法收集、整理、保存、加工自然人、法人及其他组织的信用信息，并对外提供信用报告、信用评估、信用信息咨询等服务，帮助客户判断、控制信用风险，进行信用管理的活动。

随着大数据和人工智能技术在金融领域的应用，智能征信概念应运而生。概而言之，智能征信，是指充分利用大数据和人工智能技术，通过多渠道获取用户多维度的数据，从信息中提取各种特征建立模型，对用户进行多维度画像，并根据模型评分，对用户（企业/个人）的信用进行评估。因此，智能征信是智能风控的技术基础。

征信按征信对象可分为企业征信和个人征信，按服务对象可分为信贷征信、商业征信、雇佣征信和其他征信，按征信地理范围可分为区域征信、国内征信和跨国征信，按征信用途可分为公共征信、非公共征信和准公共征信，具体见表13.1。

表 13.1　征信分类

按征信对象分类	按服务对象分类	按征信地理范围分类	按征信用途分类
企业征信：收集企业信用信息，生产企业信用产品	信贷征信：服务对象是金融机构，为信贷决策提供支持	区域征信：一般规模较小，只在某一特定区域内提供征信服务	公共征信：出于社会管理需要，征信结果免费提供给社会，政府职能部门、行业协会、商会、联盟开展的征信属于这类征信
	商业征信：服务对象是批发商或零售商，为其赊销决策提供支持	国内征信：是目前世界范围内最多的征信机构形式之一，尤其是近年开设征信机构的国家普遍采取这种形式	非公共征信：征信用于自己授信和业务管理，其征信过程不公开，自产自销，其实质是自我信用风险管理和控制，银行信贷授信、企业信用销售中对客户征信都属于这类
个人征信：收集个人信用信息，生产个人信用产品	雇佣征信：服务对象是雇主，为雇主用人决策提供支持	跨国征信：为拓展业务及顺应国际化趋势，近年来发展迅速	准公开征信：专业征信，是独立第三方开展的中介服务，其征信结果供社会查询使用，具有社会影响力
	其他征信：如市场调查、债券处理、动产不动产鉴定等		

13.2.2 人工智能在智能征信领域的关键影响

人工智能将给征信行业带来两方面的影响。一是在模式识别方面,主要解决交易场景中的身份识别问题,且已取得了巨大成功。二是在信用分析及预测方面,主要解决客户信用的风险评估问题,目前尚在研发阶段,预期未来发展潜力巨大。

首先,互联网经济要求新的个人信用使用方式。对个人身份进行有效识别,是征信机构提供信用信息服务的前提条件。人工智能在生物识别方面的应用近年来取得的较大进展,主要来自基于大数据的机器学习,并在基于人工神经网络的深度学习上实现了突破。以往,机器学习已成功应用于垃圾邮件过滤、手写字符识别等必须通过人力帮助判断的领域,也有效解决了机器翻译、欺诈检测、产品推荐等方面难以针对有效需求精准完成的难题。过去十几年中,基于算法的演进、大数据技术和计算机运算能力的提高,特别是深度学习方式的开发,"机器"的智能显著提高。

其次,生物特征识别是互联网金融时代的"刚需"。相比通过身份证号码进行识别,使用消费者个人生物特征进行验证,过程更加可靠和安全。加上互联网金融对风控的强制要求和反欺诈中对身份识别的"刚需",生物识别技术在一些新型金融机构的业务应用中已取得较好的进展。其中,人脸识别技术最为吸引眼球,配合传统的密码、短信等安全验证手段,人脸识别技术自带活体检测效果可有效避免以往因用户个人信息泄漏造成的金融诈骗事件,为金融业的风控手段增添了强有力的武器。在基于人体生物特征的模式识别中,对声纹、人脸、指纹、虹膜和DNA五种识别技术进行比较,DNA识别的准确率最高,但难以采集,声纹识别的准确率最低,却最容易采集。其中,虹膜识别在稳定性和准确率上的表现均居中档,是权衡成本应用后目前最具性价比的生物识别技术之一。

最后,人工智能能够助力金融风险预测。对消费者信用进行评分作为涉及消费者切身权益的半公共产品,不仅要有足够的预测准确率,还要具有可解释性。人工智能技术虽然能提高信用评估的准确性,但其学习过程非常复杂,甚至程序员也不能完全了解机器是怎样学习的以及是如何通过学习得到结果的。这种"黑盒子"式的特点导致深度学习并不适于在个人信用评分方面的应用,使其在征信领域的普及受到挑战。

随着人工智能技术的进步,征信机构也开始尝试引进其他技术与人工智能合作,以在保持其预测准确性的同时具有可解释性,从而加快推进人工智能技术在征信领域的商业化应用。这一点主要表现为两个方面:一是在开发信用卡流失模型时,数据专家通过机器学习发现信用卡使用的进度和频率之间的强大交互,将这种相互作用作为非线性特征以可解释的方式纳入评分卡后,即获得"提升度"指标的显著提升(约10%左右);通过机器学习应用事件特定的与进度和频率相关的组合,可以获得另外15%的性能提升。二是在一个数据有限的房屋股权投资项目中,数据样本中缺乏足够的"坏账"(不良贷款),导致出现了一些问题。通过建立具有优化超参数的基于机器学习的信用评分,确定是传统评分卡技术导致丢失了大量信号。通过将机器学习技术与评分卡技术相结合而创建的解决方案,其性能相比传统评分卡提高约 20%。

13.2.3 智能征信领域的应用实践

在具体应用实践方面,美国的个人征信市场由 Experian、Equifax、TransUnion 三大个人征信巨头掌握了约 65% 的市场份额。在我国,由于大型互联网企业进入征信行业较早,拥有较独立且有价值的数据,在建模和大数据分析上代表了中国顶尖的技术。建立完善的征信体系需要有强大的财力、人力资源支撑,预计未来的中国征信依旧会是以政府主导型为主,以互联网大数据公司及 8 家个人征信代表的市场机构起到补充作用。

2015 年 1 月,人民银行印发《关于做好个人征信业务准备工作的通知》,允许 8 家公司开展第一批个人征信试点业务,包括芝麻信用、腾讯征信、深圳前海征信、鹏元征信、中诚信征信、中智诚征信、拉卡拉信用、北京华道征信。2017 年,央行征信局认为这 8 家没有一家能够能达到要求。尽管如此,各家也在各显神通,充分利用大数据和人工智能,在各自能够掌控的领域里开展业务。

例如,芝麻信用分为个人征信和企业征信。芝麻分是在用户授权的情况下,依据用户在互联网上的各类消费及行为数据,结合互联网金融借贷信息,运用云计算及机器学习等技术,通过逻辑回归、决策树、随机森林等模型算法,对各维度数据进行综合处理和评估,从用户信用历史、行为偏好、履约能力、身份特质、人脉关系五个维度客观呈现个人信用状况的综合分值。芝麻分的分值范围为 350~950 分,分值越高代表信用越好,相应违约率相对较低,较高的芝麻分可以帮助用户获得更高效、更优质的服务。企业征信的分值范围为 1000~2000 分,分值越高越好。芝麻企业信用从创立伊始就致力于以开放和创新的方式与征信业生态的伙伴们展开合作与共创,基于海量的数据来源,依托在云计算、机器学习方面的前沿技术,以及信用数据洞察、信用价值链接、信用风险模型构建等多方面的经验,客观地呈现中小微企业的信用状况,帮助守信企业降低交易成本、更加便捷地获得金融服务,推进普惠金融,让中小微企业的信用等于财富。

芝麻分是芝麻信用对海量信息数据的综合处理和评估。芝麻信用基于阿里巴巴的电商交易数据和互联网金融数据,与公安网等公共机构以及合作伙伴建立数据合作。与传统征信数据不同,芝麻信用数据涵盖了信用卡还款、网购、转账、理财、水电煤缴费、租房信息、住址搬迁历史、社交关系等。芝麻信用数据来源如图 13.1 所示。芝麻信用通过分析大量的网络交易及行为数据,可对用户进行信用评估,这些信用评估可以帮助互联网金融企业对用户的还款意愿及还款能力做出评价,继而为用户提供快速授信及现金分期服务。

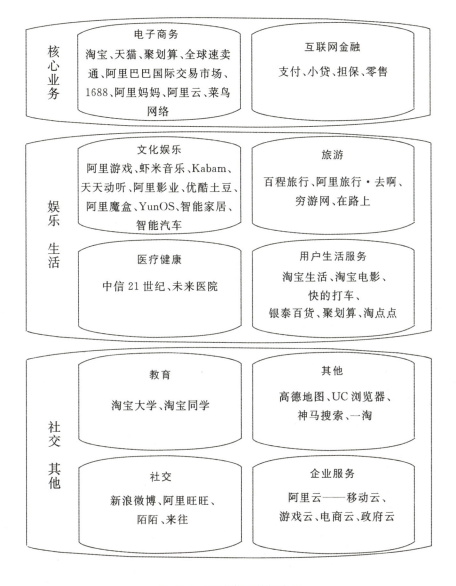

图 13.1 芝麻信用数据来源

13.3 智能风控

随着传统金融环境的革新,传统的风控手段已经不足以满足个人消费需求旺盛引发的贷款需求增长,以及长久以来被传统金融机构忽视的小微企业的贷款需求。金融科技的发展极大促进了金融行业的发展,在风险控制方面也不例外。在人工智能技术的引领下,风险控制的智能化也受到了大数据、云计算、深度学习、知识图谱、区块链等技术的冲击。

13.3.1 智能风控的概念

智能风控,是指利用大数据、云计算、深度学习、知识图谱、区块链等技术,以降低银行风控成本、提高征信效率的风险控制,在实现智能化的同时,还可以实现信贷的贷前、贷中、贷后全链条自动化。

金融领域的风控往往与征信联系在一起,征信的重要作用之一是为授信机构的风控活动提供信息服务。征信和风控都涉及信息的采集和使用,但二者之间又存在较大的差异。对于征信机构来说,采集、加工和使用信息是用于信息共享,使授信机构掌握贷款申请人的历史贷款申请、批准、使用和归还情况。对于授信机构来说,征信只是风险控制的一部分,并不是等同关系。金融活动的风险控制存在于很多场景,从贷前—贷中—贷后来看,大致包括反欺诈、审批、合规审查、风险定价、信用评分、催收等场景,征信是贷前风险管理的一部分,在整个贷款流程中甚至不是主要风控手段。由于贷前的风险管理在整个风险管理中起到了预警和防护的作用,因此征信的发展已经逐渐成为是否能规避风险的关键。

13.3.2 人工智能在智能风控领域的创新

智能风控在金融领域的应用模式应站在不同行业的视角来看。虽然本质上都是数据驱动的风险控制与管理决策,但由于银行、证券、保险的行业属性、业务场景差异较大,智能风控的应用模式也不同。

1. 银行业:信贷、反欺诈、关联分析

智能风控的称谓最初来源于银行业在信贷风险管理、交易反欺诈、风险定价和关联关系监控中的大数据应用。像FICO、Experian、Equifax等公司,早已通过各类风控模型来实现反欺诈或征信。随着技术手段的丰富,数据获取的方式逐渐便利,商业银行可以通过外部数据合作的方式获取、存储、加工不同维度的数据,也可以通过大数据基础平台的强大算力,计算用户之间的相关性,如电话号、邮箱、地址、设备号等。以消费信贷风控为例,以贷前、贷中、贷后作为风控的时间维度,以信用品质、偿债能力、押品价值、财务状况、还款条件作为评估维度,时间和评估形成了不同的信贷风险关注要点。商业银行结合不同信贷风险的关注要点,进行相关数据的获取。

除大数据外,智能风控的"智能"主要体现为机器学习算法构建模型。在授信申请、违约损失计算、逾期预测、反欺诈等业务目标确定后,通过内外部数据的整合、预处理(如采样、主成分分析、缺失值填充、归一化)、特征统计等方法,再选择合适的算法进行分析。无论是对个人或是企业的银行贷款、抵质押或担保贷款,抑或是供应链贷款、巴塞尔协议中的贷款,还是当前热门的智能风控,其根本原理都是衡量客户还款能力和意愿。智能风控只是通过更多的数据维度来刻画客户特征,从而更准确地量化客户违约成本,实现对客户的合理授信。可以看出,智能风控的原理和方法论与传统金融风控没有区别,但可以通过自动化审批来替代人工审核,降低人工成本。

2. 证券业:异常交易行为、违规账户侦测

与银行业的智能风控专注于信贷风控、反欺诈、关联分析等不同,证券公司、交易所更关注于"实时""事中"交易违规行为的侦测。在监管要求方面,沪深交易所发布了《关于加强重点监控账户管理工作的通知》,要求强化交易一线监管、突出事中监管,明确了严重异常交易行为的重点账户监控。在技术方面,由于每日盘中连续交易阶段的数据量大、并发性高,对于低延迟实时计算、机器学习和复杂事件处理,是证券智能交易风控的设计要点。

异常交易行为的特征描述本质上是一个用户画像项目,即对高频交易客户进行群体划分,建立用户画像体系,基于客户交易行为中的各种指标提取特征,使用这些特征作为模型的输入,输出该用户所属的类别。特征指标如交易活跃度(下单次数、下单频率等)、每单报价、持有标的、总资产、资金与持仓信息等。在证券业务层面,则需要覆盖经纪业务、自营业务、资管业务等。

3. 保险业:风险定价、反欺诈与智能理赔

保险风控的主要应用领域为防骗保和反欺诈。近年来,运用大数据技术的保险企业越来越多,它们的基本思路是借助内外部数据在财产险的查勘、定损、核算等环节识别风险特征。以众安保险为例,它对接了央行征信、公安、前海征信、芝麻信用等外部大数据,其中公安数据包含所有已识别到的风险电话数据、短信数据等。此外,智能风控也逐渐加入生物特征识别、人脸与图像识别等人工智能技术,提高欺诈识别率,降低理赔成本。

13.3.3 智能风控领域的应用实践

在银行领域的实践应用方面,2018年8月,重庆三峡银行引入蚂蚁金融科技——蚁盾风控大脑,全面打造实时交易反欺诈平台,建立事前防范、事中实时监测控制及事后分析的风险体系,应对账户风险、交易风险、营销欺诈和欺诈风险,满足监管政策及支持互联网金融等业务发展的需要。

蚁盾风控大脑是依托蚂蚁金服多年金融实践经验积淀而搭建的智能风控体系,采用了世界级人工智能技术。相对于传统风控方式,蚁盾风控大脑对金融风险的防控思路已经从传统的"事后"发现方式,升级到"事中"和"事前"相结合的智能风险识别预警,以便金融机构能主动采取措施,将风险造成的损失降到最低。蚁盾风控大脑能够帮助各个金融机构进行 7×24 小时实时保护,为金融机构提供风险管理决策依据。具体来说,蚂蚁金服从两个方面保障金融交易的安全:一是生物数字核实身份,涉及人脸、指纹、声纹识别等;二是风控大脑,它是一个基于大数据的实时风险决策引擎,是风险监控、识别、处置的综合性平台。

(1) AI监控预警。传统风险监控方式是系统级监控,比如将某个阈值设置在 5% 或者是 10%,属于统一规则设置。现在把业务和系统融合起来,将业务经验预警和模型的智能预警相结合,能做到对问题的智能下探,自动监控。

(2) AI识别决策。传统专家风控系统是平面网状的系统,非常复杂且容易被攻破。而风控大脑是多层防控体系,在移动终端、服务器端、场景深度分析等多个维度上使用模型驱动的个性化风险分析识别,给出最终的风险决策操作。

(3) AI分析洞察。蚁盾风控大脑特别强调"人机协同"的理念。计算机擅长的是存储、搜索、比对,这是重复性的工作,而人擅长的是洞察分析。通过计算机,可以实现快速定位异常,将可能的异常交易和对象缩小在一个相对较小的范围内,避免大海捞针,然后再由人来分析判定是不是风险。

(4) AI 智能优化。策略的产生需要经过多维分析、策略推荐、仿真、上线等几个过程，时间和人力成本很高。而采用机器学习方式，则能够有效降低这些成本。其中一个很重要的概念是迁移学习，迁移学习可以实现同样的模型在切换了应用场景后，仍然具有较好的效果。

13.4 智能搜索

大数据时代首先对搜索引擎提出了强烈挑战，如百度和 Google 越来越清晰地意识到，人们需要搜索引擎提供的不仅仅是含有某些字节的信息，更是这些信息背后的智能推理和复杂关系。于是，以图谱的方式来对真实世界进行语义表示的全新信息技术"知识图谱"应运而生。2012 年，Google 率先将知识图谱应用于搜索引擎，最初的知识图谱包含 5.7 亿个节点（对应实体）和 180 亿条边（对应实体的属性与实体的关联）。随后，知识图谱开始迅速从搜索引擎向金融、执法、农业、化学、制药等行业垂直延伸，成为大数据时代的基础性技术平台。

13.4.1 智能搜索的概念

在浩瀚的信息海洋中，人们只有依靠搜索引擎才能不至于迷失方向，才能迅速找到所需的信息，也因此产生了越来越多的搜索引擎。各种搜索引擎的功能侧重并不一样，有的是综合搜索，有的是商业搜索，有的是软件搜索，有的是知识搜索。依靠单一的搜索引擎不能完全提供人们需要的信息，因此需要一种软件或网站把各种搜索引擎无缝地融合在一起，于是智能搜索引擎随之诞生了。

智能搜索是结合了人工智能技术的新一代搜索引擎。智能搜索除了能提供传统的快速检索、相关度排序等功能，还能提供用户角色登记、用户兴趣自动识别、内容的语义理解、智能信息化过滤和推送等功能。智能搜索设计追求的目标，是根据用户的请求，从可以获得的网络资源中检索出对用户最有价值的信息。智能搜索具有信息服务的智能化、人性化特征，允许网民采用自然语言进行信息的检索，为他们提供更方便、更确切的搜索服务。

通常搜索引擎支持最多的是关键词搜索和在此基础上的逻辑运算，以及在初步搜索结果中再搜索和限制条件较为复杂的高级搜索，这种简单的用户信息获取方式势必直接影响着搜索结果的准确性和相关性。智能搜索引擎具有以下特点：

(1) 智能化。智能搜索引擎的搜索器可针对特定站点或者遍历整个互联网自动完成在线信息的索引，再采取最有效的搜索策略，选择最佳时机获取从互联网上自动收集、整理的信息。智能搜索引擎可以将多个引擎的搜索结果整合，作为一个整体存放在数据库中，确保找到最全面的信息，并且兼顾信息的关联性。

(2) 个性化。智能搜索引擎可以满足用户的个性化需求，协助用户在海量信息中找到所需的信息，同时为用户提供方便安全的信息获取和保存机制，建立用户虚拟个人资料库，通过有效分类为用户提供个性化的服务。

(3) 移动化。智能搜索引擎可以通过电子邮件、传真、移动电话等方式与用户取得联系，不再局限于互联网。同时，还可以根据用户特定时刻的位置信息，选择最恰当的方法与用户通信。

(4) 主动性。智能搜索引擎通过观察用户的行为,主动获取用户的专业、风格、知识水平、行为习惯、兴趣爱好等相关背景信息,并通过不断的训练学习,增长智能;同时通过用户对返回信息的评价,调整自己的行为。

(5) 交互性。智能搜索引擎可以通过自然语言与用户进行交互,实现交互性搜索,以逻辑判断实现对搜索主题的快速分析,并根据用户的查询内容,展开多组相关的主题,帮助用户快速找到相关搜索结果。

13.4.2 人工智能在智能搜索领域的创新

在传统证券研究工作中,研究员进行研究工作时需要搜集海量信息,再整理和分析其中的内容。目前绝大多数证券分析师所运用的辅助研究软件,比如一些数据终端,它们只解决了基础数据问题,而没有考虑到信息过载的问题。面对大量基础数据与爆炸的信息时,研究员无法寻找到最准确且有价值的信息,也无法提高其工作效率,这会浪费许多时间。

1. 数据挖掘与分析

通过投资关系、协议或者其他数据分析出实际支配公司行为的自然人、企业,可进行实际控制人挖掘;通过图谱分析,挖掘出一致实体集(两个或者两个以上自然人或企业)对某一企业实体或者任何事物会采取一致行动,以进行一致行动人挖掘;当选中某个自然人实体并展开关系,若该自然人在前端已经存储了多个可融合的自然人实体的前提下,会将所有自然人实体按照选定的关系展开,并进行可融合的算法挖掘;通过内置图算法,可发现实体关系之间的隐含模式,如团伙关系、环状关系、层级网络等,适用于公共安全、社交网络分析等领域;直观的交互式分析,可轻松从海量实体中挖掘潜在隐含关联,并进行事件定量分析、时空分析,适用于金融反欺诈、公共安全等领域。

2. 事件动态推送及追踪

根据预定义的事件规则进行风险事件或存量客户营销事件推送,可对相关人员的后续行为进行追踪。选中某一类实体,根据实体的属性,可对实体进行筛选,并且可以通过实体筛选条件,来选择呈现的关系范围。基于实体关系网络,可帮助客户及时判断新发生的事件对实体以及关联实体的正负面影响。事件动态推送及追踪适用于智能运维、风险、营销等领域。

3. 一键生成关系图谱报告

推理引擎引入描述实体与关系的元知识,赋予实体与关系的语义含义,从而完成实体关系与属性的推导,以及事件对实体的影响在网络上的传导。为了更好地利用已经爬取的数据,给银行客户带来更多价值,可通过建立标签体系对企业进行细分,以方便客户选出符合某一业务场景的一批企业,提升工作效率。同时,可批量导出多家企业的数据信息及全量关系图谱数据报告,报告内容涵盖工商信息、涉诉风险信息等,以及企业关系图谱特性(一致行动人、疑似可融合、担保关系等)。

13.4.3 智能搜索领域的应用实践

在此以 AlphaSense 为例。AlphaSense 是一家私营科技公司,总部设在纽约。AlphaSense

综合利用人工智能、自然语言处理和高级语言搜索技术,从数据库中简化寻找和追踪最相关的信息,可以帮助用户快速查找和发现关键数据点,跟踪与智能提醒有用的新信息,从而有效提升决策效率。

1. 产品起源

AlphaSense 的最初灵感来自 Jack Kokko 作为摩根士丹利分析师时的经验。作为金融分析师,Jack Kokko 了解金融研究复杂、耗时以及不忽视任何细节或信息的重要性,也充分体会到做分析师时所面临的痛楚。后来,当他在沃顿商学院攻读工商管理硕士学位时,他发现自己学校项目也存在类似的情况。于是,他和 Raj Neervannan 一起合作,琢磨如何解决这个问题,并在 2008 年创立了 AlphaSense 公司。

2. 产品原理

AlphaSense 是一个软件服务平台,解决了专业人员信息丰富和分散化的根本问题。它利用专有的自然语言处理和机器学习算法,提供强大而高度差异化的产品。平均来说,金融分析师每天使用近十几种不同的工具和系统来搜索信息,将其组合到一个位置进行分析,保存并再次访问。而 AlphaSense 将所有这些整合到一个单一的平台,可以帮助用户从数据库中快速查找和发现关键数据点,并跟踪与智能提醒有用的新信息。

使用 AlphaSense,用户不用去登录摩根士丹利,然后再登录互联网数据中心的门户网站获得他们的研究,或利用任何成千上万个其他来源,AlphaSense 已经将信息聚合在一起。因此,使用 AlphaSense,分析师能将搜索信息的时间减少一个数量级或更多,从而有更多的时间进行分析并提出更明智的建议。

3. 产品特点

(1)使用智能同义词专利技术迅速找到关键数据点,解决信息过载问题。AlphaSense 拥有专为金融研究而设计的开创性语义搜索技术——AlphaSense Smart Synonyms TM。该技术能智能地对每行文字进行索引,并让客户掌握关键字,用智能同义词技术扩展关键词搜索到同义词,同时过滤掉误报。客户通过几次点击就能搜索数百万个文档,可以确定任意一家公司或全球 35000 多家公司的关键数据点、趋势和主题,查找并获取关于报告、新闻、研究和客户自己上传的重要信息,而且界面直观,搜索、阅读和注释文档效率都非常高。

(2)快速搜索,节省研究时间。AlphaSense 允许客户从数千个数据来源中,一次性智能搜索出高价值的内容。AlphaSense 查找所有数据,以秒为单位,在几秒就能轻松找到有关公司、行业的趋势或主题的相关信息,手动研究则要数天或数小时。AlphaSense 具有实时电子邮件警报功能,使客户可跟踪所有内容来源的新发展,包括第一手资料研究、券商研究、内部内容以及新闻和贸易期刊,从而将节省的时间投入增值分析。

(3)AlphaSense 功能多样实用,便于研究报告形成,提升研究报告生产效率。①上传功能:客户可以上传文件,同步任何驱动器的内容或连接 Evernote 账户可将任何数量的内容添加到 AlphaSense 安全可扩展的数据基础架构中,可运行搜索以找到相关的内部研究以及外部内容,可在内部文档上获取智能搜索、警报和协作。②提醒功能:通过强大的电子邮件提醒,把客户关心的搜索片段和文档发送到收件箱。③过滤功能:利用 AlphaSense 的高级标记和相关性过滤功能,快速找到任何主题、公司或行业的最佳内容。④表格提取功能:可将文件或券商研究报告中找到的表格直接提取到 Excel。⑤网页剪辑功能:可以将搜索的网页进行剪辑,并与其他内容放在一起。

(4)符合用户安全标准。

①内容和数据安全:AlphaSense 已通过 SOC 2(1类)认证,符合用户安全标准。AlphaSense 采取精心设计的一系列步骤,安全地处理数据端到端的问题,包括存储、传输、网络、系统和程序。

②存储中的数据安全:使用高级加密标准(advanced encryption standard,AES)256,使用 256 位加密密钥自动加密客户端内容;存储用户数据的数据库、搜索引擎和系统驱动器被直接加密;通过第二个安全映射层将数据存储为通过映射到用户提供的名称的扰码;根据请求,客户端可以管理和保存自己的加密密钥。

③在传输和用户认证中的数据安全:所有数据在传输过程中端对端加密;与 AlphaSense 服务器的最终用户通信通过 HTPs 安全 Web 协议进行,并且在用户认证的登录过程之后完成;所有用户请求都使用针对安全数据库的单向加密和具有特定密钥的命名服务器进行身份验证。

④网络安全:AlphaSense 服务器托管在防火墙后面,入口和出口端口关闭,并只在服务器上的单一 https 访问,满足用户请求;子系统进一步隔离到虚拟专用云,无须 Internet,这限制了对防火墙内仅特定命名服务器的访问。

⑤数据中心和管理员访问:AlphaSense 与安全数据中心提供商 Amazon Web Services 合作,利用其先进的电子监控和多因素访问控制系统;数据中心全天候由经过培训的安全技术人员组成,经过严格的后台检查,严格授权访问权限;访问服务器受多因素身份验证协议的保护,用户访问控制由身份访问管理工具通过 SSL/TLS 的安全通信会话进行管理。

⑥监测和渗透测试:不断监控整个 AlphaSense 系统,记录异常检测的任何访问或输出;持续监控服务器级别的 Web 服务正常运行时间,以防止任何意外事件或高使用率提示拒绝服务攻击;AlphaSense 系统定期对第三方安全专家的渗透和漏洞进行审核和测试。

13.5 智能投研

作为新生行业,目前智能投研已经在多个场景进行了初步的落地尝试。与智能投顾相比,智能投研主要面对 B 端企业级用户,提供辅助投研的工具,而智能投顾主要面对 C 端长尾人群,提供合理的资产配置建议。但二者在一定程度上可以进行互补,智能投研的终极目标是希望能够辅助投资决策,延伸来看,也包括在资产配置策略方面提供方案,这与智能投顾具有极大的协同性。因此,可以将智能投研视作智能投顾的支持环节。

13.5.1 智能投研的概念

智能投研,是指在金融市场数据支持的基础上,通过深度学习、自然语言处理等人工智能方法,对于数据、事件、结论等信息进行自动化处理和分析,为金融机构的专业从业人员(如分析师、基金经理、投资人等）提供投资研究帮助，提高其工作效率和分析能力。智能投研作为人工智能在金融科技领域的重要应用场景，由于受众专业、技术难度较高，目前在全球范围内仍属于成长初期。

对于金融机构来说，人工智能技术的介入，将使得传统投研的各个环节发生一定的优化和革新，解放大量基础的投研信息搜集类工作，而前期信息搜集的耗时性和不全面，也是传统投研中较为主要的缺陷。另外，通过结构化、模型化的处理方式，智能投研也提升了金融市场海量原始数据的效用和价值。

智能投研涉及数据的获取、处理及应用。大部分独立的智能投研公司主要处于数据的处理环节。最终与投资交易直接挂钩的智能投研以投资机构自己搭建为主，同时会采购外部第三方的数据和服务，在内部进行整合。智能投研的流程及功能如图13.2所示。

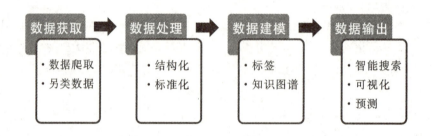

图13.2　智能投研的流程及功能

（1）上游是数据源。①传统数据。金融行业本身已经存在大量标准化的数据，包括公司财务数据、公司公告、交易数据、宏观数据、行业数据、券商研报等，这些数据主要由金融数据公司进行整合。②爬虫数据。这些数据来自互联网，相比传统金融数据库，这些数据的颗粒度更细，数据的来源主要是地方政府网站、地方监管部门网站、社交网站、媒体网站等。③另类数据，主要指通过智能设备采集的数据，包括卫星图片、天气数据等，更多的是通过个人移动终端采集的各种数据。

（2）中游主要是数据的采集和标准化。产品形态包括数据处理的工具或者处理之后的数据产品。①数据抓取工具。数据抓取工具是直接对客户开放的基础产品，也是开发其他高级工具的底层技术。数据抓取工具应用于标准化金融文本的关键信息摘取。②核查类工具。它对于有明确规则的金融文本提供自动核查，包括核对财务数据。③产业链图谱。它通过打标签和标签之间的关系建立，细化行业分类，展现产业链上下游、竞争对手、股权投资等关系，寻找潜在的投资标的或发现潜在的风险传导路径。

（3）下游是数据的需求方和应用场景，以金融机构为主。①券商主要包括投行部门、网金部、研究所三个部门的需求。投行部门：提交文件的审核、找项目；网金部：App智能投顾功能的底层支持；研究所：报告的质控检查、信息搜索、公告数据提取。②投资机构。一级市场投资者：找项目，监控竞争对手；二级市场投资者：量化投资的策略因子、资产组合的监控及风险预警。③证监会与交易所。标准金融文本的审核、信息披露的监控等监管科技范畴。④其他需求。如银行的小微企业信贷风控、寻找潜在的企业客户，企业寻找合作伙伴等。

13.5.2 人工智能在智能投研领域的创新

1. 智能投研行业盈利模式分析

直达商户(to business，ToB)是业内共识，目前以模块产品独立销售和提供解决方案为主。从发展历程来看，国内智能投研公司的业务模式演变，主要分为三个阶段：①主打提高效率，采取免费试用模式，提供某些模块化的小工具，意图覆盖更多的C端投研人员，建立品牌知名度；②仍然以提高效率为目标，进一步以知识图谱将研究员的经验标准化、可视化，形成相对完整的智能投研系统，供B端企业的投研部门使用；③在提高效率的基础上，通过深度学习等技术不断增长机器经验，以达到投资决策方面的自动化、智能化，辅助B端投资部门预测市场走势、选择投资组合等。智能投研公司的业务演变如图13.3所示。

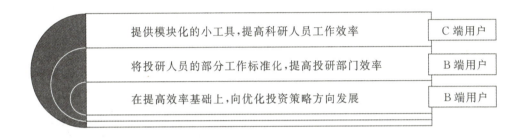

图13.3 智能投研公司的业务模式演变

当下国内智能投研行业处于从第一阶段向第二阶段进化的过程中，但仍然依靠资本输血，目前行业企业初步探索出了以下两类盈利模式。

(1)深耕细分领域，提供独立的模块化工具。金融ToB业务具有较高的行业门槛，用户集中度低，但智能投研应用的各个细分场景存在可观的想象空间。因此，部分智能投研公司采取为客户提供统一定价的标准化数据模块、产品模块的形式，来创造营收。

(2)直接面对客户，为客户部署定制化的解决方案。单纯的金融服务附加值低，难以建立竞争壁垒。因此，从客户的需求角度出发，提供直面痛点的解决方案才能抓牢客户，建立稳定、可复制的盈利模式，这也是目前智能投研公司收入中占比较高的部分。

2. 智能投研的主要应用模式

智能投研的应用模式主要以提高研究效率为主，优化投资管理流程，预警投资风险点。从应用场景或典型产品目标方面来看，智能投研可以具体分为新科技对投资和研究两方面带来的改变，其中，文本解析是通用型产品，为前端应用的不同场景提供了底层支持。

(1)文本解析：通用型产品，提供基础的结构化信息支持。金融行业会产生海量数据和信息，但其中结构化数据的比例极少，大部分以半结构化、非结构化形式杂乱分布，这对于计算机来说是无法理解的。其文本来源主要有：公司公开披露、媒体报道、舆情讨论等。智能投研通过自然语言处理、情感分析等技术，对这些信息进行汇总、清洗解构，为下一步的前端搜索、问答以及其他形态产品奠定了数据基础。很多智能投研公司都选择从这一角度切入，从而搭建金融信息服务的多模块产品群,对外免费提供PDF文档解析、图表摘取等初级功能,让更多人体验人工智能赋予投资研究的方便和快捷。

(2) 智能搜索＋智能问答:提高研究效率的两大主流工具。在研究工作中,分析人员要面对海量数据和爆炸式的信息,而目前金融机构研究部门配置的多为Bloomberg、Wind这类数据终端,无法辅助研究人员高效地发现信息价值点。金融搜索引擎和问答系统的出现,是智能投研行业最初应需而生的两类产品。同时,在文本解析的基础上,发展出语义搜索、智能推荐等多种形态,且提供了友好的交互界面,使研究人员可以通过搜索或问答的形式,快速查询到相关问题的答案,极大地提高了研究中信息分析方面的工作效率。

(3) 智能投资管理:流程实现高效自动化,提高管理效率。智能投研现阶段以提高效率为主,包括投资效率和研究效率两方面。业内更多创业公司主要聚焦于后者,传统金融机构更多聚焦于前者。大型的头部金融机构通过内部自主研发系统,达到优化投资管理流程的目标,减少基金经理或投资经理的标准化作业时间,从而可以同时管理更多的金融产品和更大规模的资产。比如,目前天弘基金正在这一场景进行探索和应用,交易指令下达前的所有准备工作基本上实现了自动化处理,每只基金的仓位、申购赎回情况、个股情况等信息都通过IT技术汇集起来形成报告,根据此报告和固化的交易策略便可形成交易指令,投资效率非常高。

(4) 智能风险预警:通过知识图谱建立因子相关关系,发现风险前兆。金融科技的出现,首先是希望能帮助交易环节创造更多财富,更关键的功能是协助防控金融风险。控制风险需要同时对产品发行方和持有方进行监控和分析,并且做到事前预警。智能投研目前正初步介入这一领域,通过另类数据等创新维度的信息抓取以及将信息结构化的自然语言处理等技术,挖掘不同主体间的有效信息相关关系,并深度分析不同信息对于风险违约的影响程度。比如平安科技的欧拉图谱,可以通过知识图谱将企业、人、事件、行业之间的连接构建成关系网,发现风险链条、扩散范围、风险隔离距离,以及可能的循环担保圈、资金圈等,在出现异变之前,做出预先的信号提示。

13.5.3 智能投研领域的应用实践

1. Kensho-Warren

Kensho于2013年5月成立于马萨诸塞州剑桥市,其名称原意从佛教禅宗而来,意为"见性"——透过现象理解事物的本质。Kensho的主创团队包括哈佛大学数量经济学博士丹尼尔·纳德勒(Daniel Nadler)、麻省理工学院(MIT)的计算机硕士和谷歌资深云计算分析师彼得·克鲁斯卡尔(Peter Kruskal)。团队成员还包括来自谷歌和苹果的一流工程师和从顶尖投资银行挖过来的资深软件工程师,经验和技能涵盖统计、金融工程、人工智能、自然语言编程、高速搜索算法、机器学习等。Kensho主打产品Warren被称为金融投资领域的"问答助手Siri"。Kensho结合自然语言搜索、图形化用户界面和云计算,将发生事件关联金融市场,提供研究辅助,利用动态数据与实时信息,及时反映市场动态,智能回答复杂金融投资问题,从而提高交易效率。

Kensho背后是公司运用金融算法模型的计算结果,包括"股市季节变化周期策略"、可放大的"风险/回报分析地图"、"即日股票胜算概率指南"、"社交媒体的个股综评图"和"聪明的现金流动图"（大投资机构每天花钱在哪些股票上建仓等颠覆性的产品）等，这些算法模型可以为6500万个复杂的投资问题找到答案。提出的问题越多，Warren学会的东西越多，这也是云计算系统与普通硬件计算系统的差别。Kensho的初创网站上曾一度有超过7000只股票、债券、股指，大部分散户的投资收益率为15.7%，远高于S&P市场回报8.6%的成绩，这个网站现已关闭。这些大数据和云计算的创新成功很快震动了整个华尔街。

Kensho是数学洞察力在金融领域运用的胜利。大数据算法是深度分析、关联和挖掘的基础。Kensho使用了从谷歌技术那里得到的灵感，如映射化简（MapReduce是将庞大的处理任务分配给云服务器的一种方法）和Bigtable（分布式数据存储系统）。通过大量的基础层和技术层工作铺垫，Kensho完成了高效整理数据和智能分析数据的工作，且还能根据自然语言提问提供相应的历史数据和决策建议。

2. 文因互联

文因互联是国内致力于为新三板市场提供智能投研分析工具的金融自动化报告供应商。主板2000多家公司有大量分析师、投资人、媒体进行分析研究，但新三板800多家公司的研报覆盖率仅有7%，未来新三板的公司数量增加的势头还将保持。在新三版这个小领域，里面公司小而多，聘请人工分析师不划算，正是机器智能大显身手的地方。这样的市场调研数据使文因互联决定以新三板市场作为智能研报的切入点。文因互联的搜索以及自动化报告清晰而精准，它从年报、半年报、公司主页工商信息等消息中提取信息，经过文本数据结构化和自然语言生成两个环节，生成PPT格式的挂牌公司报告。整个报告生成过程只需要0.4秒，1个小时可以生成全市场9000份新三板挂牌公司的研究报告。

在人工领域，绝大多数新三板公司由于并无研究覆盖，唯一的线上信息来源就是公司股转书。而市场上投资者对于研究的需求主要集中在投前行业研究、新在审新挂牌企业的研究、企业持续跟踪需求与投后风险提示需求。这些需求背后亟须将人力从数据收集、整理的繁杂工作和数据过载中解放出来，让投资者更关注业务逻辑以及领域模型的构建，在更短的时间内获得必需的数据，从而提升工作效率。文因互联基于投资人的经验，提取了10个关键要点：公司产品结构、生产销售资质、销售能力/销售渠道、销售增长趋势、利润和行业变化、面临主要挑战、发展战略、公司重大里程碑、核心团队、投资风险说明。

文因互联将关于这10个核心要素的内容从股转书中提取出来，再通过内部的清洗过的数据库自动完成行业对标及财务水平比较的工作，最终基于自然语言生成技术制作成带有信息图表的精美PPT。之前投资者需要花费半个小时以上阅读的文字版股转书，现在变成了一份只需5分钟就能看完的PPT，且信息依然保持着较高的含金量。

文因互联在人工智能投研系统中借助机器学习和自然语言处理等技术，将海量数据生成的有价值的特征信息制成标签，使可投资公司的模式识别问题被转化为寻找符合投资理想中的完美公司所具有的特征集合（即标签组），且通过不断回测和修正，可以寻找出在现有信息下最大胜率的投资模式，而这整个过程也是有迹可循的、可复用可修正迭代的。

思考题

1. 简述智能交易的基础。
2. 简述智能征信的概念及其分类。
3. 简述人工智能给征信带来的影响。
4. 简述芝麻信用是如何在智能征信中开展实践的。
5. 根据智能风控与智能征信的概念,简述二者的区别与联系。
6. 简述智能风控在银行、保险和证券中的创新模式。
7. 结合智能搜索涉及的关键技术,谈谈你对智能搜索特征的理解。
8. 根据 AlphaSense 在智能搜索的实践,谈一谈智能搜索在金融领域的创新。
9. 根据智能投研与智能投顾的概念,谈一谈二者的区别与联系。
10. 简述智能投研的主要应用模式。

第 14 章　金融机构业务后台应用场景

金融科技的浪潮愈演愈烈,大数据、云计算、移动互联网等新兴人工智能技术正在颠覆金融领域传统的业务模式。变革之下,各金融机构将金融科技提升到了战略高度,特别是持续加大在智能金融中的资源投入,以推动数字化、智能化、生态化转型,构建敏捷的业务能力,以期在新一轮竞争中赢得优势。在金融机构后台业务中,智能合规管理、智能安保、智能机具、智能运营管理、智能平台建设、智能安全态势感知等应用场景尤为突出。

14.1　智能合规管理

监管科技包括"合规"和"监管"两方面,其中,金融机构将监管科技作为降低合规成本、适应监管的重要工具和手段,从这个角度来说,监管科技可以理解为合规科技。

14.1.1　智能合规管理的概念

自全球金融危机之后,严监管成为常态化,金融机构合规成本不断攀升。2008 年至 2016 年,发达国家监管规定数量增加了 500%,金融机构合规职能的从业者数量增加了 10%~15%。降低合规成本的需求及金融科技的兴起应用,为合规科技发展提供了沃土,全球合规科技市场不断壮大。据统计,2014 年至 2018 年,全球合规科技投资增长了近五倍,复合年增长率高达 48.5%;价值超过 1000 万美元的交易比例从 2014 年的 23.3% 升至 2018 年的 46.8%;2019 年第一季度,全球合规科技公司投资额高达 13 亿美元。

智能合规管理,是指金融机构通过数据和流程的自动化,提高自身合规能力、降低合规成本、满足监管合规要求的一种智能化内部审核与管理方式。借助大数据、云计算、人工智能等技术,合规管理帮助金融机构降低合规成本,满足监管合规要求,尤其在交易监测、身份识别、风险防控等领域的服务和技术已经日趋成熟。一是通过实时收集、整合交易信息,有效监测可疑交易、违规操作等,防范交易风险;二是通过生物识别技术与大数据分析技术等,进行客户身份管理、远程业务操作等,为解决金融安全隐患提供解决方案;三是通过数据积累和分析,监测合规和监管风险,提前预测和感知风险变化,提高风险预警和防控能力。

同时,合规管理以数字化形式将金融机构端与监管端连接起来,实现内外部数据和信息的及时、准确传输。一是从监管端获取监管需求,金融机构可将各类监管规则、要求进行数字化处理,准确转化为内部约束条件,以满足合规要求;二是向监管端输送数据信息,金融机构可将交易信息实时形成合规报告,向监管机构动态报送,在减少金融机构人工成本的同时提高监管机构的监管效率;三是利用技术构建安全的传输渠道,通过数据加密等技术提高内外部数据传输的安全性和效率,减少道德风险,从而降低隐性合规成本。

合规科技应用场景如表 14.1 所示。

表 14.1 合规科技应用场景

应用领域		具体形式	应用案例
与客户的互连应用	交易行为监控	一是利用软件监控员工,确保其遵守交易规则,从而减少违规操作;二是采用大数据技术防控线上渠道产生的欺诈风险,提供实时交易监控和审查的解决方案	腾讯的灵鲲大数据监管平台;中金金融认证中心旗下的交易监控及反欺诈系统等
	客户身份管理	利用人脸识别、指纹识别技术等实现客户身份验证、远程开户、刷脸支付	支付宝、微信支付等第三方支付
金融机构内部应用	风险防控管理	一是利用软件来管理金融机构日常操作风险,包括事件识别、问题跟踪、数据存储等;二是通过分析和量化风险建模,评估风险并预测未来的威胁;三是客户风险评估,更好地做到贷前防范风险、贷后控制风险变化及影响范围	美国的 Aravo 和英国 Finastra 公司;腾讯的灵鲲"7+4"风控引擎,建行"新一代"企业级大数据工作平台,度小满"金融脉搏"平台
与监管机构互连应用	法律法规跟踪	对监管规则进行数字化解读,根据变化实时调整更新,并将其嵌入金融机构业务运行中,充分了解、及时跟踪监管规则,降低规则的"菜单成本",提高灵活性	瑞士的监管科技公司 Apiax;美国 IBM Watson 系统;澳大利亚监管科技公司 AtlasNLP 等
	合规报告报送	通过大数据分析、实时报告和云计算,实现自动化数据分发和监管报告生成	奥地利报告服务有限公司的 AuRep;爱尔兰监管科技公司 Vizor 等
	数据加密与输送	通过区块链技术和加密货币充分利用分布式记账的优点,确保数据的安全性、完整性、有效性,防止数据被篡改,服务于数据输送	德国监管科技公司 Doom 的 Rooms NXG 系统

14.1.2 人工智能在智能合规管理领域的创新

人工智能是监管科技的核心,将其应用到合规科技是大势所趋。人工智能包含的内容很多,在合规方面可应用的主要技术有三大类:机器学习、知识图谱和自然语言处理,可以在数据处理、身份识别、合规审查、风险防控等领域帮助金融机构更高效实现监管合规,提升合规智能化水平。

1. 数据处理与分析,优化合规建设

标准化数据是实现金融监管的基础,但由于数据统计的维度和口径不一致,金融业务产生的海量数据在标准、格式、质量等方面难以满足监管机构要求。随着金融业务的不断创新和监管机构要求趋严,金融机构报送的数据报告大幅增加,提高了处理数据的难度,而人工智能可以为此提供解决方案,优化金融机构合规性建设。

首先,通过机器学习解决大规模数据处理难题,对文本、图像、音频等非结构化数据进行清洗和转化,实现数据标准化和优质化,使金融机构既能够更加全面、稳定地报送数据,又能为智能合规算法提供高质量数据。其次,通过自然语言处理技术,从语义层面分析数据信息,帮助金融机构提炼有价值的交易信息,筛选可疑交易数据,纠正员工不当行为,满足实时合规要求。最后,利用可视化分析技术,将大量复杂的数据以容易理解的方式呈现,核查交易是否满足监管政策,帮助金融机构进行决策。

2. 身份识别与管理,防范金融犯罪

了解你的客户(know your customer,KYC)是重要的监管合规机制,尤其是在金融科技快速崛起的背景下,金融机构更需要强化客户信息审查,做好风险防控工作。目前,人工智能技术广泛应用于支付领域,利用生物识别和机器学习,可以提高支付的精准度、效率和安全性,节约合规成本。

一是利用语音识别、人脸识别、指纹识别等技术,提高客户身份识别效率,帮助金融机构合规部门解放部分繁重、重复的合规工作,降低传统KYC过程中产生的人力成本和时间成本。二是利用知识图谱技术,绘制企业资金往来情况,识别潜在财务造假风险,帮助金融机构精准评估企业风险;利用机器学习算法对客户进行多维"画像"并预测其行为,从而对可疑客户、可疑交易进行预警并加以阻止。三是利用机器学习技术,在KYC基础上构建模型,通过持续的模型训练,提高模型识别率,最终实现人工智能的无监督自学习识别模型,自主对金融犯罪风险、客户行为风险进行监测分析,有效防范洗钱、欺诈等金融犯罪活动。

3. 合规审查与评估,降低合规成本

传统的监管合规更多依赖于人工核查,金融机构需要定时报送大量监管信息和合规报告,随着监管法规条文增加,以及使用专业合规人员的成本增加,利用人工智能可以代替部分监管合规岗位,提高合规效率。

一方面,利用自然语言处理技术,可以将监管规则数字化让机器可识别,提高规则的一致性和合规性;结合机器学习技术和迭代更新算法提高机器翻译人类语言的准确性,实时监控和跟踪法规动态,帮助金融机构进行合规审核;通过比较不同国家监管规定的异同,帮助金融机构合规开展跨境业务。另一方面,探索智能化报告技术,实时、连续、动态地监控交易数据,通过抓取、分析数据自动生成合规报告,上传至实时监测平台;通过减少直接参与人员、优化信息采集流程,降低金融机构提供合规信息的相关成本,减少人为主观因素的影响和干预;根据监测平台的分析、反馈,金融机构还可以获得快捷的监管建议及指导,实现持续合规评估。

4. 风险预警与测试,提高预判能力

人工智能通过构建违规发现模型和风险预警模型,有效监测金融机构的内部和外部风险。一是利用模糊推理技术和案例推理工具,学习以往案例及当前监管规定,进行全局化分析计算,及时提醒金融机构调整操作,以确保合规。二是利用机器学习等构建流动性风险的网络模型,选取更合适的风险指标衡量流动性情况,辅助金融机构做决策。三是利用人工智能技术开展金融压力测试,对市场上可能发生的风险进行预警,增强金融机构的风险管理能力,控制风险的影响范围。

商业银行在智能合规和知识管理方面开发的智能知识引擎,可对文本知识实现加工、管理、传递和学习。该引擎以自然语言处理和知识表示推理技术为基础,集合了问答匹配、图谱推理、文本语义检索等先进技术,深度加工银行产品手册、政策法规等文本,从而提供精准的智能问答和文档查询等功能,并能判断与解答业务流程中的疑难问题,对业务流程进行合规预审。目前,知识引擎在银行各环节的合规审查和作业合规审查中均有应用。其中,知识引擎在银行外汇作业审查中的应用,有望将传统流程的差错率降低60%,单笔业务审核检查效率提升78%,大幅提高整体作业效率。

证券公司使用智能语义分析技术,在投行业务、合规管理、研究领域对金融文档进行复核。通过文本解析、语义分析,从文档中自动抽取单词、句子、段落、数据、公式等信息,构建金融知识图谱,并通过深度学习、机器学习等智能技术不断优化训练,使计算机具有一定的判断能力,实现文档的智能复核、智能修改等功能,从而减轻人工复核的工作量,提高文档质量,降低运营成本。目前,智能金融文档审核系统能够实现语义错误识别、上下文一致性校验、数据勾稽关系检查、财务指标公式校验等功能。例如,有的证券公司2018年7月至2019年10月期间,累计完成近1900篇投行类业务文档的检查,检查数据点近55万处,帮助确认数据计算的正确性、一致性近50万处。

基金公司基于行业法规,使用自然语言处理技术检查业务流程和合同文本错误,进而减轻人工工作量及降低操作性风险发生的概率,确保各项业务的合规执行。此外,基于历史积累数据和行业规则,利用人工智能可辅助实现合同的自动起草、自动审核与履行管理。

14.1.3 智能合规管理领域的应用实践

Compliance.ai成立于2014年,是一家位于美国旧金山的监管科技公司,为金融机构提供定制化的合规工具,帮助金融机构降低风控合规成本。

1. 产品及服务

Compliance.ai为银行、金融服务公司和保险公司提供名为RCM(regulatory change management)的合规程序,此程序能够自动从监管规则中提取客户需要了解的条例,并帮助客户快速响应不断变化的监管要求。RCM基于机器学习和自然语言处理的技术,能够自动标记客户所需信息,减少分析和处理法规文档所需的时间和资源,使合规团队能够更快地采取行动,应对法规变更。RCM具备4种合规功能,分别为监测、分析、行动和报告。

(1)监测。Compliance.ai能够及时获取最新监管更新的信息,并按照客户的要求进行自动的优先级排序。客户可以通过使用Compliance.ai的平台,或者是电子邮件的方式,及时掌握相关法规更新、违规处罚通报等监管信息。

(2)分析。Compliance.ai自动对监管内容进行分类、汇总和排序,能够立即识别不同文档之间的关键差异,包括法规的更新、修订细节,以及自动判断是否会对客户造成影响。

(3)行动。Compliance.ai通过自动化的协作工具,能够无缝衔接到客户当前使用的工作软件中,自动为客户分配基于法规更新、截止日期变动等后的工作任务,简化工作流程。

(4) 报告。在关键的监管变更后,Compliance.ai 能够为客户出具详细报告,快速向关键的客户内部利益相关者分发报告、摘要等信息,陈述需要采取的应对措施。

目前,Compliance.ai 提供三种不同的服务,即客户可以选择基础、进阶和定制化团队等服务,以满足不同级别的监管需求。此外,Compliance.ai 还会定期统计来自美国消费者金融保护局(Consumer Financial Protection Bureau,CFPB)、美国金融业监管局(Financial Industry Regulatory Authority,FINRA)、美国证券交易委员会(Securities and Exchange Commission,SEC)等监管机构的动态,包括新的规定、处罚案例、申报文件截止日期等共计 720 多种监管信息渠道来源、110 多种文件类型的资料,并自动整理更新,发送给客户。

2. 应用案例

(1) 为企业风险管理软件提供商 LogicManager 的客户提供监管信息。2019 年 4 月,Compliance.ai 与企业风险管理软件提供商 LogicManager 达成合作。通过此次合作,LogicManager 将 Compliance.ai 的全面、定制化和以财务为重点的监管信息添加到其平台内,使 LogicManager 的客户(包括银行和信用机构等)能够直接访问 Compliance.ai 提供的监管信息,包括数百万条规则和执法通告。LogicManager 表示,通过将 Compliance.ai 的监管内容整合到 LogicManager 的企业风险管理软件中,客户可以访问当前适用法规和相关变更的实时更新情况,同时 Compliance.ai 平台可以自动化协调工作流程,以响应整个组织的监管变化。

(2) 为马林银行提供自动化合规平台。2016 年,马林银行(Bank of Marin)引入了 Compliance.ai 的自动化合规平台。Compliance.ai 基于机器学习模型,能够自动发现、收集和分类金融监管数据。该平台为马林银行提供了及时有效的监管内容,并帮助财务合规团队主动管理不断增长的监管变更数量,简化合规工作流程,促进相关利益方的协作。

14.2 智能安保

金融行业一直以来都是安全防范行业发展的重点,随着社会经济的发展和人们生活水平的提高,银行网点的分布越来越广,针对银行机构的刑事、治安案件的数量也逐步上升。同时,外部犯罪多样化,以及内部作案、内外联合作案常态化趋势越来越明显。随着人工智能在安防领域的不断发展和银行网点智能化水平的提升,传统银行所涉及的营业网点、银行业务库、银行自助 ATM 等区域的智能安保工作形式,也将随之升级。

14.2.1 智能安保的概念

随着"互联网+"的普及和人工智能在金融行业的应用,安全防范工作也迎来了互联互通、智能互动的时代,智能安保逐渐替代传统安保成为新的趋势。人工智能技术的发展,让安保设备更加具有智慧。安保机器人也已经出现,它可以自动巡逻,灵活机智地处理巡逻途中的情况,还具备流畅的语音交互功能,拥有自动报警功能、防盗系统和自动充电系统,可以 24 小时不间断工作。

银行网点中主要包括以下两类安保机器人:一是监控机器人,监控机器人能在场地四处移动,具有灵活、智能、友好的特点,还可以集成更多功能,从而提供更加全面的安全监控服务。

二是智能巡检机器人，智能巡检机器人主要携带红外热像仪和可见光摄像机等监测装置，可以将画面和数据传输至远端监控系统。同时，智能巡检机器人在环境应对、性能强大等方面具有人力所不具备的特殊优势。

银行网点中的智能安保职能包括：

(1) 视频监控。如今的监控系统已经被赋予三大使命：监测、甄别和分析。随着监控图像无论是画质还是对比度的不断升级，如今的视频监控设备采集图像仅仅是第一步，也是最简单的一步。接踵而来的是对图像的甄别，这对前端设备的一些软件提出了考验：哪些是静态目标？哪些是动态目标？哪些动态目标需要锁定？在前端监控摄像机甄别出可疑目标后，智能安保系统又依靠后端云技术和大数据的计算、分析功能，得出目标是否存在威胁因素，从而判断是否启动报警。

(2) 防盗报警。防盗报警系统与监控系统属于相辅相成的关系，当监控系统捕捉到威胁因素后，便引发了报警系统。那么，防盗报警系统本身的智能化呢？防盗报警是否智能化，最为重要的体现在于误报率。过于敏感的报警系统产生了过多的报警信息，则会让人感觉到厌烦，浪费大量的人力物力；而灵敏度过差的报警系统虽然不至于浪费人力物力，但是一旦忽略了真实的威胁警报，后果将不堪设想。所以，防盗报警设备的智能化也一直是智能安保的一大课题。

(3) 出入控制。出入控制系统是安防行业最贴合"防"字的设备，其他设备大多数是在威胁产生之后才发挥作用，而出入控制系统则是在威胁产生之前发挥作用。银行是最注重出入权限和等级限制的领域，所使用的出入控制系统早已不单单是道闸、防盗门之类这么简单，而是设计到一卡通、楼宇对讲、生物识别等一系列具备"验证"功能的产品。智能化出入控制设备一般把出入人群划分为三个级别：权限等级、通过等级和危险等级。

14.2.2　人工智能在智能安保领域的创新

"AI+安保"把普通视频数据变为有意义的"情报"，变被动防御为主动预警。对于安保行业而言，人工智能的最大价值在于：视频结构化技术对大量视频进行智能分析并实现事前预警，这实际上是人工智能企业为安保行业客户提供的主要服务和盈利点。"AI+安保"要解决的将不再是人与人之间、人与车之间的结构联系，而是能自主判断"你是谁"的问题。相信在不久的将来，人工智能技术将会取代众多传统的安保技术，且整个安保行业的发展已经到了比拼核心技术的关键节点。

在安保监控网络上，数据的产生者是摄像头、录像机，数据的消化者是人工智能和人。但是，当人工智能把这么多的录像转变成结构化数据后，就会产生一个新的数据海洋：结构化数据海洋。如果数据没有经过很好的挖掘，那它也不是有意义的情报。对于结构化数据，目前已经可以使用非常成熟的手段去挖掘，这个过程中会有一些非常浅度的挖掘、简单的筛选，比如黑名单。例如，监测到一辆车时，如果车牌号码是一个犯罪嫌疑人的车牌号，那么这辆车就被后台预警。再比如说要监测一个人的情况，假设有一张逃犯的照片，当在某个地铁站的摄像头里看到一个人长得像这个逃犯时，它可能就变成了一个有意义的情报。这一应用在银行网点里也可以有非常浅度的挖掘，如在银行网点会发现有犯罪前科的人，它可以把这些人提前放在

"危险者"库里。当这些人来到银行网点时,银行网点的保安就能第一时间得到警告。

14.2.3 智能安保领域的应用实践

在实践应用方面,除加强传统的视频监控领域外,各大银行纷纷引进智能安保机器人。例如,上海银行张江数据中心启用一位特别的巡检员——智能巡检机器人,该智能巡检机器人身上集成了多自由度机械臂、OCR 智能识别相机、高清夜视相机、红外成像、环境监测传感器、激光导航、超声波传感等多个智能单元模块。通过运用自主与规划导航相结合、多传感器融合、智能识别、智能监控等技术,机器人能够自动巡视、自主避障、自主充电、实时监控遥控,并将实时移动巡检数据上传至智能巡检平台,数据实时展示并可定制报表输出。此前,上海银行张江数据中心的基础设施巡检基本以人工为主,通过各种表格记录巡检结果,巡检时间较长,人工成本较高。随着人工智能和大数据技术的飞速进步,基础设施管理开始向智能化方向发展,实现运行维护自动化,降低人工的强度和频次是提高管理水平的有效途径。

再如,长沙农商银行开福支行引进了智能安保服务机器人"小美"。小美集迎宾接待、业务介绍、安全巡逻等功能于一体。它担负着大堂经理的角色,熟悉业务、能说会道,还会卖萌,可以轻松自如地在网点的大厅内行走。当客户进入营业部大厅,它会主动热情地上前打招呼,为其介绍银行各项业务产品。对于开卡、挂失、存取款和网上银行、手机银行等个人业务,对公业务以及信贷业务的咨询,它都能给予全面而细致的回答。另外,不得不提的是小美的安保功能,它的机身配备高清摄像头,能实现周身 360°监控,可通过网络平台查看实时及历史音频,同时可搭载温度、湿度、烟雾等传感器,实时监测环境信息,并上报至管理平台实时预警,可谓是一位十项全能的"大堂经理"。

14.3 智能机具

随着智能终端设备的快速普及和移动互联网的迅猛发展,人们的行为模式也发生了显著的变化,在金融服务、支付领域,这种改变尤为明显。

14.3.1 智能机具的概念

随着人脸识别、静脉核验、虹膜识别等生物识别技术越来越广泛应用于金融自助设备,ATM 交易效率和安全程度大幅提升,传统 ATM 需求增速放缓,具有大额高速存取款、发卡、转账、查询、回单打印等功能,支持存折、存单、支票,可购买理财以及进行理财测评等特色业务模块的升级版现金类智能设备悄然兴起,诸如智慧柜员机、超级柜台等非现金类自助设备将越来越得到市场青睐,引领行业发展。这些智能设备就是金融领域的智能机具。

智能机具是实现智能银行的重要载体,智能银行业务办理高效快捷的主要原因,是通过智能机具完成了大量业务凭证扫描、各种协议签订和相关信息确认等工作。为此,要实现网点智能化,就应该充分利用智能机具的业务流程优势。

第一步,明确低柜柜员具有"现场指导＋现场营销＋现场审核＋柜口处理"的职能。

第二步,以智能机具覆盖营业网点的所有低柜,每个低柜柜员负责一台智能终端(智能打印机和产品领取机等可以视情况配置）。客户到网点办理现金业务时，由大堂经理负责将客户引导到 ATM 或高柜办理业务；办理非现金业务时，由低柜柜员现场指导"客户自助办理"，其间可以开展产品营销和业务宣传，对"客户自助＋现场审核"无法办理的业务，再通过"客户预填＋柜口处理"方式办理。

第三步，一段时间后，可尝试一个低柜柜员负责两台智能机具。

第四步，逐步关闭高柜的个人账户开户、销户、卡启用、个人挂失、修改印密、汇款、转账、定制维护各类协议和签约、修改及补录维护各类信息、查询、账户冻结、解冻等功能。

第五步，减少高柜数量，让"解放"出来的柜员走进营业大厅，在协助客户办理各类业务的同时开展产品营销。

14.3.2 人工智能在智能机具领域的创新

以银行为例，随着众多智能设备的投放，银行网点进入"机器解放人"的时代，几乎在所有银行网点都能看到在自助设备上办理业务的客户。目前，银行智能助手主要有以下八类。

（1）智能机器人。工商银行、民生银行、交通银行、平安银行等银行的很多网点均投放了一些智能机器人充当大堂经理，它们不仅能提供迎宾接待服务，还能提供业务咨询、宣传讲解、娱乐互动、主动营销、投诉处理等服务。

（2）存取款一体机。如今，存取款一体机已经成为银行的标配。在存款功能方面，有的银行只能插入银行卡操作，而在工行、建行、农行等大部分银行的存取款一体机上都已经有"无卡存款""无折存款""无卡无折存款"等功能。在取款功能方面，除了传统的插卡取款方式之外，随着银行存取款方式的不断创新，无卡存取现金已经不是新鲜事。现在无卡取现的最新方式当推刷脸取款，招行、农行、建行等银行的部分 ATM 已经具有刷脸取款功能。

（3）纸硬币自助兑换机。中国银行、农业银行、建设银行、兴业银行等银行都有纸硬币自助兑换机，纸硬币自助兑换机具备纸币兑换硬币、硬币兑换纸币双向功能，硬币兑换币别分别为 1 元、5 角和 1 角，纸币兑换面额为 10 元、20 元、50 元、100 元。

（4）自助购票机。现在很多银行已经投放了自助购票机，如昆明市内建行多个营业网点的多台自助设备都可进行火车票购买。市民只需携带二代居民身份证，就可在建行的自助购票机上自助购买全国各地的高铁和普通火车票。自助购票机支持银行卡、微信和支付宝扫码支付，该自助设备不仅支持火车票购买，还支持彩票购买。

（5）外币兑换机。目前中国银行、南京银行等银行一些网点都有外币兑换机，它们主要是办理外币兑换人民币业务，同时可查询外币汇率。外币包括美元、港币、欧元、英镑和日元 5 种货币，按不同面额自动兑换成人民币。外币汇率参照当天银行牌价，实行一日一价，每天上午 9 点半更换牌价。

（6）智慧柜员机。智慧柜员机几乎已成为众多银行的标配，是银行网点智能化改造的重要机具，在提高服务效率方面发挥了重大作用。以建设银行为例，建设银行运行的智慧柜员机约 5 万台，覆盖全部物理网点。其智慧柜员机能够办理个人开卡、转账、电子银行、信用卡、外汇、投资理财、换卡、改密、打印交易明细、注销卡片等业务，不仅功能全面，而且效率大幅度提升。以打印交易明细为例，以前必须去柜台办理，现在只需要带着身份证、银行卡就可以直接在智慧柜员机上操作，并且办理时长仅需几分钟。

(7)产品领取机。中国银行、工商银行等银行都有产品领取机,产品领取机具有客户一站式申请和发放借记卡,以及网上银行、手机银行电子密码器、转账交易等功能。

(8)智慧现金循环机。一些国有大行的网点还有智慧现金循环机,在智慧现金循环机上,客户能够实现零钞兑换,大至几十万元,小至5元、10元、50元,都可以在智慧现金循环机上提取。

14.3.3 智能运营管理领域的应用实践

在推进银行智能化发展方面,五大行和各大商业银行纷纷布局。早在2014年,兴业银行即推出"智能柜台",至2017年智能柜台已迭代升级至4.0版,对传统网点的交易替代率已达到89.63%,服务效率较传统柜面提升58.2%。广发银行推出智能网点,实现了网点智能机具、柜面系统以及移动终端三者之间的信息推送和互联互通。招商银行则推出未来银行,提出"初次见面,已经很懂你"的口号,从主动性、交互性、差异性三个方面解决了传统银行的痛点,在降低成本的同时大幅提高效率、提升用户体验。在技术进步、网点流量增速承压及人力成本上涨等因素叠加之下,银行智能化布局有望快速渗透。

建设银行自2016年开始布局智慧柜员机。智慧柜员机由客户自主操作,可提供对公、对私业务产品和服务。其优势较为明显,主要包括:业务流程简捷;有利于释放柜员重复操作环节;风险控制由"人控"变为"机控",减少了人工办理差错;整合多种柜面常见设备与常见业务功能,大幅提高效率。智慧柜员机自推出以来取得了较好的效果。此外,建行正式推出无人银行,将人脸识别、语音交互等功能与智慧柜员机等智能设备相结合,是在网点智能化领域新的突破。

2017年,中国银行自中行智能柜台在深圳分行试点成功后,继续启动全国推广,中行智能网点迭代升级速度不断加快。中国银行网点智能化建设始终紧盯技术进步,通过业务与科技的深度融合,推动渠道创新、流程创新、体验创新。人脸识别技术已在全国5000余家网点投入使用,通过提取和比对面部的关键特征值,加强对客户身份真实性的刚性控制,最大限度减少冒名开户风险。后续,人脸识别还将应用于更多业务场景和环节中,实现"刷脸"逛中行。同时,中国银行探索应用大数据技术,以系统打通和数据整合为基础,将智能柜台与后台管理分析系统相联通,基于后台对客户全渠道、全产品、全场景的大数据分析结果,更精准地服务客户。

14.4 其他后台应用场景

14.4.1 智能运营管理

在运营管理方面,进一步释放数据资产的内在效能,提升运营效率,降低运营成本,使传统运营模式向智能化转型。以银行为例,运用智能运营管理系统从高效深度管控管理着手,达到管理流程的自动化、可控制、可追踪,把整个运营管控各环节整合到智能运营管理系统中,形成更高效缜密的管理模式。此外,打通渠道屏障,整合连接各级平台系统,做到全端数据精确采集,形成全行级统一高效管理,同时建立智慧银行大数据系统,形成以数据为驱动的综合可视化数据管控系统,为精确高效运营提供有力的数据支撑。

商业银行利用虚拟营业厅打通移动端渠道,为客户提供远程视频柜员服务,极大提升了用户体验和业务办理效率。截至2018年底,智能渠道服务客户12.88亿人次,其中智能机器人服务占比达99.56%。例如,某商业银行运用大数据分析、机器学习等技术预测现金自助设备的交易量,以实现现金投放时间及现钞金额的最优配置,预计一年可节省4000多万的运营成本。

某证券公司通过智能调度、大数据、智能识别等技术,将业务运营逐渐从分散走向集中、从自动化走向智能化,使运营部门平均开户处理时长缩短了44.85%,人均日处理量较分散运营阶段提高了3.63倍。同时,开发流程自动化机器人模拟鼠标点击、键盘输入、复制粘贴等一系列日常电脑操作,这种非侵入的模式在不影响原有IT架构基础上,集成数据和操作,实现了业务的自动化处理。

某保险公司利用深厚的行业积累,整理沉淀保险机构经营各场景分析指标,建立涵盖营销、承保、理赔、收付、财务、风险监控、绩效管理和客户经营等全生命周期指标库和报表模板库,为该公司提供贴合业务流程的数据指标,将传统耗费大量人力和时间的经营分析工作缩短70%。

某基金公司在智能运营管理中开展了多种实践。一是智能结算管理,自动核对结算结果。二是智能化披露,实现智能督报和催报以及监测报告半自动化生成。三是故障智能识别,识别系统运维过程中存在的潜在风险,监测系统运行健康状况。四是故障智能处置,根据站点实时性能情况,提前对高负载服务器进行引流,降低服务器故障概率或服务器故障对用户的影响。五是网络安全智能防范,采用人工智能技术辅助开展防护。

某信托公司利用智能运营管理覆盖交易文件纸质合同签署场景。在信托业务合同签约实操过程中,存在各方确认的交易文本由对手方先打印后用印和签字的情景。而利用光学字符识别技术可提高识别准确率,快速定位比对差异,方便人工二次核对。同时,信托公司采用网银流水机器人可实现对企业网银账户统一管理和授权、网银流水信息的自动采集、账户余额、回单信息的便捷查询等。

14.4.2 智能平台建设

智能平台是金融机构在智能化时代提升服务、改造流程、转型升级的核心引擎,也是人工智能创新应用的重要方向。有商业银行全面实施智慧银行信息系统转型工程,聚焦重点业务领域实现产品整合、流程联动和信息共享,构建云计算、大数据和人工智能三大技术平台,持续为上层应用提供丰富、多维度的智能服务,建立了"多渠道受理、总行集中、前中后台一体化"的集约化运营服务体系。

无论是前台的智能支付、智能营销、智能客服,还是中台的智能风控、智能搜索、智能投研,都依托于大数据。因此,数据平台的搭建显得尤为重要。金融机构数据生态系统,主要包含金融机构内部结构化数据、非结构化数据以及非金融机构数据,这些数据构成智能金融的数据源(见图14.1)。目前,金融机构正在积极建立自己的数据平台,基于此来进行大数据整合、大数据分析、大数据治理,进而服务于产品和业务的各个流程。

例如,某保险公司建设智能车服平台,整合与共享线下合作伙伴服务资源,为保险公司搭建覆盖修车、用车、养车等全领域的服务平台,其救援服务质检率从40%提升至100%,节约

70%救援管理人力,实现减损 3.8%。

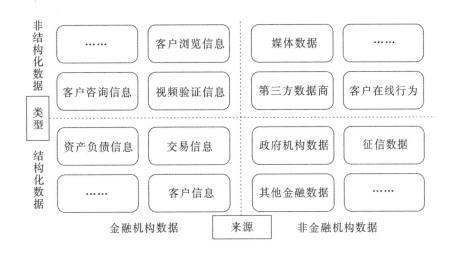

图 14.1　金融机构数据生态系统

14.4.3　智能安全态势感知

随着互联网金融业务的不断发展,金融数据量呈爆发式增长的同时,数据的开放程度也在不断加深,对数据防泄漏、信息资产管理等提出了更高要求。金融业的关键信息及基础设施是经济社会运行的神经中枢,也是攻击者的重点攻击目标,如果没有有效的防范措施,一旦发生成功的网络攻击、漏洞利用、病毒植入等安全问题,随时都可能导致金融业务中断,数据泄露,造成不可弥补的行业影响。

为应对信息安全体系的连续动态调整压力,在前台快速创新的同时,在中后台更为主动、持续地推进信息安全监督和转型势在必行。有的证券公司开展以大数据技术为基础、智能安全分析为核心的企业网络安全态势感知平台建设,支撑"威胁检测、态势感知、安全对抗"三项信息安全核心能力建设。一是逐步实现全网安全要素信息的采集和统一存储。二是通过引入机器学习、人工智能等新型分析技术,构建智能安全大脑。三是逐步引入多源外部威胁情报,推动证券行业情报分享机制建设,建立可共享情报中心。四是以业务为导向、数据采集步骤为路线图,实现威胁检测场景的全覆盖。

较之全国性银行,中小城市商业银行在安全管理水平、管控机制、专业能力、技术手段等各方面都具有较大的提升空间。例如,宁夏银行从网络安全实际出发,整合不同维度的安全信息、外部威胁情报及内部资产,利用机器学习算法,结合高效的关联分析实现对安全事件的事前预警、事中告警和事后溯源,建设适应时代发展需求的安全态势感知平台。具体如下:

(1)整合多维度数据,建立安全数据资源池。首先将数据分为静态安全信息、业务数据、第三方数据三个层面。静态安全信息包括内部的重要业务系统 IP、服务、资产、人员、组织机构、漏洞、配置信息等。业务数据有两种形式:一种是日志,包括操作系统日志、中间件日志、应用日志;另一种是流量,包括 NetFlow、全流量。第三方数据主要包括威胁情报、漏洞库及其他交换信息等。安全态势感知平台通过对不同维度的数据进行采集,形成统一的数据池,为后续的资源整合、安全分析提供基础支撑。

(2)应用机器学习算法,提升整体业务安全保障。宁夏银行安全态势感知平台采用了多种机器学习算法来发现业务安全风险,比如降维算法、聚合算法、方差演进序列、决策树算法等。经过不断实践,机器学习在宁夏银行业务安全风险分析领域得到有效落地,并取得良好的效果,发现多起诸如交易异常、账号异常、"褥羊毛"及业务逻辑漏洞等问题。通过不断的优化及调整,宁夏银行业务安全风险不断降低。

(3)建设安全态势感知平台,助力提升整体安全保障能力。通过安全态势感知平台建设,宁夏银行取得的建设成果及收益如下:一是全方位安全信息统一收集和处理,形成标准的安全数据字典;二是实现外部威胁情报和内部资产脆弱性的自动化关联,智能分析漏洞影响与危害;三是准确识别网络威胁和业务异常行为,快速定位安全事件;四是形成安全事件的快速溯源取证及闭环处置流程;五是降低威胁发现和响应时间,安全事件处置效率大幅提升。通过建设安全态势感知平台,极大地提高了宁夏银行的网络安全保障能力。

思考题

1. 简述智能合规管理的概念及其应用场景。
2. 简述人工智能在智能合规管理领域的创新。
3. 根据 Compliance.ai 公司的实践,谈一谈你对智能合规管理的理解。
4. 智能安保在金融领域应具备哪些职能?
5. 简述人工智能在智能安保领域具有的优势。
6. 以银行为例,简述人工智能在智能机具领域的创新。
7. 简述智能运营管理在金融领域的应用创新。
8. 根据宁夏银行在智能安全态势感知的实践,谈一谈你对该概念的理解。

第15章 我国商业银行在人工智能中的实践

近年来,人工智能在商业银行的广泛应用提升了金融机构的服务效率,拓展了金融服务的广度和深度。人工智能技术在银行中的应用领域主要有:通过精准客户画像提升获客能力,提升服务品质降低运营成本,实现低成本、差异化服务客户,进行金融预测和风险管理等。随着科技的发展,人工智能技术将会在金融领域得到进一步应用,商业银行应该提高对人工智能产业的金融服务能力及加快人工智能技术研究与运用,推进智慧银行建设。

15.1 商业银行在智慧银行中的探索

银行业信息化建设起步较早、业务场景多样且自动化需求旺盛,使得银行成为各类新技术争相落地的沃土。智慧银行既是银行业顺应时代潮流的主动变革,也是在技术、数据、场景和市场等共同驱动下银行业的被动调整。革新传统银行业信息采集和交互的方式,促进银行系统的安全性升级和运营体系的降本增效是其核心。当前,智慧银行呈现出线上线下结合、前后台协同的业态,其典型应用场景包括用户识别、刷脸支付、智慧网点、智能客服和智能风控等。

15.1.1 智慧银行概述

1. 智慧银行的特点

智慧银行是传统银行、网络银行的高级阶段,是银行在当前智能化趋势的背景下,以客户为中心,重新审视银行和客户的实际需求,并利用人工智能、大数据等新兴技术实现银行服务方式与业务模式的再造和升级。智慧银行相对传统银行具有两个显著的特点,具体如下:

一是智能化的感知和度量。与以往直接的询问或根据历史服务数据做简单分析的方式不同,智慧银行通过一系列的智能化设备,在用户毫无察觉的情况下感知用户需求、情绪、倾向偏好等,从而为进一步的营销和服务提供支持。例如,在银行客户对服务质量及满意度评价的场景中,银行通过智能化设备对用户表情、肢体动作、语音语调的分析可迅速得到用户对本次服务的满意程度,而无须再专门采集用户的反馈意见;又如,营销型网点能够根据用户在网点不同产品区域的停留时间、行为轨迹等信息,捕捉用户的注意力焦点,从而发现用户的潜在需求。

二是资源和信息的全面互联互通。智能化的感知和度量改变了银行采集信息的方式,将以往无法量化的信息按照某种规则进行量化分析,从而为资源的配置和优化提供决策依据。例如,通过对银行网点的排队情况、业务类型、业务量的监控分析,可辅助银行完成网点布局的优化;通过对用户位置、需求信息以及网点实时服务情况的获取,可帮助用户选择最优的网点;等等。线上与线下的结合与不同渠道的信息互联,使资源的配置更加合理和高效。

2. 智慧银行的驱动力

银行业智慧化趋势明显,技术、数据、场景和市场是主要驱动力。随着行业数据的积累和人工智能、大数据、区块链等新技术的发展,以及互联网金融对传统银行业的冲击,商业银行智慧化转型已成为不可逆转的趋势。

(1)技术。AI技术和市场生态的日渐成熟为其在银行业的应用奠定了基础。技术方面,算法、算力和芯片的提升,使机器从海量数据库中自行归纳物体特征,以及描述、还原和定位新事物的能力得以提高,并在各类人工智能准确性测试中的表现越来越好。人工智能相关技术在未来5~10年将逐步走向成熟,成为最有影响力的新兴技术之一。随着技术的成熟,如何通过应用场景实现商业变现将是行业普遍关注的问题,而银行业中大量的服务场景,为人工智能的场景落地提供了条件。可以说,智慧银行既是银行业自身与时俱进的主动变革,也是受技术商业化应用驱动的结果。

(2)数据。海量的数据是深度学习算法培育和构建的基础,为精准的目标画像和预测分析提供了可能。金融行业沉淀了海量数据,包括各类金融交易、客户信息、市场分析、风险控制、投资顾问等数据,量大且多以非结构化形式存在(如客户的证件扫描件等),既占据宝贵的存储资源,又无法转成标准化数据以供分析,金融大数据的处理工作面临极大挑战。深度学习、知识图谱等人工智能技术的应用,能够不断完善甚至能够超越人类的知识回答能力,尤其在风险管理与交易这种对复杂数据的处理方面,人工智能的应用将大幅降低人力成本并提升金融风控及业务处理能力。

(3)场景。契合业务场景的算法模型为金融活动提供了更多的决策支持,从而能在很大程度上提升效率。在场景应用上,一方面,基于数据的业务场景创新越来越多元化。银行业良好的数据基础为场景创新提供了条件,促使各领域充分挖掘数据的潜在价值,利用技术实现银行业的模式创新和产业升级。另一方面,基于用户体验的服务场景创新越来越精细化。银行业服务的属性,使其大部分业务是基于用户服务展开的。当前,场景创新已融入服务的各个环节,从而提升效率、优化用户体验,推动整个行业的精细化运营和服务升级。

(4)市场。政策和资本的倾斜为人工智能在金融领域的发展营造了良好的市场环境。政策对人工智能和金融科技的支持,使市场对行业发展整体呈乐观预期,这在一定程度上促进了资本的流入。互联网金融的发展给银行业务带来不小的冲击,使传统银行在面临同业竞争的同时,还不得不应对新经济形态带来的用户习惯的改变和用户对服务质量要求的提高。激烈的市场竞争环境促使银行以客户为中心,重新审视用户需求,利用新技术手段优化业务流程,从而提升银行业的运营效率和服务水平。

15.1.2 智慧银行生态

围绕营销、用户服务和风险控制,可将商业银行的运营活动分为前台业务和后台支持。其中,前台业务指直接面向客户的营销和服务活动,后台支持则泛指银行自身的管理、风控以及间接面向客户的服务和营销等。当前,智慧银行建设呈现出线上线下相结合,前后台协同的态势。

1. 线上与线下相结合

随着互联网和信息技术的逐步成熟,网络银行、虚拟银行等线上渠道对银行业务的取代性越来越强,客户对线下实体网点的依赖性逐渐降低,但这并不意味着线下渠道可以完全被取代。诚然,客户前往线下网点的频率逐渐下降,但仍重视线下的服务体验,网点仍然是各种高价值互动服务的重要渠道。因此,银行在智能化变革中,一方面在裁撤传统网点,另一方面也在增加新型智慧网点的数量,优化线下实体网点的布局,有效整合线上线下资源,从而为用户提供更好的服务。

2. 前后台协同

智慧银行的建设越来越依赖于前后台的协同,即充分利用后台的决策分析系统,实现对前台业务和服务流程的优化。例如精准营销,前台呈现在用户面前的是符合预期和实际需求的产品,但如何找到这些产品,却依赖于后台大数据的分析和预测,同时又可根据前台的反馈结果,优化后台预测模型,总之,前后台协同使营销服务更加精准。此外,用户识别、智能风控、智能客服等,在实现其可见的前台功能背后,也都需要后台系统的配合,尤其在做决策判断的过程中,后台决策分析系统的应用能够在明显提升效率的同时,提高决策的科学性。

人工智能在智慧银行的应用场景如图 15.1 所示。

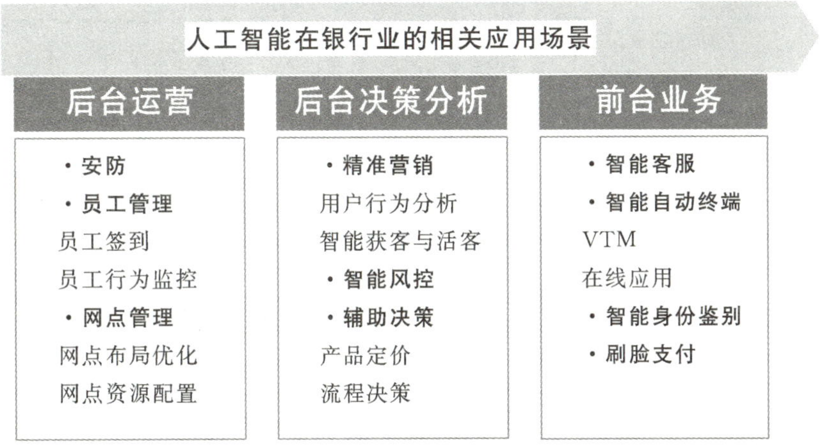

人工智能在银行业的相关应用场景

后台运营	后台决策分析	前台业务
· 安防 · 员工管理 　员工签到 　员工行为监控 · 网点管理 　网点布局优化 　网点资源配置	· 精准营销 　用户行为分析 　智能获客与活客 · 智能风控 · 辅助决策 　产品定价 　流程决策	· 智能客服 · 智能自动终端 　VTM 　在线应用 · 智能身份鉴别 · 刷脸支付

图 15.1　人工智能在智慧银行的应用场景

15.1.3　用户识别

第一,多模态生物识别,助力智慧银行安全性升级。用户识别即要求用户在办理业务或执行交易时进行的身份确认,以保证操作者是用户本人或已获得用户授权。传统的用户识别采用证件、密码、硬件以及柜面人工相结合的方式,安全级别相对较低,冒名开户、卡片盗刷、交易抵赖等安全事件偶有发生。此外,过于依赖 Ukey 等硬件和加密系统的安全措施又使得流程烦琐,操作效率和用户体验大打折扣。多模态生物识别技术因能够较好地兼顾安全和效率,在银行业得到了广泛的应用。

第二,集成多模态生物识别的统一身份认证系统呈平台化发展。银行业务场景复杂,且各场景对安全级别和认证方式的便利性要求不尽相同,因而,为适应不同场景下身份认证系统的标准化接入,银行业开始采用多模态生物识别统一身份认证平台。该平台将多种单一生物识别技术聚集融合,统一管理,利用独立的或多种采集方式合而为一的采集器,采集不同的生物特征(如指纹、人脸、虹膜图像等),然后通过平台进行对比分析、识别和认证。统一的身份认证平台打破了原本单一认证方式的系统边界,是银行不同业务系统和场景下,信息互联互通的一种尝试。

生物识别技术在智慧银行中的应用如图 15.2 所示。

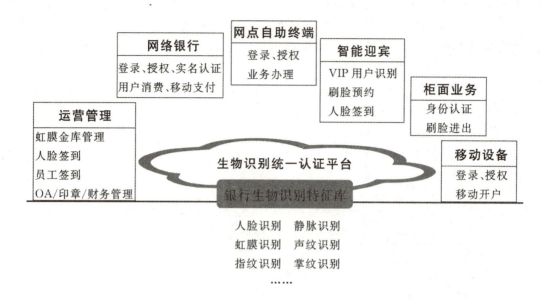

图 15.2 生物识别技术在智慧银行中的应用

15.1.4 刷脸支付

我国的移动支付最早可以追溯到 2000 年前后，由电信运营商联合各大商业银行开始小额小范围试点，随后由支付宝、财付通、银联、快钱等第三方支付公司的推广而得到快速发展。随着智能终端的普及和网购、外卖等电商支付场景的多样化发展，移动支付的市场需求迅速扩张，新的支付方式（如二维码支付、声纹支付、虹膜支付、指纹支付等）应运而生。其中，二维码支付因方便、快捷而得到广泛的应用。

二维码支付一定程度上推动了我国无现金时代的进程，但对于一些中老年群体，智能手机的操作技能是其享受移动支付快捷性的一道门槛。此外，在某些特殊场景（如手机断电、双手持物等），手机的使用受到限制，刷脸支付无疑在效率和便捷性上又有了新的提升。随着人脸识别技术的发展和硬件产品的支持，未来，刷脸支付有望成为继二维码之后的又一个主流支付方式。

刷脸支付是指将人的面部特征作为支付凭证，通过识别人脸完成支付的过程。刷脸支付目前由第三方支付公司、银行和人脸识别技术公司参与建设。银行方面，或将刷脸支付作为其重振支付业务的机会，扭转二维码支付时代第三方支付公司独大的竞争格局。

15.1.5 智慧网点

网点是商业银行业务的基础，早期商业银行为提升竞争力铺设了大量的线下网点。但随着线上渠道对线下业务的取代和租金与人力成本的升高，网点运营的压力越来越大。银行一方面大量裁撤网点以降低成本，另一方面也在积极寻求网点变革新路径。

网点变革已成当前商业银行智慧化转型的关键,其核心在于提高网点服务的智能化水平,并通过对网点的功能、布局和管理流程等的优化,来提升运营效率、优化用户体验并降低成本。网点布局优化,除根据城市不同区域的人流特点优化网点在城市内的位置布局外,在每个网点内部,也需根据实际的业务和人流情况进行精细的规划,并合理分配每个区域的人力、资源,以客户为中心,提供舒适、高效的环境。智慧网点的布局如表15.1所示。

表 15.1 智慧网点布局

功能区	产品
等候区	定制沙发、互动茶几、电视、手机充电站
现金区	柜内清、柜外清、外币兑换机(特定银行)、柜面双屏、大额复点机、管道银行
非现金区	柜内清、柜外清、对公超级柜台(支票机、回单机)、柜面双屏
电子银行体验区	二维码墙、电子银行体验台、网银一体机、手机银行体验机、微信打印机
贵宾服务区	咖啡机、水吧、书吧、互动茶几、电子白板、贵金属展示柜、全息投影、智能体检机、VIP识别门禁
公众教育区	书吧、广告机、互动茶几、沙发座椅、宣传杂志、公众教育区柜、电子意见簿、双面海报屏、夜间橱窗投影
便民服务区	便民服务柜(儿童座椅、轮椅、医疗急救箱、眼镜、碎纸机、行长直通电话、服务热线、手机充电站、婴儿车、擦鞋机、爱心捐款箱、点钞机、工具箱)
贵宾沙龙区	电子白板、互动茶几、讲台、定制沙发座椅、咖啡机

高效便捷的智能化机具成了智慧网点的宠儿。智能化机具的使用大幅提升了网点的服务效率和用户体验,也改变着网点的服务模式。在智慧网点,搭载生物识别技术的智能机具应用越来越广泛,如远程视频柜员机(video teller machine,VTM)、移动智能柜员机(mobile intelligent terminal,MIT)、智能迎宾机、人脸互动大屏终端、刷脸购物机等。

(1) VTM:通过用户和银行柜员之间的远程音视频通话和桌面共享,帮助用户实现对公对私、国际国内、本外币、金融理财等全方位金融服务,个人可以自助完成约90%的金融业务;此外,像身份信息采集、资料扫描、票据收纳、回单打印盖章等,都可以通过VTM自动化引导流程帮助用户完成。

(2) 移动智能柜员机:银行的便携式自助发卡设备,该设备集成了人脸识别摄像头、指纹识别仪、身份证读卡器等多种硬件设备,可放置于银行网点,或由业务经理携带到校园、社区等人流密集的地区,进行自助发卡。

(3) 智能迎宾机:通过人脸识别技术实现VIP客户自动迎宾与欢迎致辞,并结合客户关系管理系统,将用户信息和需求情况下发至客户经理的终端设备上,提升服务质量。

(4) 人脸互动大屏终端:通过交互式的人脸娱乐游戏,打发客户无效等待时间,还可通过识别客户的年龄、性别、表情等面部特征,推送特定的产品,进行精准营销。

(5) 刷脸购物机:搭载刷脸支付功能的购物机也越来越多地出现在银行网点,为客户提供新支付方式的体验平台,同时满足其在网点期间的消费需求。

15.1.6 智能客服

金融服务业的本质决定了大量的客户运营需求,银行业尤其如此。客服作为企业与用户沟通的直接出口,需要兼具专业解答能力、营销能力与良好的沟通交流能力等多种素质。当前,客服行业人员素质参差不齐,高素质客服短缺且成本较高,而智能客服无疑是兼顾成本、效率与服务质量的一个折中选择。此外,智能客服相对于人工客服的高效性特点,为服务流程优化提供了更多的可操作空间,从而改变原有的营销和服务模式,使之更加精准化、智能化和人性化。当前,智能客服在银行业的应用主要有以下几种情形。

(1)在线智能客服。它通过知识图谱构建客服机器人的理解和专业答复体系,结合自然语言处理技术进行实时语音识别和语义理解,从而掌握客户需求,为用户提供自助在线服务,必要时向服务人员推送客户特征、知识库等内容,协助客服人员做好服务。

(2)智能外呼。集成语音技术的智能外呼系统,可实现自动呼叫与应答,多用于用户提示、贷后维护等场景。智能外呼可以分为两类:一是确认信息类外呼,主要业务为各大银行进行开户回访、账户异常的回访、软件登陆的语音验证码、生活缴费、欠费到期的回访和催收、消费体验的回访;二是营销类外呼,一般是银行针对目标客户群体进行外呼,筛选意向客户,获取到高意向客户直接转接人工坐席或记录好信息让人工坐席继续跟进,达成精准营销的目的。

(3)语音数据挖掘。通过语音和语义技术,系统可自动将电话银行海量通话和各种用户单据内容结构化,打上各类标签挖掘分析有价值信息,为服务与营销等提供数据与决策支持。例如,通过对通话过程中人员的语音语调分析,获得客户满意度评价信息等。

(4)实体服务机器人。实体服务机器人集智能语音语义、生物识别等多种交互技术为一体,在大堂内分担部分客户经理的工作,如迎宾分流、引导客户、业务介绍等。

15.1.7 智能风控

新经济形态下,银行业风险水平居高不下,智能风控应运而生。风控是银行业生存和发展的关键,银行业的风控主要是利用合理的技术、方法等实现银行业务流程的合规管理,从而保持资产质量的稳定和风险抵补能力的平衡。当前新经济环境下,银行业的风险水平居高不下,主要包括市场风险、信用风险和操作风险三个方面。

随着普惠金融的发展,越来越多的人享受到了现代金融带来的便利。但同时,由于我国的征信体系的不完善,骗贷、赖账、交易欺诈等信用风险事件仍无法完全避免。此外,新技术的应用也使操作风险变得更加地难以控制。面对日渐复杂的业务环境,各家银行对提升自身风险防控能力的需求日益迫切,但商业银行传统的风险管理体系过于注重流程而缺乏灵活性,且防控手段较为落后。金融大数据覆盖面广、维度丰富、实时性高等特点,结合人工智能强大的自我学习能力,恰恰为银行业的风控提供了新的方法和思路。智能风控逐渐成为人工智能和大数据技术在银行业的热点应用领域。

智能风控覆盖事前预警、事中监控和事后分析等全流程,利用人工智能技术构建风控模型,并将模型应用到如授信定价、贷前审批、贷后监控、反欺诈等业务流程,通过反复训练,不断提升模型精度,从而提高银行业的风控能力。①事前预警:风控前置一直是商业银行非常重视的方向,它运用大数据技术,将申请资料、不良信用记录和多平台借贷记录等信息加以整合,从而识别高风险行为,在进入业务流程之前预警风险。②事中监控:在事中,根据相关数据建立授信模型,或通过第三方征信数据的接入评估用户的还款能力,自动完成审批流程,做出决策。③事后分析:持续动态监控借款人的新增风险,如其他平台的借款申请、逾期记录、法院执行和失信记录、手机号码变更等,及时发现不利于回款的可能因素,并调整相应的催收策略,解决坏账隐患。

在智能风控这个应用领域,商业银行在数据和对业务逻辑的理解上具有相对优势,但就人工智能和大数据技术的研发能力上来说,还有许多的不足。因而,采购第三方的风控产品成为当前商业银行构筑稳健、快速、准确的风控体系的重要方式。

15.2 我国商业银行在人工智能中的战略布局

商业银行纷纷将金融科技提升到总战略高度,在加大自身科技投入的同时,也在不断扩大"朋友圈",通过与科技公司在人工智能、5G技术、区块链等方面的合作,推进技术成果在智慧营销、智慧风控、平台建设等场景的落地应用,促进银行的数字化转型进程。在此,重点介绍主要股份制银行在人工智能领域的战略布局。

15.2.1 战略方向:聚焦科技引领,推进数字化转型

随着人工智能、区块链等新技术的快速发展,银行已经充分认识到金融科技在未来银行业商业模式颠覆中所起到的决定性作用,因此各行开始逐渐将金融科技从业务保障的辅助角色提升到业务引领的战略地位。每家银行从自身发展情况出发,制定明确的战略目标,在科技发展和应用方面提出具体的发展方向及落地方法,为数字化转型的发展指明了方向。股份制银行的战略方向如表15.2所示。

表15.2 股份制银行战略方向概述

银行名称	战略方向
招商银行	打造"最佳客户体验银行"
平安银行	打造"中国最卓越、全球领先的智能化零售银行"
浦发银行	打造"一流数字生态银行"
光大银行	打造"一流财富管理银行"
中信银行	建设成为"最佳综合金融服务企业"
民生银行	明确"民营企业的银行、科技金融的银行、综合服务的银行"三大战略定位
兴业银行	打造"安全银行、流程银行、开放银行、智慧银行"
华夏银行	建设成为"大而强,稳而优"的现代金融集团

15.2.2 战略举措:加强内部研发,促进对外合作

在具体的落地执行方面,各行纷纷加大研发投入,加强基础设施建设,为数字化转型提供技术支撑,且部分银行成立金融科技子公司,加速科技成果的转化及落地应用。同时,各大银行开始加强外部合作,与金融科技公司、三大通信运营商等开展战略合作,进一步促进科技与

银行业务的融合。

1. 加大新技术研发投入

股份制银行都致力于人工智能、云计算、区块链等新技术的研究和平台化建设,以此来推动银行业务及流程的数字化转型进程。股份制银行的新技术研发举措如表15.3所示。

表15.3 股份制银行的新技术研发举措

新技术类别	银行举措
大数据	光大银行:研发"大零售客户画像超市"等大数据产品 民生银行:搭建小微智能化信贷入口、大数据风控决策引擎、风险预警监测系统等系列平台 中信银行:对大数据平台进行升级扩容
云计算	光大银行:开展现金管理云平台等平台建设 民生银行:研发上线"云注册""云账户""云快贷"等产品 中信银行:自主研发金融级分布式数据库
区块链	光大银行:上线区块链可信凭证等系统 兴业银行:开展区块链服务平台及其合同应用SaaS化项目 民生银行:正式加入R3区块链联盟,与其他银行合作,共同开发区块链信用证交易平台和区块链福费廷交易平台,致力于金融司法链的探索 中信银行:联合同业建立国内银行间最大的区块链合作生态 平安银行:利用"平安区块链"四大核心技术,打造供应链应收账款服务平台(SAS)
物联网	民生银行:自主研发smartlocker协议,实现在云端远程控制实物存取、追踪实物流转动线等操作
人工智能	光大银行:孵化客服智能语音项目和全终端视频客服项目,引入指纹识别和人脸识别技术,建立全行统一生物识别平台 兴业银行:深入开展分布式技术与微服务架构、爬虫、人脸识别等技术研究 中信银行:推出首个AI金融服务平台——"中信大脑",为客户提供"千人千面"精准营销服务

2. 成立金融科技子公司

为了进一步促进金融科技的研究和应用,各大银行纷纷成立金融科技子公司,为银行的数字化进程提供人才、技术等全方位的支持。目前,已有多家银行建立了金融科技子公司,如表15.4所示。

表15.4 股份制银行金融科技公司统计表

所属银行	金融科技子公司
招商银行	招银云创
平安银行	金融壹账通
光大银行	光大科技有限公司
民生银行	民生科技有限公司
兴业银行	兴业数金
华夏银行	龙盈智达(深圳)科技有限公司

3. 寻求对外合作

股份制银行在加强内部自身技术研发的同时,也在通过与科技公司的合作来进一步推动银行的数字化进程。据不完全统计,在股份制银行与科技公司的合作中,阿里、华为、科大讯飞以及第四范式等比较受欢迎(见图15.3),合作内容包括人工智能、云计算、5G 技术等多个方面。

图 15.3 股份制银行合作数量排名前 10 的科技公司

15.2.3 阶段成果:应用场景丰富,渠道转型加速

目前,股份制银行在数字转型以及科技赋能方面已取得显著成果。新技术与金融场景的结合越来越密切,大数据、人工智能等技术被纷纷融入银行智能风控、智能营销、智能投顾等场景体系建设中。股份制银行的科技应用场景如表 15.5 所示。

表 15.5 股份制银行的科技应用场景

银行名称	应用场景		
	智能营销	智能风控	智能投顾
招商银行	个性化推荐、精准识别、智能获客全流程体系	"共债"风险识别、贷后自动化监测体系	摩羯智投
平安银行	口袋银行、口袋财务和行 e 通"三大门户",智能 OMO 服务体系	远程身份识别、大零售企业级反欺诈防线、信用评估、风险预警、智能催收	平安一账通
光大银行	精准化营销、专业化资产配置服务体系、标准化销售流程	阳光预警平台、随心贷	智投魔方
浦发银行	运营集约化、服务差异化	智能化企业级反欺诈系统、多重身份引子交叉认证机制	财智机器人
兴业银行	兴业慧眼差异化服务、金名单系列营销模型	"啄木鸟"会计安防系统、零售信贷工厂、安防机器人、建模机器人"小魔豆"、"黄金眼"系统	兴业智投

续表

银行名称	应用场景		
	智能营销	智能风控	智能投顾
中信银行	客户分层、模型构建、中信大脑"千人千面"精准营销	全面风险管理系统、风险智能决策2.0系统	信智投
民生银行	客户分层服务、精准营销	"指南针"风险预警管理系统、"天眼"预警系统	民生智能投顾
华夏银行	移动化营销管理平台、大数据营销响应模型	反欺诈智能风控平台、"小企业授信业务决策引擎"项目	—

另外,新技术的应用和实践,促进了银行的渠道转型以及全渠道建设,加速了银行网点的智慧化发展。各大银行纷纷加大手机银行、网上银行等线上渠道的功能及业务研发和升级的力度(2016—2019 年 6 家股份制银行手机银行客户数如图 15.4 所示),通过电子渠道发展,助力网点的智慧化发展和降本增效目标的实现。

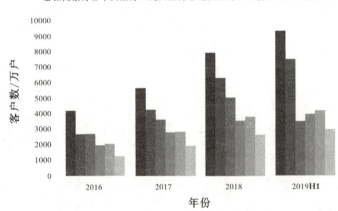

图 15.4　2016—2019 年 6 家股份制银行手机银行客户数(H1 表示上半年,即截至 6 月 30 日)

除了线上化的电子渠道发展,各大银行也在不断加大智能机具的部署,部分银行如招行、浦发等,通过可视化设备及远程智能设备的推出和持续升级,为传统的银行柜台业务分摊了一部分压力,进一步促进了网点的数字化转型。统计数据显示,截至 2019 年 6 月 30 日,招商银行的可视化设备数量为 13585 台,柜面分流率已达 92.44%,浦发银行和光大银行的电子渠道交易的柜台替代率分别为 98.85% 和 98.34%。

15.3　招商银行人工智能布局案例

2016 年,招商银行成为全国首家全行自助设备实施动态密码管控的银行;2018 年,通过"刷脸+验密"的智能取款,招商银行又一次颠覆了传统银行的取款流程,并于同年开出全国首张金融业区块链电子发票。近几年来,招商银行丰富了各业务场景智能化应用,提升了客户体验,自身也在不断发展壮大。

15.3.1 招商银行基本情况

招商银行在1987年成立于深圳蛇口,是中国境内第一家完全由企业法人持股的股份制商业银行。截至2019年底,招商银行境内外分支机构逾1800家,在中国境内的130余个城市设立了服务网点,拥有6家境外分行和2家境外代表处。

截至2019年9月末,招商银行总资产7.31万亿元,同比上升12.25%;营业总收入2077.30亿元,同比上升10.36%;归属于上市公司股东的净利润772.39亿元,同比增长14.63%。着眼未来,招商银行将继续以金融科技为核动力,加快数字化转型,致力于打造"最佳客户体验银行"。2019年,招商银行信息科技投入达93.61亿元,同比增长43.97%。下一步招商银行将紧紧围绕客户和科技两大关键点,深化战略转型,促进对外开放与内部融合,在自我迭代中打造3.0经营模式。

15.3.2 招商银行人工智能具体应用领域

招商银行人工智能应用布局如图15.5所示,下面重点介绍智能营销和智能风控。

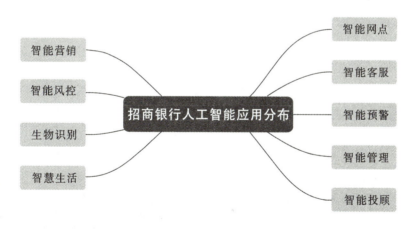

图15.5 招商银行人工智能应用布局

1. 智能营销

传统的银行营销方式,大多采用线上、线下推广,投放广告,或者由工作人员进行地推,这些方式存在成本较高或关键触达程度较低等问题。智能营销通过大数据和人工智能技术,对传统营销模式重新赋能,通过对客户多维度属性标签化,通过用户画像和配套的模型,输出定制化的营销方案。在金融科技赋能下,智能营销不仅能提升客户对于营销活动的满意程度,还能提升银行的获客能力和市场竞争力。

在智能营销方面,招商银行的特点是个性化推荐、精准识别以及电子渠道建设。2018年,招商银行通过对零售客户生成1726个客户画像标签,让营销客户触达次数提升了6.56倍,营销成功率达17.42%,初步开始了"千人千面"的个性化推荐。在电子渠道建设推广上,招商银行以招商银行App和掌上生活App两大平台为载体,辅以微信公众号,作为品牌营销及产品功能宣传的重要阵地,拓展获客边界。在营销方式上,招商银行通过与热点融合,探索头条信息,不断提升在各年龄层客户群体中的品牌影响力,强化目标客群对品牌的信任度、满意度及转化率。

截至 2019 年 6 月 30 日,招商银行 App 累计用户数 9275.80 万户,掌上生活 App 累计用户数 8083.94 万户(见图 15.6)。2019 年上半年,招商银行 App 登录次数 28.23 亿人次,人均月登录次数 11.30 次,金融场景使用率和非金融场景使用率分别为 87.70% 和 63.43%;掌上生活 App 信用卡数字化获客占比提升至 62.65%,金融场景使用率和非金融场景使用率分别为 80.80% 和 68.30%。2016—2019 年招商银行存款、贷款情况分别如图 15.7、图 15.8 所示。

图 15.6　2016—2019 年招商银行两大 App 平台客户数(H1 表示上半年,即截至 6 月 30 日)

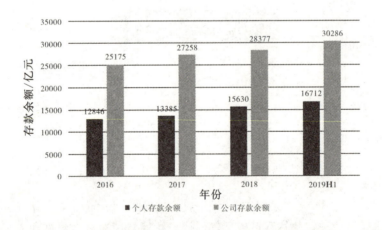

图 15.7　2016—2019 年招商银行存款情况(H1 表示上半年,即截至 6 月 30 日)

2. 智能风控

在风控领域,招商银行构建了智能风控平台"天秤系统"。这个智能风控系统可以抓取交易时间、交易金额、收款方等多维度数据,通过计算机进行高速运算,实时判断用户的风险等级;通过采取不同的核实身份手段,及时排查交易过程中的外部欺诈与伪冒交易等风险。此外,"天秤系统"还可以通过事后回溯,利用先进的图算法和图分析技术,结合基于人工智能的

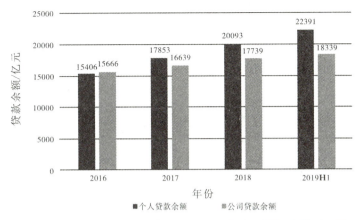

图 15.8 2016—2019 年招商银行贷款情况（H1 表示上半年，即截至 6 月 30 日）

机器学习技术，挖掘欺诈关联账户。

在针对共债问题上，招商银行主要有"共债"风险识别和贷后自动化监测体系等风控场景应用。其中，"共债"风险识别主要利用人工智能和大数据等技术，通过整合 15 类外部数据和客户在招商银行 3 年内的交易数据，多维度刻画、验证和还原客户真实的资产负债情况，形成客户风险统一视图，透析客户的资信情况，再由智能风控模型和决策系统判定是否对客户放款。贷后自动化监测体系能够持续监测客户信用风险，从多维度数据对客户进行监控，一旦客户还款情况出现问题，招商银行会及时联系客户了解情况，或施行相应的催收策略。另外，招商银行还实现了信用卡和借记卡的数据互通，跨条线对公司客户和零售客户进行关联打通，以客户为中心从多个维度整合客户数据，形成上万个数据项，持续构建统一的客户视图，以降低关联违约风险。

在对公业务上，招商银行上线了企业客户智能预警系统。在上线 9 个月时间内，智能预警系统对潜在风险企业客户的预警识别准确率达 73.05%。通过持续优化债券评审线上化流程，招商银行已有 80% 的债券信用评级模型实现了线上自动化处理，评审时效性较线下流程提升 30%，对有潜在风险的公司客户预警准确率达到 75.21%。

从智能风控赋能成效来看，首先，从不良率出发，招商银行 2019 年 9 月末不良率为 1.19%，较年初下降 0.17 个百分点（见图 15.9）。自 2016 年起，招商银行的不良率从 1.87% 不断下降，反映出银行针对不良贷款有良好的处置手段或源头控制方法。特别是最近几年，在宏观经济不景气的情况下，招商银行在个人和公司贷款余额不断上升的业务扩张情况下，还能降低不良率，侧面反映出银行整体风控能力较强。

其次，在贷款迁徙率表现上，除 2018 年次级类贷款外，招商银行的各类别贷款迁徙率整体呈现下降趋势（见图 15.10）。正常类贷款迁徙率整体保持较低水平，并且从 2016 年开始逐年下降，反映出招商银行针对初期逾期贷款较强的催收能力或控制准入能力。在贷款逾期天数增加的情况下，贷款的分类进入可疑类。从可疑类贷款历年不断下降的迁徙率可以看出，招商银行针对此类贷款的风控能力优秀，能有效遏制贷款质量的恶化，防止更多不良贷款的产生。

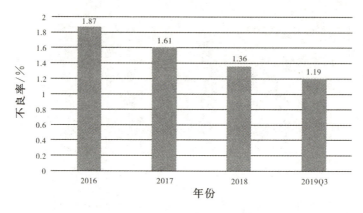

图 15.9　招商银行不良率（Q3 即第三季度）

图 15.10　招商银行迁徙率（H1 表示上半年，即截至 6 月 30 日）

15.3.3　研发、合作及经营情况

1. 研发投入

金融科技的出现，从根本上改变和颠覆了银行的商业模式。在人工智能等新型技术的推动下，商业银行希望借金融科技开拓更多的市场份额，从而构建起符合自身特色经营的核心竞争力。未来银行业发展最大的挑战不是在同业竞争，而是在异业竞争，尤其是在金融科技的发展上，银行需要加大投入。特别是人工智能等尖端技术的发展，在发展期间需要大量的科研投入，因此，银行研发投入的量级一定程度上也反映了银行的综合竞争力。近几年来，招商银行持续加大对研发费用/信息科技的投入，特别是 2013 年和 2019 年上半年，分别投入 65 亿元和 36 亿元，同比上升 35.17% 和 63.87%（见图 15.11），充分反映出招商银行对于科技研发的重视程度。

2017 年，针对金融科技的快速发展，招商银行设立了"金融科技创新项目基金"，专项用于金融科技投入，助推招商银行金融科技创新，核定额度为上年税前利润的 1%（约 8 亿元）。2018 年，招商银行董事会决定将增设的"金融科技创新项目基金"额度由"上年税前利润的

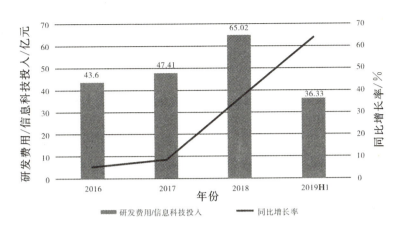

图 15.11　招商银行研发费用/信息科技投入情况（H1 表示上半年，即截至 6 月 30 日）

1%"提升至"上年营业收入的 1%"（约 22 亿元），加大力度推进人工智能、大数据、云计算和区块链等新技术研发。另外，招商银行不断扩充科技研发人员团队，在 2016 年至 2019 上半年期间，招商银行的科研人员从 1480 人增加到 2963 人，研发人员占全行员工占比从 2.10% 提升至 3.43%（见图 15.12）。

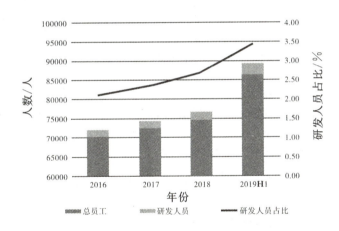

图 15.12　招商银行研发人员情况（H1 表示上半年，即截至 6 月 30 日）

2. 外部合作

招商银行融合银行内部和外部数据建成大型数据池，实现系统层面的数据互联互通，最终形成金融服务"千人千面"。在这个过程中，银行内部可以查询以人民银行征信报告为主的金融数据，但针对外部数据，如社交、生活缴费和违规罚款等，就需要进行外部合作。由此可见，现代商业银行不再像以往银行那样能够依靠自身的垄断优势来维持市场地位，而是需要打造开放型智能银行，开展外部战略合作，吸收外部领先技术，不断强化自身科技实力。招商银行人工智能相关外部合作情况如表 15.6 所示。

表 15.6 招商银行人工智能相关外部合作情况

公司	合作标签
腾讯	智能反欺诈
SAS(赛仕软件)	智能营销
依图	生物识别
浪潮集团	智能风控、智能营销
云从科技	智能转型
追一科技	智能客服、智能运营
长亮科技	智能运营
唯你网	智能财税
枫叶教育	智能校园
便利蜂	智慧生活
Kyligence	智能运营
和合信诺	智能营销、智能投顾
小 i 机器人	智能客服
同盾科技	智能风控
北京亿速码	智慧生活

从人工智能合作关键信息来看,出现最高频次的依次是智能营销、智能运营、智能生活、智能风控和智能客服(见图 15.13)。从合作关键词占比情况来看,招商银行在人工智能应用上,在营销和运营方面合作较多,反映出人工智能应用赋能营销活动和银行运营,对招商银行的营销推广和经营管理有较大的效能提升。另外,在居民生活和客服服务上,招商银行也注重这类合作,通过人工智能等技术赋能,提升客户生活便利度和服务质量。同时,招商银行积极投身智能化建设,给客户带来智能化的新型体验。

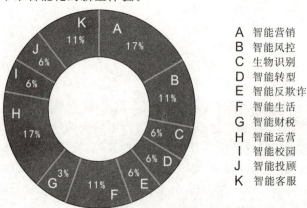

图 15.13 招商银行人工智能合作关键词

3. 营收情况

自2016年起,招商银行的营业收入和净利润稳步上升,营业收入从2016年的2090亿元上升至2018年的2486亿元,净利润从621亿元攀升至806亿元;并且营业收入和净利润每年的增长率持续上升,在2016年至2018年期间,年复合增长率分别为9%和14%(见图15.14),反映出2016—2018年招商银行的智能应用赋能成效较好。结合贷款结构来看,招商银行与其他银行的不同在于,零售贷款业务量大于公司贷款业务量,侧面反映出招商银行深耕零售客户市场。零售客户市场相对于对公客户市场来说,具备小而分散、需求众多的特点,而基于人工智能的众多业务应用,恰好能满足零售市场客户的需求。

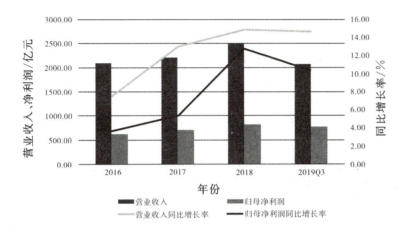

图15.14 招商银行营收和净利润(Q3即第三季度)

1. 根据智慧银行的概念,简述智慧银行的特点。
2. 传统银行智慧化的驱动力有哪些?
3. 简述人工智能在智慧银行中的应用场景。
4. 与传统识别方式相比,生物识别在银行领域的应用具有哪些优势?
5. 智慧网点中一般具有哪些智能机具?
6. 智能客服在银行中具有哪些表现形式?
7. 简述智能风控是如何做到事前、事中和事后风险控制的。
8. 简述我国商业银行在人工智能领域开展的战略布局。
9. 简述招商银行在人工智能领域的实践。

参考文献

[1] 肖钢,等.中国智能金融发展报告(2019)[M].北京:中国金融出版社,2020.

[2] 张世强.中国智能金融产业蓝皮书[M].北京:中国发展出版社,2018.

[3] 何诚颖.智能金融变革[M].北京:中国财政经济出版社,2018.

[4] 谷来丰.智能金融:人工智能在金融科技领域的13大应用场景[M].北京:电子工业出版社,2019.

[5] 刘军,张燃.智能金融[M].北京:中国经济出版社,2020.

[6] 百度金融研究院.智能金融:与AI共进,智胜未来[M].北京:电子工业出版社,2018.

[7] 张留禄.金融科技导论[M].上海:上海财经大学出版社,2019.

[8] 于孝建,彭永喻.人工智能在金融风险管理领域的应用及挑战[J].南方金融,2017(09):70-74.

[9] 杜宁.人工智能在金融领域的应用、趋势与挑战[J].人工智能,2018(05):84-92.

[10] 佘骏逸.人工智能在金融风险管理领域的应用及挑战探析[J].科技经济导刊,2019,27(24):36.

[11] 戴晦明.人工智能对金融行业的影响分析[J].时代金融,2018(36):26-27.

[12] 王健宗,黄章成,肖京.人工智能赋能金融科技[J].大数据,2018,4(03):111-116.

[13] 麻斯亮,魏福义.人工智能技术在金融领域的应用:主要难点与对策建议[J].南方金融,2018(03):78-84.

[14] 杨文斌.人工智能在金融领域中的应用分析[J].金融科技时代,2017(12):32-35.

[15] 杨涛.对人工智能在金融领域应用的思考[J].国际金融,2016(12):24-27.

[16] 邓志东.关于发展我国人工智能技术与产业的建议[J].科技导报,2016,34(07):12-13.

[17] 汪素南.智能技术在金融市场溢出效应和反洗钱中的应用研究[D].杭州:浙江大学,2007.

[18] 张启宏.基于人工智能的金融监管信息系统[J].现代计算机(专业版),2002(06):49-51,60.

[19] 中国中文信息学会.中文信息处理发展报告[R].北京:中国中文信息学会,2016.

[20] 中国信息通信研究院.中国金融科技生态白皮书(2019)[R].北京:中国信息通信研究院,2019.

[21] 李喆,卢施宇,冯伟.实践与展望:AI如何为金融业创造价值[R].北京:爱分析,2020.

[22] 杜玉.被AI入侵的金融业:"AI+金融"行业研究报告[R].上海:36氪研究院,2018.

[23] 国家工业信息安全发展研究中心.人工智能中国专利技术分析报告[R].北京:国家工业信息安全发展研究中心,2019.

[24] 亿欧智库.2018线下大数据产业应用研究报告[R].北京:亿欧智库,2018.

[25] 亿欧智库.人工智能产业综述报告[R].北京:亿欧智库,2017.

[26] 赵湘怀.Fintech独角兽深度系列之二:蚂蚁金服ATEC大会综述及"相互保"分析[R]. 深圳:安信证券,2018.

[27] 度小满区块链实验室,北大光华区块链实验室.度小满:分布式金融技术白皮书(2019) [R].北京:度小满金融,光华管理学院,2019.

[28] 杨雅.度小满金融:AI Fintech能否成为真正的增长引擎?[R].北京:零壹财经,2019.

[29] 微众银行,艾瑞咨询.中国金融科技价值研究报告[R].北京:艾瑞咨询,2019.

[30] 鲍捷.知识图谱如何助力实现智能金融[J].金卡工程,2016(07):45-49.

[31] 鲍捷.智能金融的破局与金融知识图谱[J].人工智能,2018(05):16-23.

[32] 谢智刚,王强,李曼等.金融区块链研究报告[R].北京:中国信息通信研究院,2018.

[33] 中国信息通信研究院可信区块链推进计划.区块链白皮书[R].北京:中国信息通信研究院,2019.

[34] 蔡景彦.创新驱动:生物识别市场再迎机遇[R].南京:华泰证券,2018.

[35] 前瞻产业研究院.2018年中国生物识别技术行业市场现状及趋势分析融合新兴识别技术提高准确性[R].深圳:前瞻产业研究院,2019.

[36] 中商产业研究院.2015—2020年中国云计算产业市场调查及发展前景分析报告[R].深圳:中商产业研究院,2015.

[37] 中国信息通信研究院.云计算发展白皮书(2018)[R].北京:中国信息通信研究院,2018.

[38] 陈甚澍.论云计算及其在银行业的运用前景[D].北京:财政部财政科学研究所,2012.

[39] 包宏,李鹏飞,高飞,等.中国云计算产业发展白皮书(简版)[R].北京:国务院研究发展中心国际技术经济研究所,2019.

[40] 中国中文信息学会,语言与知识计算专委会.知识图谱发展报告(2018)[R].北京:中国中文信息学会,2018.

[41] 沈艳,陈赟,黄卓.文本大数据分析在经济学和金融学中的应用:一个文献综述[J].经济学(季刊),2019,18(04):1153-1186.

[42] 孙大为,张广艳,郑纬民.大数据流式计算:关键技术及系统实例[J].软件学报,2014,25 (04):839-862.

[43] 宫晓莉,熊熊,张维.我国金融机构系统性风险度量与外溢效应研究[J].管理世界,2020, 36(08):65-83.

[44] 周温涛."人工智能+金融监管":试论金融科技监管的转型与重塑[C]//世界人工智能大会组委会. 共建未来法治 共享智能福祉:2019世界人工智能大会法治论坛,2019.

[45] 李斌,邵新月,李玥阳.机器学习驱动的基本面量化投资研究[J].中国工业经济,2019 (08):61-79.

[46] 黄婷婷.机器学习在金融领域的应用[D].合肥:中国科学技术大学,2018.

[47] 苏治,卢曼,李德轩.深度学习的金融实证应用:动态、贡献与展望[J].金融研究,2017 (05):111-126.

[48] 尹宝才,王文通,王立春.深度学习研究综述[J].北京工业大学学报,2015,41(01): 48-59.

[49] 奚雪峰,周国栋.面向自然语言处理的深度学习研究[J].自动化学报,2016,42(10): 1445-1465.

[50] 俞士汶,朱学锋,耿立波.自然语言处理技术与语言深度计算[J].中国社会科学,2015(03):127-135.

[51] 孙枫.知识图谱在金融机构网络安全中的应用[J].金融科技时代,2020,28(06):82-85.

[52] 孙哲南,李海青,张曼,等.人工智能时代的生物识别创新创业新趋势:中国科学院自动化研究所虹膜、人脸、步态识别技术产业化实践[J].中国信息安全,2019(02):73-76.

[53] 俞勇.金融科技与金融机构风险管理[J].上海金融,2019(07):73-78.

[54] 冯登国,张敏,张妍,等.云计算安全研究[J].软件学报,2011,22(01):71-83.

[55] 蔡晓晴,邓尧,张亮,等.区块链原理及其核心技术[J].计算机学报,2021,44(01):84-131.

[56] 蔡维德,郁莲,王荣,等.基于区块链的应用系统开发方法研究[J].软件学报,2017,28(06):1474-1487.

[57] 张苑.区块链技术对我国金融业发展的影响研究[J].国际金融,2016(05):41-45.

[58] 戴志锋,陆婕.人工智能在投研的应用:智能投研调研报告[R].济南:中泰证券,2019.

[59] 谭莹,任辰羽.智能投研行业报告[R].北京:鲸准研究院,2018.

[60] 金建华,张扬.实践与展望:AI如何为金融业创造价值[R].北京:爱分析,2020.

[61] 赵静.股份制银行科技战略布局:6家已成立金融科技子公司[R].北京:零壹智库,2019.

[62] 于百程,郭吉桐,陈成.招商银行人工智能应用布局案例[R].北京:零壹智库,2019.

[63] 上海艾瑞市场咨询有限公司.中国人工智能+金融行业研究报告[R].上海:上海艾瑞市场咨询有限公式,2018.

[64] 李苗苗,王亮.智能投顾:优势、障碍与破解对策[J].南方金融,2017(12):76-81.

[65] 李晴.互联网证券智能化方向:智能投顾的法律关系、风险与监管[J].上海金融,2016(11):50-63.

[66] 李新华.智能银行安全防护调研:风险防范不容忽视需内外兼修[J].中国银行业,2020(Z1):81-83.

[67] 杨丽君.基于智能机具建设的城市商业银行服务提升研究[J].时代金融,2019(30):18-19.

[68] 张晶,李育冬.区块链技术在我国市场化个人征信中的应用初探[J].征信,2020,38(05):17-23.

[69] 赵大伟,杜谦.人工智能背景下的保险行业研究[J].金融理论与实践,2020(12):91-100.

[70] 蒋韬.大数据和人工智能在保险行业的应用及展望[J].清华金融评论,2017(12):49-51.

[71] 倪隆洁,田发.浅析Kensho对我国互联网金融智能投研发展的启示[J].经济研究导刊,2020(30):61-62.

[72] 刘力,张哲宇,何大勇.金融科技赋能商业银行合规智能化转型策略研究[J].上海金融,2019(06):84-87.

[73] 彭颖捷.我国商业银行推进智慧银行发展的对策研究[J].区域金融研究,2017(04):43-48.

[74] 王卫东. 传统银行向智慧银行的转变[J]. 中国金融, 2015(18): 79-80.

[75] PAN H, SORNETTE D, KORTANEK K. Intelligent finance—an emerging direction [J]. Quantitative Finance, 2006, 6(4): 273-277.

[76] POLAK P, NELISCHER C, GUO H, et al. "Intelligent" finance and treasury management: what we can expect[J]. AI & SOCIETY, 2020, 35(2): 214-233.

[77] ZHANG W, LU W, CHEN R S, et al. An effective digital system for intelligent financial environments[J]. IEEE Access, 2019, 7(99): 155965-155976.

[78] MCAFEE A, BRYNJOLFSSON E. Big data: the management revolution[J]. Harvard Business Review, 2012, 90(10): 60-68.

[79] CHEN H, CHIANG R H L, STOREY V C. Business intelligence and analytics: from big data to big impact[R]. Society for Information Management and The Management Information Systems Research Center, 2012.

[80] MITCHELL T M. Machine learning[M]. New York: McGraw-Hill, 2003.

[81] SCHMIDHUBER J. Deep learning in neural networks: an overview[J]. Neural Network, 2015(61): 85-117.

[82] CARRELL D S, SCOTT H, DIEM-THY T, et al. Using natural language processing to improve efficiency of manual chart abstraction in research: the case of breast cancer recurrence[J]. American Journal of Epidemiology, 2019(6): 749-758.

[83] AMANCIO R D. A perspective on the advancement of natural language processing tasks, via topological analysis of complex networks[J]. Physics of Life Reviews, 2014, 11(4): 641-643.

[84] SANCHEZ-REILLO R, SANCHEZ-AVILA C, GONZALEZ-MARCOS A. Biometric identification through hand geometry measurements[J]. IEEE Transactions on Pattern Analysis and Machine Intelligence, 2002, 22(10): 1168-1171.

[85] BOULGOURIS N V, HATZINAKOS D, PLATANIOTIS K N, et al. Gait recognition: a challenging signal processing technology for biometric identification[J]. Signal Processing Magazine, IEEE, 2005, 22(6): 78-90.

[86] FORTINO G, PATHAN M. Integration of cloud computing and body sensor networks [J]. Future Generation Computer Systems, 2014(35): 57-61.

[87] CHRISTIDIS K, DEVETSIKIOTIS M. Block chains and smart contracts for the internet of things[J]. IEEE Access, 2016(4): 2292-2303.

[88] VÖLKER J, FLEISCHHACKER D, STUCKENSCHMIDT H. Automatic acquisition of class disjointness[J]. Web semantics science services and agents on the World Wide Web, 2015(35): 124-139.

[89] NAVIGLI R, PONZETTO S P. BabelNet: the automatic construction, evaluation and application of a widecoverage multilingual semantic network[J]. Artificial Intelligence, 2012, 193(6): 217-250.

[90] RYMAN-TUBB N F, KRAUSE P, GARN W. How artificial intelligence and machine learning research impacts payment card fraud detection: a survey and industry bench-

mark[J]. Engineering Applications of Artificial Intelligence, 2018(76):130-157.

[91] DUBIE D. Correlating customer service with IT intelligence: application services: contact center management[J]. Network World, 2005, 22(10):28-41.

[92] PAPAROIDAMIS N G, TRAN H T T, LEONIDOU C N. Building customer loyalty in intercultural service encounters: the role of service employees' cultural intelligence [J]. Journal of International Marketing, 2019, 27(3):1069031X1983795.

[93] YONG H A, KUNWOO L. Asset allocation model for a robo-advisor using the financial market instability index and genetic algorithms[J]. Sustainability, 2020, 12(3):849-863.

[94] GONZÁLEZ M L A. Capítulo 25. Inteligencia artificial & Robo-Advisor en el mercado de valores[J]. María del Carmen de la Orden de la Cruz, 2019(12):581-603.

[95] ARAUJO F, MORAES L, SANTANA A, et al. Evaluation of the use of computational intelligence techniques in medical claim processes of a health insurance company[J]. Proceedings of the IEEE Symposium on Computer-Based Medical Systems, 2013, 8271 (1):23-28.

[96] MIREE C E, PRESCOTT J E. "TAP-IN" to strategic and tactical intelligence in the sales and marketing functions[J]. Competitive Intelligence Review, 2015, 11(1):4-16.

[97] HUSTER M. Marketing intelligence: a first mover advantage[J]. Competitive Intelligence Magazine, 2005(2):13-17.

[98] FADLULLAH Z M, FOUDA M M, KATO N, et al. Towards intelligent machine-to-machine communications in smart grid[J]. IEEE Communications Magazine, 2011, 49 (4):60-65.

[99] GHANDAR A, MICHALEWICZ Z, SCHMIDT M, et al. Computational intelligence for evolving trading rules[J]. IEEE Transactions on Evolutionary Computation, 2009, 13(1):71-86.

[100] MARTÍNEZ R G, ROMÁN M P, CASADO P P. Big data algorithmic trading systems based on investors' mood[J]. Journal of Behavioral Finance, 2019(17):20-29.

[101] BENHAYOUN N, CHAIRI I, GONNOUNI A E, et al. Financial intelligence in prediction of firm's creditworthiness risk: evidence from support vector machine approach[J]. Procedia Economics and Finance, 2013, 5(1):103-112.

[102] RAKSINCHAROENSAK P, HASEGAWA T, NAGAI M. Motion planning and control of autonomous driving intelligence system based on risk potential optimization framework[J]. International Journal of Automotive Engineering, 2016, 7(1):53-60.

[103] WERREN C. Intelligence gathering and the need for control: managing risk in public order policing[J]. Criminal Justice Matters, 2014, 96(1):22-23.

[104] MARKIC I, STULA M, MARAS J. Intelligent multi agent systems for decision support in insurance industry[J]. Biljanovi Petar, 2014(7):1118-1123.

[105] YANG K W. Optimization of supply chain management using intelligent search methodology based on a concept hierarchy structure[J]. Business Management Review,

2013,46(1):249-262.

[106] SHIMOKAWA T,KINOSHITA K,MIYAGAWA K,et al. A brain information-aided intelligent investment system[J]. Decision Support Systems,2012,54(1):336-344.

[107] RUISONG J,DINGHUA Z,WENHU W,et al. Intelligent design of investment casting mold based on a hybrid reasoning method[J]. China Foundry,2009,6(1):20-23.

[108] HABER R E,ALIQUE A . Intelligent process supervision for predicting tool wear in machining processes[J]. Mechatronics,2003,13(8):825-849.

[109] LO C H,WONG Y K,RAD A B. Intelligent system for process supervision and fault diagnosis in dynamic physical systems[J]. IEEE Transactions on Industrial Electronics,2006,53(2):581-592.

[110] ABRAHAM A,MUDA A K,CHOO Y H . Pattern analysis,intelligent security and the internet of things[J]. Advances in Intelligent Systems and Computing,2015,355(5):266-74.